《最高人民法院关于审理政府信息公开行政案件适用法律若干问题的解释》理解与适用

李广宇　著

法律出版社
LAW PRESS·CHINA
北京

图书在版编目（CIP）数据

《最高人民法院关于审理政府信息公开行政案件适用法律若干问题的解释》理解与适用 / 李广宇著. -- 北京：法律出版社，2025. -- ISBN 978-7-5244-0656-3

Ⅰ. D922.105

中国国家版本馆 CIP 数据核字第 2025J23H11 号

《最高人民法院关于审理政府信息公开行政案件适用法律若干问题的解释》理解与适用

《ZUIGAO RENMIN FAYUAN GUANYU SHENLI ZHENGFU XINXI GONGKAI XINGZHENG ANJIAN SHIYONG FALÜ RUOGAN WENTI DE JIESHI》LIJIE YU SHIYONG

李广宇 著

策划编辑 许 睿
责任编辑 许 睿
装帧设计 李 瞻

出版发行 法律出版社
编辑统筹 司法实务出版分社
责任校对 郭艳萍
责任印制 胡晓雅
经　　销 新华书店

开本 710 毫米×1000 毫米　1/16
印张 27　**字数** 261 千
版本 2025 年 9 月第 1 版
印次 2025 年 9 月第 1 次印刷
印刷 北京科信印刷有限公司

地址：北京市丰台区莲花池西里 7 号（100073）
网址：www.lawpress.com.cn
投稿邮箱：info@lawpress.com.cn
举报盗版邮箱：jbwq@lawpress.com.cn

销售电话：010-83938349
客服电话：010-83938350
咨询电话：010-63939796

书号：ISBN 978-7-5244-0656-3　**定价**：98.00 元

凡购买本社图书，如有印装错误，我社负责退换。电话：010-83938349

目录

引言　［目的和法律依据］

为正确审理政府信息公开行政案件，根据《中华人民共和国行政诉讼法》（以下简称《行政诉讼法》）、《中华人民共和国政府信息公开条例》（以下简称《政府信息公开条例》）等法律、行政法规的规定，结合行政审判工作实际，制定本解释。

1. 目的和法律依据

司法解释是最高人民法院对人民法院在审判工作中具体应用法律的问题作出的“解释”、“规定”、“规则”、“批复”和“决定”。《最高人民法院关于司法解释工作的规定》第六条第二款规定：“对在审判工作中如何具体应用某一法律或者对某一类案件、某一类问题如何应用法律制定的司法解释，采用‘解释’的形式。”《最高人民法院关于审理政府信息公开行政案件适用法律若干问题的解释》就是对“政府信息公开行政案件”“如何应用法律”作出的“解释”。

《最高人民法院关于司法解释工作的规定》第三条规定：“司法解释应当根据法律和有关立法精神，结合审判工作实际需要制定。”通常，司法解释引言部分会对这部司法解释的目的和法律依据作出规定。《最高人民法院关于审理政府信息公开行政案件适用法律若干问题的解释》引言就规定制定司法解释是“为正确审理政府信息公开行政案件”。法律依据则是《行政诉讼法》《政府信息公开条例》等法律、行政法规。《行政诉讼法》《政府信息公开条例》当然是人民法院审理政府信息公开行政案件的主要法律依据，除此之外，也会以其他法律、行政法规为依据。举例来说，政府信息涉及国家秘密的，就要适用《保守国家秘密法》的规定；涉及档案移交的，就要适用《档案法》的规定；涉及行政诉讼与行政复议衔接的，就要适用《行政复议法》的规定；涉及商业秘密、个人隐私的，就要适用有关商业秘密、个人隐私的法律、行政法规的规定。

2. 作为法律依据的《政府信息公开条例》

（1）《政府信息公开条例》的制定与修订

由国务院制定的《政府信息公开条例》于 2007 年 4 月 5 日公布，自 2008 年 5 月 1 日起施行。这部行政法规的公布施行，意义重大而深远。因为它第一次为公民的知情权提供了法律保障，第一次将信息公开规定为政府的法定义务；有人甚至称之为继《行政诉讼法》《行政许可法》之后的“第三次重大革命”，是继《行政诉讼法》之后行政法治发展道路上的第二个里程碑。[1]

《政府信息公开条例》施行以来发挥了积极作用，同时也暴露出不少问题，有些问题还较为突出。同时，政府信息公开实践不断深化，人们对于政府信息公开制度的认识也随之不断深化。[2]2019 年 4 月 3 日，国务院令第 711 号公布修订后的《政府信息公开条例》，自 2019 年 5 月 15 日起施行。2019 年修订后的《政府信息公开条例》共 6 章 56 条，修订内容主要包括以下方面：一是对政府信息概念作出更精准界定，将“履行职责过程中”修改为“履行行政管理职能过程中”。二是增加了“以公开为常态、不公开为例外”和“合法”两个政府信息公开基本原则。三是明确了“主动公开”和“依申请公开”两种公开方式。四是扩大了主动公开的范围和深度。五是细化完善了依申请公开的程序规定，尤其是取消了依申请公开

1　参见应松年：《对中国行政法发展历程的宏观解读》，载《法制日报》2011 年 7 月 27 日，第 9 版。

2　参见后向东：《中华人民共和国政府信息公开条例（2019）理解与适用》，中国法制出版社 2019 年版，第 231 页以下。

的“三需要”门槛，并对不当行使申请权的行为予以规范。六是不予公开范围的界定更为科学、明确、具体。七是进一步加强监督约束。

（2）政府信息公开与知情权

a. 知情权的概念

说到政府信息公开，不能不说知情权。那么，什么是知情权呢？“知情权”（right to know）是指公民接受、寻求和获取官方所掌握的情报信息的自由和权利。瑞典是世界上第一个立法保证个人有权获取公共机构所掌握信息的国家，早在 1766 年的《新闻自由法》中就有关于信息权的规定。[1]作为一个特指的政治与法律概念，“知情权”最早由美联社编辑肯特·库珀在 1945 年发表于《时代》周刊上的一篇文章中提出。他呼吁公民应当享有更加广泛的知情权，“不尊重知情权，在一个国家乃至在世界上便无政治自由可言”[2]。联合国教科文组织传播与信息部助理总干事杰尼斯·卡克林指出：“对公共组织所掌握信息的获取权，有时被称作知情权，其重要性二百多年以来在瑞典一直得到认可。然而重要的是，过去十年里这一权利在全世界所有地区都得到了广泛的承认。”[3]“知情权”也被表述为“信息获取权”，普遍认为，“信息获取权”由以下原则所支撑：对信息获取权合理性的有力推定；使信息权得以行使的良好程序手段，包括履行主动发布信息的义务实现；严格界定的清晰的例外规则；对违规行为提请独立监督机构进行复查的权利。[4]由此可以得知，知情权与政府信息公开，可以说是一种如影随形，你中有我、我中有你的关系。知情权是政府信息公开

1 参见托比·曼德尔：《信息自由：多国法律比较》（第 2 版修订本），龚文庠等译，社会科学文献出版社 2011 年版，第 137 页。

2 莫于川、林鸿潮主编：《政府信息公开条例实施指南》，中国法制出版社 2008 年版，第 310 页。

3 杰尼斯·卡克林：《中文版序言》，载托比·曼德尔：《信息自由：多国法律比较》（第 2 版修订本），龚文庠等译，社会科学文献出版社 2011 年版，第 1 页。

4 参见托比·曼德尔：《信息自由：多国法律比较》（第 2 版修订本），龚文庠等译，社会科学文献出版社 2011 年版，第 204 页。

法律制度的重要理论基础，政府信息公开则是知情权实现的主要渠道或者制度保证。确认公众是否享有知情权，始终是影响政府信息公开法律制度建立和发展的关键。

b. 国际法中的知情权

1946 年，联合国第一次大会通过第 59 号决议，肯定了信息自由是一项基本权利，它宣告 :“信息自由是一项基本人权，也是联合国追求的所有自由的基石。”自此以后，联合国的文件通常把信息自由作为表达自由权的一部分。1948 年《世界人权宣言》第十九条规定 :“每个人均有观点和表达的自由权利，本项权利包括不受干预地拥有观点以及通过任何方式寻找、接收和传播消息与观念的自由。”《公民权利和政治权利国际公约》以及《经济、社会及文化权利国际公约》也明确规定了表达自由权。尽管只有少数国家在宪法中明确规定知情权，但普遍认为，知情权属于“表达自由”的一部分，属于一项宪法权利。因为知情是表达的基础，若没有知情的权利，表达自由便无从谈起。

c. 知情权与信息公开立法

第二次世界大战以后，行政公开成为行政发展的一个新趋势。1966 年，美国制定了《信息自由法》，得以“在行政公开方面的立法比其他西方国家早，而且更为完备，在一定程度上对其他西方国家起了示范作用”[1]。“近年来，信息权——一般理解为对公共机构所持有信息的获取权——经历了一场名副其实的革命。”[2]1990 年仅有 13 个国家通过了信息获取权的国家法律，而到 2015 年 8 月 30 日，全世界已经有 103 个主权国家颁行了信息公开法律制度。除此之外，欧盟等国际组织也确立了各自的信息公开

1　王名扬：《美国行政法》，中国法制出版社 1995 年版，第 953 页。

2　托比 · 曼德尔 :《信息自由 : 多国法律比较》（第 2 版修订本），龚文庠等译，社会科学文献出版社 2011 年版，第 1 页。

制度。[1]“这一潮流已经延伸到人们通常说的世界所有地区……席卷全球的一系列范式性变化肯定推动了人们对信息权概念的接受。”“这一切又反过来，更确切地说是同时，导致对尊重信息权的更迫切的要求。”[2]

d.《政府信息公开条例》与知情权

2007 年《政府信息公开条例》没有直接使用“知情权”的概念，但以目的解释的方法对整部法规进行分析，其保障“知情权”的作用是难以否认的。其中，2007 年《政府信息公开条例》第一条规定 :“为了保障公民、法人和其他组织依法获取政府信息……制定本条例。”缺少的只是“权利”两字而已。时任国务院法制办公室副主任张穹就《政府信息公开条例》答记者问中也指出 :“全面贯彻实施该条例，有利于保障公民、法人或者其他组织依法获取政府信息，实现人民群众对政府工作的知情权、参与权和监督权。”“首先是能够有效地保证人民群众的知情权。”[3]在其他一些国家和地区，信息公开法的立法目的中也大多不见“知情权”的明确规定，但不能说知情权这个术语在法律目的的规定中不存在就意味着明确地排除或者丢弃了这个概念。

1 参见后向东:《信息公开的世界经验: 十六国信息公开法译介与评析》，中国法制出版社 2016 年版，第 1 页。

2 托比 · 曼德尔 :《信息自由 : 多国法律比较》（第 2 版修订本），龚文庠等译，社会科学文献出版社 2011 年版，第 205 页。

3 曹康泰主编 :《中华人民共和国政府信息公开条例读本》，人民出版社 2007 年版，第 12、17 页。

3.《最高人民法院关于审理政府信息公开行政案件若干问题的规定》的制定

最高人民法院2011年出台《最高人民法院关于审理政府信息公开行政案件若干问题的规定》（以下简称原司法解释）。制定这部司法解释的背景是:2007年《政府信息公开条例》第三十三条第二款规定："公民、法人或者其他组织认为行政机关在政府信息公开工作中的具体行政行为侵犯其合法权益的，可以依法申请行政复议或者提起行政诉讼。"这是行政法规依据《行政诉讼法》的授权，规定人民法院可以受理的一种新类型行政案件，由此，社会舆论普遍对司法诉讼助推政府信息公开寄予了厚望。《政府信息公开条例》施行以来，各级人民法院受理的政府信息公开案件逐年增长，不仅成为人民法院行政审判的一个新的增长点，也成为一个新的热点、难点。由于政府信息公开行政案件是一种新型案件，直接的法律依据不多，多为原则性规定，导致人民法院在受理、审理、判决等各个环节面临无规则可依、标准难以统一的问题，迫切需要最高人民法院制定司法解释予以指导和规范。因此，在条例颁布之初，最高人民法院即启动相关调研工作。2009年，经最高人民法院审判委员会讨论决定，正式将起草《最高人民法院关于审理政府信息公开行政案件若干问题的规定》列入最高人民法院的司法解释年度立项计划，后于2010年12月13日由最高人民法院审判委员会第1505次会议通过，2011年7月29日由最高人民法院公告公布，自2011年8月13日起施行。

具体而言，起草制定该司法解释的必要性体现在以下几个方面：

一是为各级法院提供审判依据和准则。政府信息公开行政案件是一种新型案件，对比《行政诉讼法》的规定，在“具体行政行为”“合法权益”“直接利害关系”等概念的理解上有了诸多变化和发展。作为行政法规，《政府信息公开条例》仅仅（只能）原则性地规定诉权，具体到审理此类案件应遵循何种诉讼程序规则，其受理、审理、判决与一般行政诉讼案件有何区别并未明确规定。在这种情况下，各地法院的法官只能根据自己的理解进行裁判。因此，制定发布相应的司法解释，为各级法院提供统一的依据和准则显然是非常必要的。

二是为实现公民知情权提供保障。社会各界普遍对“司法界应该具有一种简便、高效的强制性手段来保障公民知情权的行使或实现”抱有期待，但在实践中，由于缺乏明确的裁判依据和标准，大部分政府信息公开案件都以不予受理、驳回起诉、驳回诉讼请求的方式结案，司法的权威性和公信力大打折扣，社会舆论甚至发出“政府信息公开遭遇诉讼瓶颈”的批评。《人民日报》载文指出：“围绕政府信息公开诉讼受理标准的司法解释‘千呼万唤不出来’，以致信息公开权利的司法救济基本处于‘不作为’状态。”[1]因此，尽早制定出台司法解释顺应民意。

三是为准确理解和执行《政府信息公开条例》提供一定指引。政府信息公开是服务行政语境下一种全新的行政活动，与传统的干预行政迥然不同，与传统的保密习惯也大异其趣，各级政府和行政机关面对这一“新生事物”难免存在不情愿的心态或者在实践中出现手忙脚乱的情况。《政府信息公开条例》的立法目的是好的，但由于部分条款过于原则或弹性过大，造成执行过程中要么对公开范围任意限缩，以此逃避公开义务；要么由于条款含义不明确，难以操作。外界普遍认为，通过对条例中比较原则、弹

1　http://news.163.com/10/0513/03/66HJKRIQ00014AED.html，最后访问日期 :2010 年 9 月 19 日。

性较大的条款做出统一的司法解释，不仅有助于法官遵循统一的裁判标准，也能为行政机关在政府信息公开工作中准确理解和执行条例提供一定的指引。在司法解释起草和征求意见过程中，国务院办公厅、原国务院法制办公室、相关部委以及一些地方行政机关，均对此极为关注，提出很多意见建议，并热切欢迎尽早出台司法解释。

原司法解释制定过程中，坚持了以下几个原则：一是认真总结审判实践经验。二是充分借鉴吸收理论研究成果和国外有益经验。三是密切关注和参与行政机关在政府信息公开方面的实践。四是广泛征求各方面意见，高度重视普通民众的要求和呼声。这部司法解释“对政府信息公开行政案件审理的相关问题进行了较为全面的规定，在保证人民法院依法及时公正审理政府信息公开行政案件，监督行政机关依法履行政府信息公开职责，实质化解政府信息公开行政争议方面，发挥了积极的作用”。[1]

1 《最高法发布〈最高人民法院关于审理政府信息公开行政案件适用法律若干问题的解释〉》，载最高人民法院网 2025 年 5 月 20 日，https://www.court.gov.cn/zixun/xiangqing/465541.html。

4. 司法解释的修改制定

随着全面依法治国进程不断推进，特别是为了应对《政府信息公开条例》修订后出现的新情况、新问题，原司法解释需要与时俱进地进行修订。因此，最高人民法院启动原司法解释的修改调研工作，多次组织召开由全国人大代表、专家学者、国务院部门有关同志、法官代表等参加的研讨会，先后征求各高级人民法院、院内相关部门、国务院有关部门、最高人民检察院的意见，多次专门征求全国人大常委会法制工作委员会的意见。通过多轮充分沟通、协商，在达成广泛共识的基础上，最终形成《最高人民法院关于审理政府信息公开行政案件适用法律若干问题的解释》(送审稿)，由最高人民法院审判委员会讨论通过。考虑到《最高人民法院关于审理政府信息公开行政案件适用法律若干问题的解释》对原司法解释修改篇幅较大，最高人民法院采取了新制定司法解释、同步废止原司法解释的方式。

在《最高人民法院关于审理政府信息公开行政案件适用法律若干问题的解释》修改制定过程中，最高人民法院始终遵循以下基本原则：

一是深入贯彻习近平法治思想，进一步助推法治政府建设。党的二十大报告首次对坚持全面依法治国，推进法治中国建设作出专题部署，强调“法治政府建设是全面依法治国的重点任务和主体工程”“公正司法是维护社会公平正义的最后一道防线”，这为加强行政审判工作指明了方向。《最高人民法院关于审理政府信息公开行政案件适用法律若干问题的解释》的修改制定深入学习贯彻习近平法治思想，通过进一步明确政府信息公开行政案件审查标准，规范政府信息公开行政审判工作，监督支持行政机关依法行政，为提高政府工作的透明度和推进法治政府建设提供更加有力的司法保障。

二是坚持以人民为中心，切实保障人民群众合法权益。在《最高人民法院关于审理政府信息公开行政案件适用法律若干问题的解释》修改制定过程中，最高人民法院始终坚持站稳人民立场，坚决贯彻落实党中央、国务院关于全面推进政务公开的要求，积极回应人民群众对于政府信息公开的需求，充分发挥政府信息对人民群众生产、生活和经济社会活动的服务作用；回归政府信息公开诉讼属于给付诉讼的本质，在原被告资格、简易程序适用、裁判方式明确、法定条件下给付到位等方面进行了细致的规范和引导，进一步统一裁判标准，促进行政机关依法行使职权、履行义务，切实满足人民群众获取政府信息的合理需求。

三是坚定不移贯彻总体国家安全观，统筹兼顾依法保障知情权和维护信息安全。党的十八大以来，以习近平同志为核心的党中央高瞻远瞩，科学把握国家安全形势变化新特点新趋势，创造性地提出总体国家安全观这一重大战略思想，把对国家安全的认识提升至新的高度和境界。在政府信息公开行政案件审理过程中，若举证、质证及裁判失当，则有可能导致涉及国家秘密的政府信息被泄露，从而产生不良后果。对此，最高人民法院在《最高人民法院关于审理政府信息公开行政案件适用法律若干问题的解释》第六条中对政府信息涉及国家秘密以及公开可能危及国家安全、公共安全、社会稳定的情形下被告的举证责任作出特别规定，既保障社会公众依法获取政府信息的权利，也保护国家秘密、商业秘密和个人隐私，在司法层面为保障知情权与维护信息安全提供了切实可行的方法。

四是坚持依法解释、坚持问题导向，积极回应司法实践需求。在《最高人民法院关于审理政府信息公开行政案件适用法律若干问题的解释》的修改制定过程中，最高人民法院严格遵照《行政诉讼法》和《政府信息公开条例》相关法律法规的规定，在法律赋予的权限范围内作出解释。在条文规定上，采用援引具体法律条文进行解释的方式，始终坚持相关规定符合立法目的、原则和原意，就法律规定的具体应用问题作出解释。在《最高人民法院关于审理政府信息公开行政案件适用法律若干问题的解释》制定过程中，最高人民法院通过向各高级人民法院征集问题、梳理法答网平台中该领域出现频次较高、反映较为集中的问题，以回应司法实践中的需求为导向，注重对存在分歧的法律适用问题进行解释，注重规范的针对性和准确性，努力实现兼收并蓄、切实稳妥的效果。[1]

《最高人民法院关于审理政府信息公开行政案件适用法律若干问题的解释》于2024年12月24日由最高人民法院审判委员会第1939次会议通过，于2025年5月19日公布，自2025年6月1日起施行。

1 参见《最高法发布〈最高人民法院关于审理政府信息公开行政案件适用法律若干问题的解释〉》，载最高人民法院网2025年5月20日，https://www.court.gov.cn/zixun/xiangqing/465541.html。

第一条　［受案范围］

第一条　公民、法人或者其他组织认为下列涉政府信息公开行为侵犯其合法权益，依法提起行政诉讼的，人民法院应当受理：

（一）向行政机关申请获取政府信息，行政机关告知政府信息无法提供或者不予处理的；

（二）行政复议机关对政府信息公开条例第十四条、第十五条、第十六条规定的不予公开行为作出行政复议决定的；

（三）认为行政机关提供的政府信息不符合其申请内容的；

（四）认为行政机关主动公开或者依他人申请公开政府信息侵犯其商业秘密、个人隐私等合法权益的；

（五）认为行政机关在政府信息公开工作中的其他行为侵犯其合法权益的。

1. 厘定受案范围的必要性

本条是对政府信息公开行政案件受案范围的规定。

行政诉讼的受案范围，是指人民法院受理行政案件、解决行政争议的范围。在三大诉讼中，唯独《行政诉讼法》专章规定受案范围问题，说明"确定恰当的受案范围"在行政诉讼中具有特殊重要的意义。正如《行政诉讼法》第一条所规定，行政诉讼制度的首要功能就是保护公民、法人和其他组织的合法权益。就此而言，"使一切行使公权力的行为皆有法律救济方法，法院提供无漏洞的司法保障，以抵抗公权力的侵害是必要的"；但是，行政诉讼又涉及司法权与行政权的权力分配，"司法机关没有能力对所有的行政行为都进行审查，全面的审查既不可能，也不必要"。[1]权利救济的范围应当有多大？权力监督的程度应当有多深？法院的"能"与"不能"的界限应当如何划分？正是行政诉讼受案范围所要解决的问题。

对于政府信息公开诉讼来说，受案范围的厘定亦是一个重要且紧迫的问题。

《政府信息公开条例》于 2008 年施行之后，社会各界普遍期待人民法院通过受理、审理政府信息公开案件，"倒逼"政府信息公开，保障公众知情权的实现。但最初几年的实际情况与人们最初的期许相去甚远。各级人民法院受理的政府信息公开案件虽然逐年成倍增长，但远没有形成预

1 马怀德主编：《司法改革与行政诉讼制度的完善——〈行政诉讼法〉修改建议稿及理由说明书》，中国政法大学出版社 2004 年版，第 108 页以下。

料中的“井喷”现象，甚至还有若干省份几年之内没有受理过一起此类案件。根据抽样分析，起诉到法院的案件，最终以不予受理、驳回起诉处理的占据了相当大的比例。[1] 尴尬的数据背后，折射的是：

a. 制度的缺失。《行政诉讼法》制定于计划经济年代，彼时尚未出现政府信息公开制度，人们对其尚无认识，自然难以在其条款中找到任何有关受理政府信息公开案件的直接依据。而《政府信息公开条例》尽管规定了提起行政诉讼的权利，但寥寥半款文字实在难以给出哪些案件可以受理的明确答案。

b. 观念的陈旧。现代行政的迅速扩张不断给行政法新问题，包括去高权性、积极行动、信息支持、关注正当程序、高度强调信赖保护等。这些变化引发了行政法的主题变更、结构性变革以及角色再造。[2] 现代行政诉讼制度也呈现出一系列新的特点：诉讼类型从单一的客观之诉到客观之诉与主观之诉并重；审查原则从偏重行政行为的合法性审查发展到合法性审查与合理性审查的融合；受案范围从严格的具体列举主义发展到列举主义与概括主义相结合；审查标准从单一性审查标准发展到多元性审查标准；救济方式从偏重事后救济发展到兼顾事前救济与事后救济；法官的作用也趋向从消极走向积极。[3] 政府信息公开制度，无论是在实体制度还是程序理念方面都堪称新型行政法的集大成者，对传统理论和思维构成强烈的冲击与挑战。但是，在崭新的变化面前我们显然还有些准备不足。

c. 法条的误读。固守于传统的思维定式，我们在对《行政诉讼法》条文中出现的诸如“具体行政行为”“合法权益”“利害关系”等概念的理

---

1 以《政府信息公开条例》施行头两年浙江省一审政府信息公开案件统计为例：受理 218 件，不予受理 45 件，驳回起诉 40 件。而在受理的 218 件中，驳回诉讼请求的又占了 63 件。数据来源于《浙江省高级人民法院 2010 年全省法院行政案件司法审查情况报告》。

2 参见江必新、邵长茂：《共享权、给付行政程序与行政法的变革》，载《行政法学研究》2009 年第 4 期。

3 参见张坤世、欧爱民：《现代行政诉讼制度发展的特点——兼与我国相关制度比较》，载《国家行政学院学报》2002 年第 5 期。

解上不仅存在法条的误读，更忽略了这些概念本身在立法者初始设计中就已经被赋予了开放和发展的个性。例如，有法院的调研报告认为：“应慎重把握受案范围。在现行法律框架下，在受案范围上不能突破《行政诉讼法》对行政相对人‘人身权、财产权’的保护范畴，对《条例》第三十三条第二款规定的‘合法权益’，仍应限于‘人身权、财产权’，对起诉人认为侵犯其他权利的，可通过《条例》第三十三条第一款的举报途径予以救济。”[1]这种解读限缩了相对人的权益保护范围。法条的误读还表现在将政府信息公开的范围与行政诉讼的受案范围混同、[2]将政府信息公开行为与政府信息的内容本身混同，等等。

d. 政策的保守。主要表现在面对政府信息公开诉讼案件，过度考虑负面因素，或者担心法院审判从定分止争的工具沦为重启纷争的“捷径”，由此主张司法审查的力度还不宜过大；[3]或者过分夸大所谓的“滥诉”带来的非理性风险，建议提高诉讼门槛等。[4]

上述因素的交互作用，只会使各地法院各行其是，犹豫观望，从而导致裁判标准的严重不统一，司法的保障和监督功能大打折扣。舆论甚至认为：“现在公众热情消减得很快，主要是碰壁比较多，随着很多诉讼不被受理，公众热情在消退。”[5]因此，迫切需要司法解释在厘清一些重要概念

1 浙江省高级人民法院课题组：《政府信息公开行政诉讼案件疑难问题研究——以浙江法院审理的行政案件为实证样本》，载《行政法学研究》2009 年第 4 期。

2 例如有论者认为：“政府信息公开的范围与行政诉讼的受案范围有着密切的联系。”“一些在性质上不属于公开的事项也不属于行政诉讼的受案范围。”“对于不公开的例外，法院要坚持程序审查的观点，如果经审查明显属于不公开例外的情形的，应当不予受理或者驳回起诉。”参见梁凤云：《政府信息公开与法院审查范围》，载《人民司法》2007 年第 13 期。另有论者观点与此近似：“一般属于公开范围的，才存在相关的行政作为和不作为，也才会产生行政案件。”“信息公开案件的受案范围的重点也是确定哪些例外成立。”参见张传毅：《政府信息公开行政行为司法审查若干问题》，载《行政法学研究》2009 年第 2 期。

3 参见浙江省高级人民法院课题组：《政府信息公开行政诉讼案件疑难问题研究——以浙江法院审理的行政案件为实证样本》，载《行政法学研究》2009 年第 4 期。

4 参见上海市高级人民法院：《政府信息公开法律问题研究》，载江必新主编：《行政执法与行政审判》（总第 27 集），人民法院出版社 2008 年版。

5 《政府信息公开条例实施仍存多重“玻璃门”》，载《法制日报》2011 年 4 月 11 日，第 6 版。

的基础上对政府信息公开行政诉讼受案范围予以明确。

基于以上考虑，原司法解释第一条就对受案范围进行规定，明确人民法院应当受理公民、法人或者其他组织提起的拒绝公开之诉、内容方式之诉、反信息公开之诉和个人信息保护之诉，并没有附加侵犯“人身权、财产权”、与其他具体行政行为或者政府信息内容有“利害关系”等条件。在当时的情况下，这一条款发挥了重要作用。随着《行政诉讼法》《行政复议法》《政府信息公开条例》相继修改，政府信息公开以及政府信息公开行政诉讼积累了相关经验之后，《最高人民法院关于审理政府信息公开行政案件适用法律若干问题的解释》关于受案范围的规定也作出必要的调整，不仅承继了原司法解释的基本精神，还在若干方面实现了发展和完善。

2. 涉政府信息公开行为

与原司法解释相比，《最高人民法院关于审理政府信息公开行政案件适用法律若干问题的解释》第一条的第一个重要变化，就是用“涉政府信息公开行为”取代了原来的“政府信息公开工作中的具体行政行为”。这是一个积极而有意义的变化。以下从几个方面谈一谈对于这一修改的理解。

（1）《政府信息公开条例》的修改

原司法解释第一条规定：“公民、法人或者其他组织认为下列政府信息公开工作中的具体行政行为侵犯其合法权益，依法提起行政诉讼的，人民法院应当受理……”本条中“政府信息公开工作中的具体行政行为”的表述，来自2007年《政府信息公开条例》第三十三条第二款的规定：“公民、法人或者其他组织认为行政机关在政府信息公开工作中的具体行政行为侵犯其合法权益的，可以依法申请行政复议或者提起行政诉讼。”这一条款是提起政府信息公开诉讼的诉权依据。正是有了这一条款，人民法院才可以受理政府信息公开行政案件，也才有可能制定有关政府信息公开行政案件的司法解释，所以其历史意义十分重大。但是，有关“政府信息公开工作中的具体行政行为”的表述，也的确带来了一些理解上的混乱，导致实践中对政府信息公开行政诉讼受案范围产生一些模糊认识。比较有代表性的一种观点认为，法院能够受理的“政府信息公开工作中的具体行政行为”，是指与相关政府信息有关联的具体行政行为。例如，你申请行政机关公开某个行政处罚决定书，行政机关予以拒绝，这种拒绝公开的行为就不能起诉，只能起诉原来作出的那个行政处罚行为。行政机关是否公开政府信息，并不具有具体行政行为的特征，因为它没有产生法律效果，既未对申请人的权利产生影响，也没有给申请人增加义务，因而是不可诉的。

2019年《政府信息公开条例》对监督和救济条款做了修改，第五十一条规定："公民、法人或者其他组织认为行政机关在政府信息公开工作中侵犯其合法权益的，可以向上一级行政机关或者政府信息公开工作主管部门投诉、举报，也可以依法申请行政复议或者提起行政诉讼。"这里所使用的"行政机关在政府信息公开工作中"的表述，内涵和外延都比"政府信息公开工作中的具体行政行为"扩大了许多。这一修改也使过去一些理解上的混乱失去基础。当然，无论是"行政机关在政府信息公开工作中"，还是"涉政府信息公开行为"，都必须是行政机关做出的、对外的、与政府信息公开有关的职权行为。这是基本点，不容突破。对于这一问题，最高人民法院（2017）最高法行申295号行政裁定书曾经指出：

通常意义上的行政行为，仍需具有单方性、个别性和法效性等特征。单方性强调的是法律效果系基于行政机关单方意思表示；个别性强调的是行为的对象必须是特定之人和具体事件；法效性强调的则是行为直接对外发生法律效果。所谓直接，是指法律效果必须直接对相对人发生，亦即行政行为一旦作成，即导致法律关系的发生、变更、消灭。所谓对外，是指行政行为对于行政主体之外的人发生法律效果，行政机关之间或行政机关内部的意见交换等行政内部行为因欠缺对外性而不具有可诉性。

（2）《行政诉讼法》的修改

2007年《政府信息公开条例》第三十三条第二款以及原司法解释第一条的表述，也是基于当时有效的《行政诉讼法》的规定作出。1989年《行政诉讼法》第二条规定："公民、法人或者其他组织认为行政机关和行政机关工作人员的具体行政行为侵犯其合法权益，有权依照本法向人民法院提起诉讼。"2014年《行政诉讼法》第二条已经将"具体行政行为"修改为"行政行为"，这一概念上的调整，使行政行为的内涵大大丰富，同时消除了以往因具体行政行为定义给受理案件带来的理论和制度障碍。《政府信息公开条例》和司法解释当然也要做出相应调整。

《行政诉讼法》以"行政行为"取代"具体行政行为"，绝不只是简单的概念的变化，其中所蕴含的丰富内涵值得关注和思考，这也有助于我们理解政府信息公开诉讼的性质以及确定具体的受案范围。

"行政行为"是一个传统而又具有未来意义的基本法律制度。它是最常见的公共行政活动方式，是传统的行政法基本概念，是行政活动方式类型化的基石，也是行政主体完成其广泛行政任务的手段。德国学者曾经指出："就诉讼意义而言，行政行为仍然是诉讼法律保护适法性的核心概念。行政行为具有开放诉讼法律保护的功能，有助于解决'是否'提供法律保护的问题。一旦将某个行政活动认定为行政行为，是否提供行政法律救济的问题随之解决；同时，行政行为对随后'如何'提供法律保护的问题也具有意义，即有助于确定诉权、诉讼类型、诉讼期限以及前置程序的必要性。另外，还有助于确定临时法律保护的形式及其法律后果。"[1]

我国在制定1989年《行政诉讼法》时，同样将行政行为当作一个核心概念，但却使用了"具体行政行为"这样一个较为狭窄的概念，立法的

1 ［德］汉斯·J. 沃尔夫、奥托·巴霍夫、罗尔夫·施托贝尔：《行政法》（第2卷），高家伟译，商务印书馆2002年版，第13页。

本意是排除与之对应的“抽象行政行为”。“具体行政行为”有些类似于德国行政法上行政决定（行政处分）的概念。何源在《德国联邦行政法院典型案例研究：行政决定篇》一书的序言中曾经指出：

> 在行政法三大板块（行政行为法、行政组织法与行政诉讼法）中，行政行为法无疑处于极为重要的地位。行政行为法的核心是行政决定，德文为 Verwaltungsakt。十九世纪，奥拓·迈耶（Otto Mayer）“左手握民法，右手握法国法”，首次构建的德国行政法体系便是以行政决定概念为基石。他在 1895 年版《德国行政法》一书中将行政决定定义为“行政针对属民所作出的，在个案中明确何种情形对臣民而言是合法性的官权表示”。随着社会实践的不断发展，行政行为形式日益丰富，比如区别于行政决定单方性特征的行政合同、不具有法律效果的事实行为、具有一般抽象特征的行政规划等。然而，行政决定仍当仁不让地居于中心地位。[1]

《行政诉讼法》在修正时，将“具体行政行为”修改为“行政行为”，就体现了对于“社会实践的不断发展，行政行为形式日益丰富”的回应。随之，行政不作为、事实行为以及以行政协议为标志的双方行政行为也得以纳入行政诉讼的受案范围，甚至作为“抽象行政行为”的行政规范性文件也能够“一并审查”，这就使《行政诉讼法》的适用范围具有更大的包容性。在《行政诉讼法》修正前，人民法院受理政府信息公开案件并不能找到直接的法律依据，而要靠 1989 年《行政诉讼法》第十一条第二款进行“推导”。随着“行政行为”概念的“扩容”，过去的问题已经迎刃而解。

1 参见何源：《德国联邦行政法院典型判例研究：行政决定篇》，法律出版社 2020 年版，第 1 页以下。

（3）政府信息公开诉讼属于给付诉讼

《最高人民法院关于审理政府信息公开行政案件适用法律若干问题的解释》第一条使用“涉政府信息公开行为”的表述，恐怕也是基于政府信息公开诉讼属于给付诉讼的考虑。最高人民法院相关部门负责人就政府信息公开司法解释答记者问时指出：“第十一条是关于判决给付的规定。在该解释的制定修改过程中，我们从政府信息公开诉讼属于给付诉讼、要实质性回应和支持当事人依法获取政府信息诉求出发，作出本条规定。”[1] 强调政府信息公开诉讼的给付诉讼性质，也有助于我们更为深刻地了解和把握政府信息公开诉讼有别于传统行政诉讼的特点，有助于法院在受理、审理、判决过程中采取相应的对策，以实质性回应和支持当事人依法获取政府信息的诉求。想要弄清这个问题，首先有必要讨论干预行政与给付行政。

一般认为，传统行政行为的方式是干预行政。所谓干预行政，也称作干涉行政，系指干预公民权利，限制其自由或财产，或课以公民义务或负担的行政行为。在现代社会，随着国家职能的转变，积极主动地向公民提供服务与生存照顾业已成为国家的重要任务。因此，干预行政已经不再是行政行为唯一或者主要的类型，服务行政（或称作给付行政）的理论体系也就应运而生。这一理论认为，随着行政任务的转换，行政法之任务不再限于消极保障人民不受国家过度侵害之自由，而在于要求国家必须以公平、均富、和谐、克服困窘为新的行政理念，积极为各阶层人民提供生活工作上之照顾，国家从而不再是“夜警”，而是各项给付之主体。[2]“在行政受现代通讯技术影响而日益自动化、信息化的时代，行政行为也具有特殊的适应能力。”行政法近几十年来的发展表明，“由行政行为（和其他活动方式）建立的行政法律关系却有取而代之的趋势”，这“有助于从另一个

---

1 王丽丽：《实质性回应与支持当事人依法获取政府信息诉求——最高法相关部门负责人就政府信息公开司法解释答记者问》，载《人民法院报》2025 年 5 月 21 日，第 4 版。

2 参见翁岳生编 :《行政法》，中国法制出版社 2002 年版，第 13、60 页。

角度认识行政行为，并且可以赋予行政行为以新的内涵”。[1]

政府信息公开，正是在服务行政和信息社会背景下出现的一种新的行政活动方式。正是由于政府信息公开作为一种非常特殊的行政活动，与传统的行政处分的内涵有非常大的不同，国外不少行政法著作都是将信息公开作为独立的章节进行安排。例如，韩国学者金东熙所著《行政法》（第9版）中的“一般行政作用法”编就包括了以下几章内容：行政立法、行政计划、行政事实行为、行政契约、行政法上的契约、行政行为、行政程序、行政信息公开·个人信息保护制度。[2]

从另一种分类方法出发，也有人把政府信息公开看作一种事实行为。事实行为也称作行政事实行为，是与行政法律行为相对应的一个概念。所谓行政法律行为，是指行政主体以实现某种特定的法律效果为目的而实施的行为，如行政处罚、行政许可、行政命令等；所谓行政事实行为，一般认为，是指行政主体以不产生法律约束力，而以影响或改变事实状态为目的实施的行为。该行为只导致事实上的后果，该事实上的后果可能是特定法律效果的条件。接下来的问题是，事实行为的救济途径为何？有我国台湾地区学者认为，若墨守“无行政处分即无法律救济”的原则，行政事实行为势将无法经由行政诉讼途径接受法律监督。但是，若“行政法必须随时代进展而引入新的主题”，行政诉讼救济途径亦应随着行政行为模式的增加而扩张。行政机关对于要求其为事实行为（如提供资讯）之请求，须以合义务之裁量行使之。对于事实行为所造成的不利结果，当事人无需容忍，并享有结果排除请求权，该权利与基于行政处分所产生的结果排除请求权具有同等法律地位。另可依民法上的不作为请求权（防止妨害请求权、除去妨害请求权）或过度禁止或基本权利保护原则行使之。至于违法的事

1 ［德］汉斯·J.沃尔夫、奥托·巴霍夫、罗尔夫·施托贝尔：《行政法》（第2卷），高家伟译，商务印书馆2002年版，第10页。

2 参见［韩］金东熙：《行政法》（第9版），赵峰译，中国人民大学出版社2008年版，第103页。

实行为则产生国家赔偿问题。[1] 在一些国家和地区，一般给付之诉就是针对事实行为而设立的一种诉讼类型。例如，在德国，一般给付之诉的诉讼目的可能是任何一种非行政行为之给付。在通常情况下，这里（公民诉国家）涉及的都是行政事实行为。而德国的一些行政诉讼教科书所列出的一般给付之诉的重要案例，第一类就是“信息行为”。[2] 在我国台湾地区，亦有将此类诉讼作为一般给付之诉的案例。[3] 我国大陆学者亦有持此主张者，例如章志远认为：“与传统行政诉讼的消极功能相比，信息公开诉讼在诉讼目标上更具积极意义，即旨在敦促行政机关进行积极给付。因此，信息公开诉讼在法律性质上应当归属于一般给付诉讼。”[4]

当然，也有学者反对将政府信息公开归类为事实行为，进而反对将此类诉讼归类为“一般给付诉讼”。例如，我国台湾地区学者汤德宗主张：“人民因‘请求公开’政府资讯，或‘请求更正’（含补充、封锁、删除或销毁）政府资讯中所含‘个人资料’（之错误或不完整记载），而遭到拒绝时，应循（课与义务）‘诉愿’及‘课与义务诉讼’（拒绝申请诉讼）寻求救济，不得径为‘一般给付诉讼’。”[5] 日本行政法学者盐野宏也曾指出：“公开决定等是行政处分，所以，围绕这些纷争之解决，要采取《行政案件诉讼法》上的抗告诉讼。与从前一样，可以提起不公开决定的撤销诉讼，而在修改《行政案件诉讼法》之下，作为赋课义务诉讼（申请满足型），还可以提起要求对被告行政主体赋课应当公开该行政文书的义务的诉讼。由于公开、不公开决定基本上不承认裁量，所以，通常情况下应当合并提起义务赋课诉讼和撤销诉讼。”“当与该请求有关的行政文书中包含第三人的信息时，

---

1 参见翁岳生编：《行政法》，中国法制出版社 2002 年版，第 903 页。

2 ［德］弗里德赫尔穆·胡芬：《行政诉讼法》，莫光华译，法律出版社 2003 年版，第 305 页。

3 参见汤德宗：《资讯公开暨资讯隐私法案例研究》，载重庆大学法学院网 2011 年 3 月 25 日，https://law.cqu.edu.cn/info/1428/17578.htm。

4 章志远：《行政诉讼法前沿问题研究》，山东人民出版社 2008 年版，第 137 页。

5 汤德宗：《资讯公开暨资讯隐私法案例研究》，载重庆大学法学院网 2011 年 3 月 25 日，https://law.cqu.edu.cn/info/1428/17578.htm。

该第三人可以提起公开决定的撤销诉讼，进而，根据状况的不同，有时也可以提起与公开决定相关的中止诉讼。”

上述不同观点，本质上与主张政府信息公开属于一般给付之诉的观点并无实质分歧，因为课予义务之诉（也就是我们常说的履行法定职责之诉）也属于给付之诉的一种；在与撤销之诉的区别方面，两者是相同的，那就是都不能通过撤销一个行政行为而满足诉讼上的请求，而需要通过一个给付判决，实质性回应和支持当事人依法获取政府信息的诉求。至于课予义务之诉，尽管通常也要撤销一个拒绝的决定，但这并非必须，或者说，仅仅撤销一个拒绝的决定也是不够的。汤德宗提到的反信息公开的诉讼，倒是具有撤销之诉的性质，因为通过撤销一个对他的合法权益造成侵害的公开决定，可以实现权利救济。但在有些情况下，仅仅撤销一个公开决定显然还不够，当政府信息事实上已经公开的情况下，有时可能还需要通过一般给付之诉中的后果清除之诉，消除违法行政行为的后果，以恢复原始的状态。

3. 合法权益

现代行政诉讼制度得以产生，与法治主义之发展及基本人权之保障有关。换句话说，行政诉讼系基于对行政之适法性控制与贯彻人民权利保护之要求而产生。“在理论上，行政诉讼的目的是保护、救济提起诉讼的国民的权利利益，这在行政法学界并无异议。”[1] 政府信息公开诉讼同样是基于权利保护需要。至于政府信息公开诉讼所要保护的权利，《最高人民法院关于审理政府信息公开行政案件适用法律若干问题的解释》第一条的表述是“……认为……侵犯其合法权益”，这与原司法解释的表述相比并无变化。但是，在原司法解释制定的时候，对于“合法权益”的内涵却有着不同的理解。实践中存在这样一种观点：《行政诉讼法》所保护的“合法权益”仅指人身权、财产权，涉及公民其他权利的行政行为是被排除在受案范围之外的（直接的论据就是 1989 年《行政诉讼法》第十一条第一款第八项关于“认为行政机关侵犯其他人身权、财产权的”之表述）。据此，该观点认为，只有当政府信息公开工作中的具体行政行为侵犯其人身权、财产权的时候，公民、法人或者其他组织才能寻求法律救济。换句话说，原告起诉要求政府公开信息的权利基础还是因其人身权、财产权受损等事由，一般意义上的民主监督不应纳入受案范围。[2] 有些法院的裁判就认可了这种观点。例如，任某诉郑州市城市规划局和郑州市城建档案馆拒绝公开政府信

1 江利红：《日本行政诉讼法》，知识产权出版社 2008 年版，第 16 页。

2 参见浙江省高级人民法院课题组：《政府信息公开行政诉讼案件疑难问题研究——以浙江法院审理的行政案件为实证样本》，载《行政法学研究》2009 年第 4 期。

息一案，法院就以“没有证据证明其诉讼请求涉及行政机关侵犯其人身权、财产权”为由驳回了原告的起诉。[1]这种观点即便在当时也是存在问题的。

在1989年《行政诉讼法》起草过程中，对于是否将涉及公民非人身权、财产权的行政行为一律排除在受案范围之外，的确存在较大争议。最终立法者没有像对待抽象行政行为和内部行政行为那样一律明确排除，而是选择了模糊性排除，即只明确规定将涉及行政相对人人身权、财产权的具体行政行为纳入行政诉讼受案范围，而对涉及公民非人身权、财产权的行政行为，既未列入，也未排除。[2]当时的考虑是：“受案范围要扩大，扩大到什么程度？经过反复研究，这条线画在人身权、财产权上，凡是侵犯人身权、财产权的，法院都要受理。这样规定，就比原有的受案范围扩大了。至于对人身权、财产权之外的其他权利，则采取逐步扩大的方针，是否受理，由法律规定。这主要是指政治权利，如游行、集会、新闻出版、结社等。这样规定，既符合目前实际情况，又考虑到发展。随着我国民主政治建设的发展，法制的进一步健全，法院受理行政案件的范围，将会逐步扩大。”[3]

1989年《行政诉讼法》第十一条第一款关于受案范围的列举，只是《行政诉讼法》对于受案范围规定的一部分内容，并非全部。该法第二条“公民、法人或者其他组织认为行政机关和行政机关工作人员的具体行政行为侵犯其合法权益，有权依照本法向人民法院提起诉讼”的规定（被认为是关于受案范围总的概括性规定），使用的就不是“人身权和财产权”的概念。第十一条第二款关于“除前款规定外，人民法院受理法律、法规规定可以提起诉讼的其他行政案件”的规定，不仅将增加新类型案件的创制权授予法律，也授予了法规。并且，这一授权也没有要求该创制权必须限于人身权和财产权的范围之内。可以这样理解，1989年《行政诉讼法》在受

1　参见曲昌荣：《为讨知情权 市民打官司》，载《人民日报》2006年6月19日，第10版。

2　参见姜明安：《行政诉讼法》（第2版），法律出版社2007年版，第56页。

3　顾昂然：《立法札记》，法律出版社2006年版，第460页。

案范围上采取的是逐步扩大的方针，即先确定一定范围，然后根据时代的发展、权利保护的需要、司法经验的积累，再通过单行法律、法规的规定，逐步扩大受案范围。第十一条第二款实际上是为日后的发展预留了一个空间。作为一部行政法规，2007 年《政府信息公开条例》第三十三条第二款关于诉权的规定，事实上使《行政诉讼法》的这一“休眠”条款得以激活。重要的是，1989 年《行政诉讼法》在授权规定“可以提起诉讼的其他行政案件”时，该法律并没有将“合法权益”局限在人身权和财产权方面。

正是基于以上认识，原司法解释采用了“合法权益”标准，并未将权利保护范围限定在“人身权、财产权”。换言之，受案范围条款所列举的各种可诉行为本身就构成了合法权益被侵犯的可能性和司法审查的可得性，并非要在此之外附加一个条件或者前提。

《最高人民法院关于审理政府信息公开行政案件适用法律若干问题的解释》沿用了“合法权益”的表述，但却不必再运用法律解释的方法去对“合法权益”的内涵进行“推导”，因为 2014 年修正的《行政诉讼法》已经将这个问题予以明确。《行政诉讼法》第十二条第一款第十二项规定：“认为行政机关侵犯其他人身权、财产权等合法权益的。”法律起草者对本条修改的解释是：“公民、法人和其他组织的人身权、财产权的内容极其广泛，除上述列举外，还有一些财产权，如股权、债权、企业产权等，没有列举；还有一些人身权，如姓名权、隐私权等，也没有列举。此外，人身权、财产权以外的其他合法权益，有的法律、法规已有规定，本条也没有列举，为避免遗漏，弥补列举的不足，本条保留了原法的兜底规定，并作了相应修改。”

不仅如此，《行政诉讼法》仍然保留了 1989 年《行政诉讼法》第十一条第二款的规定：“除前款规定外，人民法院受理法律、法规规定可以提起诉讼的其他行政案件。”法律起草者指出：“本条第二款是原法的规定，当时这样规定，主要原因是除人身权、财产权以外，我国宪法规定公民的基本权利还包括有关言论、出版、集会、结社、游行、示威、宗教信仰、选举等政治权利，当时这些权利还没有专门立法，如果将这些权利的争议纳入行政诉讼受案范围，人民法院审理没有相应的依据，会给案件审理带来困难。因此，在这些领域发生纠纷是否可诉，要由单行法律或者法规另外规定。另外，宪法还规定了公民的社会权利，当时这方面的立法也不完备，如何保障，也缺少相应的法律、法规依据。经过二十多年的努力，上述领域多数已制定了法律、法规，如关于社会保障权，已制定了有关社会保险、社会救助的法律、法规，这些法律、法规已明确将其纳入行政诉讼受案范围，有的本条第一款已作了列举，有的没有列举。在政治权利方面，有的领域仍然还没有制定法律、法规，需要随着法制的不断完善，加以明确，逐步扩大受案范围。因此，保留了原法的这一款规定。”[1]

接下来的问题是：《政府信息公开条例》是否规定了对于超出人身权、财产权范畴的“知情权”的保护？

普遍认为，“依法获取政府信息”的权利，就是所谓的“知情权”（也被称作“信息权”或者“公开请求权”）。有研究者提出，《政府信息公开条例》只是规定“为了保障公民、法人和其他组织依法获取政府信息”，并没有表述为“……的权利”，因此不应当把“依法获取政府信息”理解为该条例所保护的一种公民权利；况且，作为行政法规，《政府信息公开条例》也无权对公民的基本权利作出规定。这种理解过于机械。在其他一些国家，信息公开法的立法目的中也大多不见“知情权”的明确规定，但不能说知情权这个术语在法律的目的规定中不存在，就意味着明确地排除了或者丢弃了这个概念。日本学者盐野宏说：“关于知情权，在政府保存、持有的信息的公开请求权这种意义上，尚未出现最高法院判决，关于知情

1　信春鹰主编：《中华人民共和国行政诉讼法释义》，法律出版社 2014 年版，第 45 页。

权这个术语的理解，学说上也未必达成一义性理解，基于这些原因，没有被收入目的规定之中。但是，这并不意味着《信息公开法》明确地排除了或者丢弃了知情权这个概念，也不能说因为知情权这个术语在法律的目的规定中不存在，所以与存在这种概念的场合相比较，在解释论上，公开范围就会变得狭窄。在《信息公开法》之下，作为法解释学而展开知情权论，本来就是可能的。”[1]

我国的情况也很类似。虽然《政府信息公开条例》没有出现“知情权”的概念，但时任国务院法制办公室副主任张穹在就《政府信息公开条例》答记者问中就指出：“全面贯彻实施该条例，有利于保障公民、法人或者其他组织依法获取政府信息，实现人民群众对政府工作的知情权、参与权和监督权。”“首先是能够有效地保证人民群众的知情权。”[2]

还有研究者提出，《政府信息公开条例》仅创设了政府信息公开的义务，这一义务并不必然导致知情权受到法律保护。但是，权利和义务是法律最为核心的内在构成要素，没有权利也就没有义务。法律义务和法律权利共同构成法律的基本内容。另外，法律权利和法律义务既可以规定或设定在法律规范中，也可以隐含在法律规范中。[3]

《政府信息公开条例》修订过程中，将知情权写入立法目的的呼声较高。虽然最终没有采纳有关意见，但起草专家后向东认为：“不能理解为不重视知情权。”他说：“原有的‘保障公民、法人和其他组织依法获取政府信息’的表述，与保障知情权实际上是相同意思的不同表述。保障知情权，重要的不是立法目的如何表述，而是制度本身如何构建。……只要在法律上确立了公众有权向行政机关要求获取政府信息，就是确立了知情权。”

1 ［日］盐野宏：《行政法总论》，杨建顺译，北京大学出版社 2008 年版，第 220 页。
2 曹康泰主编：《中华人民共和国政府信息公开条例读本》，人民出版社 2007 年版，第 12、17 页。
3 参见江必新、李广宇：《政府信息公开行政诉讼若干问题探讨》，载《政治与法律》2009 年第 3 期。

在《行政诉讼法》和《政府信息公开条例》相继修改的背景之下，对于政府信息公开诉讼中所保护的“合法权益”的内涵，应该不会再有以往的争议。

4. 拒绝公开之诉

《最高人民法院关于审理政府信息公开行政案件适用法律若干问题的解释》第一条规定的“人民法院应当受理”的情形，总共有五项。其中第一项和第二项“（一）向行政机关申请获取政府信息，行政机关告知政府信息无法提供或者不予处理的；（二）行政复议机关对政府信息公开条例第十四条、第十五条、第十六条规定的不予公开行为作出行政复议决定的”的规定，都是针对政府信息公开申请的拒绝（不予公开、告知无法提供）或视为拒绝（不予处理）而提起的诉讼，因此可以称之为拒绝公开之诉。之所以分项规定，是因为第二项所规定的情形，按照《行政复议法》的规定应当复议前置，而不能直接向人民法院提起诉讼。

“向政府申请资讯公开被拒绝，拒绝决定本身是一个行政决定，不服可以提起行政诉讼。”[1] 可以说，这是政府信息公开行政争议中最多发、最集中的情形，也相应地成为政府信息公开诉讼中最常见、最典型的种类。

（1）实体法依据

《政府信息公开条例》第十三条第二款规定：“行政机关公开政府信息，采取主动公开和依申请公开的方式。”并在第四章专章规定了依申请公开。其中第二十七条规定：“除行政机关主动公开的政府信息外，公民、

1 汤德宗：《资讯公开与资讯隐私法》，载法治政府网 2007 年 5 月 9 日，http://fzzfyjy.cupl.edu.cn/info/1225/4386.htm。

法人或者其他组织可以向地方各级人民政府、对外以自己名义履行行政管理职能的县级以上人民政府部门（含本条例第十条第二款规定的派出机构、内设机构）申请获取相关政府信息。”这既是对行政机关依申请公开政府信息义务的规定，同时也赋予了公民、法人或者其他组织向行政机关申请获取政府信息的权利。根据《政府信息公开条例》第三十三条第一款、第二款的规定，“行政机关收到政府信息公开申请，能够当场答复的，应当当场予以答复”，“行政机关不能当场答复的，应当自收到申请之日起 20 个工作日内予以答复”。第三十六条还对行政机关根据不同情况分别作出答复予以规定。如果行政机关依法应当提供而拒绝提供或者逾期不予答复，公民、法人或者其他组织就有权提起行政诉讼。这是因为申请获取政府信息是《政府信息公开条例》赋予公民、法人或者其他组织的权利；行政机关应当及时、准确地公开政府信息，也是《政府信息公开条例》为行政机关设定的义务。向行政机关申请获取政府信息，在申请人和行政机关之间形成了一种申请和被申请的关系，同时也形成了行政法上的权利义务关系。如果行政机关对于可以公开的政府信息拒绝提供或者逾期不予答复，既是对申请人合法权益的侵犯，也是没有履行法定义务的体现。

（2）复议前置

行政复议与行政诉讼，其上位概念都是行政争讼。“在复议程序和行政诉讼之间，也存在着一种密切的功能上的联系。它们不仅共享重要的适法条件和法律标准，而且也服务于共同的目标：对行政的合法性进行审查，并化解公法上的冲突。”[1] 两者的根本区别在于纷争解决机关以及依据的程序不同。前者是由行政机关以“略式”程序进行判断的狭义争讼程序；后者则是由法院以裁判程序进行判断的正式裁判制度。“由于行政诉讼由独

1 ［德］弗里德赫尔穆·胡芬：《行政诉讼法》，莫光华译，法律出版社 2003 年版，第 59 页。

立于行政机关之外的法院作为判断机关，并且适用较为严格的裁判程序，一般而言，能够更好地保障国民的权利利益。但是，为了简易、迅速地救济国民的权利利益，并且考虑到由行政机关作为判断机关可以解决某些专门技术性问题，设置行政不服审查制度也是有意义的。”[1]

由各国的制度和学理观之，行政复议之于行政诉讼的程序性质，包括三种：一是将行政复议作为行政诉讼之强制的先行程序，也就是所谓的复议前置。其理由包括：对行政权的必要尊重、减轻法院负担、加速救济程序、扩大救济之机会与层面。但也有人认为，这种制度实际上是限制了国民的起诉权，还体现了一种行政权优越的思想，并不符合现代行政法的理念。况且，行政复议也存在判断机关不独立、程序简易、判断结果欠缺公正性问题。二是将行政复议作为行政诉讼之选择的先行程序。盖因“人民究先进行诉愿或迳行提起行政诉讼，人民有自主的决定权”。三是将行政复议作为与行政诉讼并行或独立的程序。其背后动机的核心点可能在于，“诉愿之司法化结果，使其日渐接近行政诉讼，似亦使其有与行政诉讼分庭抗礼之能力”。[2]但对此提出质疑的大有人在，例如德国学者弗里德赫尔穆·胡芬就指出：“每一种旨在将行政复议置于中心位置的改革建议，首先就会遭到如下怀疑：那无非是妄想以行政自我监督，取代公民寻求法律保护的部分权利。”[3]

我国《行政诉讼法》确定的是“当事人选择为原则，行政复议前置为例外”[4]的模式，即一般情况下是否先行复议由当事人选择，但法律、法规可以规定复议前置的情形（《行政诉讼法》第四十四条）。在1989年《行政诉讼法》立法过程中，有观点主张设立复议前置制度，其主要理由是“为

1 江利红：《日本行政诉讼法》，知识产权出版社2008年版，第114页。

2 翁岳生编：《行政法》（第2版），中国法制出版社2009年版，第1230页。

3 ［德］弗里德赫尔穆·胡芬：《行政诉讼法》，莫光华译，法律出版社2003年版，第64页。

4 信春鹰主编：《中华人民共和国行政诉讼法释义》，法律出版社2014年版，第117页。

了更好地发挥行政权和司法权各自的优势”[1]。但立法机关没有对此进行修改，继续以当事人自主选择为原则，以行政复议前置为例外。在《行政复议法》修改过程中，“发挥行政复议化解行政争议的主渠道作用”被确立为立法宗旨。与此相应，适当增加了行政复议前置的情形。主流观点认为：“行政复议前置可以让不了解行政复议制度优势的当事人，通过行政复议进行救济；对于更适合通过行政复议解决的纠纷，可以让当事人及时进入行政复议程序，减少其寻求救济的成本。”[2]政府信息公开案件就被认为是“更适合通过行政复议解决的纠纷”，修订后的《行政复议法》第二十三条第一款规定五项复议前置情形，其中第四项就是“申请政府信息公开，行政机关不予公开”。起草人认为：“将政府信息公开案件纳入行政复议前置范围，是此次修订《行政复议法》的重要内容之一。据有关方面反映，近年来，行政复议中的政府信息公开案件数量较多，且大部分不再提起行政诉讼，行政复议在解决政府信息公开案件有关争议中的作用比较明显。政府信息公开案件大部分相对简单，行政机关也更加了解情况，由行政复议机关进行处理，能够发挥行政复议的便捷性优势。尤其对于不予公开的行为，行政机关先行处理的便捷性更为显著。”[3]

至于“申请政府信息公开，行政机关不予公开”具体是指哪些情形，根据《最高人民法院关于审理政府信息公开行政案件适用法律若干问题的解释》第一条第二项的规定，主要是指“政府信息公开条例第十四条、第十五条、第十六条规定的不予公开行为”。具体来讲，包括以下七类：

一是国家秘密。

二是法律、行政法规禁止公开。

1 马怀德主编：《司法改革与行政诉讼制度的完善——〈行政诉讼法〉修改建议稿及理由说明书》，中国政法大学出版社 2004 年版，第 269 页。

2 许安标、左力主编：《中华人民共和国行政复议法释义》，中国民主法制出版社 2023 年版，第 99 页。

3 许安标、左力主编：《中华人民共和国行政复议法释义》，中国民主法制出版社 2023 年版，第 102 页。

三是公开后可能危及国家安全、公共安全、经济安全、社会稳定。

四是涉及商业秘密、个人隐私等，公开会对第三方合法权益造成损害。

五是行政机关的内部事务信息。

六是过程性信息。

七是行政执法案卷。

以上七类再加上《政府信息公开条例》第三十六条第一款第七项“工商、不动产登记资料等信息，有关法律、行政法规对信息的获取有特别规定的”，实际上就是《政府信息公开条例》所确定的豁免条款。但是，《最高人民法院关于审理政府信息公开行政案件适用法律若干问题的解释》第十条第二款第五项将“申请行政机关公开的信息属于工商、不动产登记等资料，行政机关告知其按照法律、行政法规规定查询的”，明确为“裁定不予立案；已经立案的，裁定驳回起诉”，所以不属于复议前置的情形，即使复议机关作出了行政复议决定，也应不予立案。

理论界和实务界对政府信息公开案件复议前置问题存在一些不同理解，主要涉及《行政复议法》第二十三条第一款第四项（“申请政府信息公开，行政机关不予公开”）与第三项（“认为行政机关存在本法第十一条规定的未履行法定职责情形”）的关系。有的观点认为，政府信息公开同样存在未履行法定职责情形，所以政府信息公开案件的复议前置，不应只适用《行政复议法》第二十三条第一款第四项的规定，当政府信息公开机关存在“在法定期限内未履行、不予受理或者不予答复”等“未履行法定职责情形”时，也应适用第二十三条第一款第三项的规定，实行复议前置。《最高人民法院关于审理政府信息公开行政案件适用法律若干问题的解释》显然没有认可这一观点。《最高人民法院关于审理政府信息公开行政案件适用法律若干问题的解释》的规定是符合《行政复议法》立法本意的。《行政复议法》第二十三条第一款第三项规定的应当复议前置的“未履行法定职责情形”，特指“本法第十一条规定的未履行法定职责”。具体来讲，主要是指申请行政许可，行政机关在法定期限内不予答复；申请行政机关履行保护人身权利、财产权利、受教育权利等合法权益的法定职责，行政机关未依法履行或者不予答复；申请行政机关依法给付抚恤金、社会保险待遇或者最低生活保障等社会保障，行政机关没有依法给付。[1]《行政复议法》第十一条和第二十三条既然对政府信息公开做出特别规定，应当理解为按照特别规定执行。

1 参见许安标、左力主编：《中华人民共和国行政复议法释义》，中国民主法制出版社 2023 年版，第 101 页。

5. 内容之诉

《最高人民法院关于审理政府信息公开行政案件适用法律若干问题的解释》第一条第三项规定的情形是，“认为行政机关提供的政府信息不符合其申请内容的”。

通常情况下，公民、法人或者其他组织申请获取政府信息，都会指向某一个特定信息，所以《政府信息公开条例》第二十九条第二款第二项规定，政府信息公开申请应当包括“申请公开的政府信息的名称、文号或者便于行政机关查询的其他特征性描述”。第三十条又规定：“政府信息公开申请内容不明确的，行政机关应当给予指导和释明，并自收到申请之日起 7 个工作日内一次性告知申请人作出补正，说明需要补正的事项和合理的补正期限……”做出这样的规定，并不是为申请人设置障碍，而是为了能够更准确、及时地向申请人提供其他申请公开的政府信息。如果行政机关向申请人提供的政府信息并不符合其申请内容，看似已经公开，实质上仍属于政府信息公开申请的“未获满足”。[1] 所以，针对此种情形，当然可以提起行政诉讼。

《政府信息公开条例》第二十九条第二款第三项还规定政府信息公开申请应当包括“申请公开的政府信息的形式要求，包括获取信息的方式、

1 对于依法申请之案件“未获满足”，我国台湾地区行政法学者这样阐述：“不仅于行政机关对于人民依法申请之案件，予以驳回或于法定期间内应作为而不作为情形，属于未获满足；于变更、缩减人民申请内容再予准许……等情形，均属申请未获满足。”翁岳生编：《行政法》（第 2 版），中国法制出版社 2009 年版，第 1450 页。

途径”。第四十条规定：“行政机关依申请公开政府信息，应当根据申请人的要求及行政机关保存政府信息的实际情况，确定提供政府信息的具体形式；按照申请人要求的形式提供政府信息，可能危及政府信息载体安全或者公开成本过高的，可以通过电子数据以及其他适当形式提供，或者安排申请人查阅、抄录相关政府信息。”

原司法解释第一条第一款第二项规定，公民、法人或者其他组织认为行政机关提供的政府信息不符合法律、法规规定的适当形式，依法提起行政诉讼的，人民法院应当受理。《最高人民法院关于审理政府信息公开行政案件适用法律若干问题的解释》并未对此做出规定。对此问题有观点认为：“对于政府信息的物理形态，各国信息公开法基本一致的立场是：尽力而为、量力而行。如果条件允许，尽量按照申请人所要求的物理形态向其提供政府信息，但如果条件不具备或者不充分，如成本过高、可能损害政府信息原件等，则可以采取其他适当的变通方式。”总之，“在法律、法规没有明确规定时，对于申请人提出的物理形态要求，行政机关应当尽量满足，但不受强制性约束”[1]。在原司法解释征求意见过程中，有关机关就曾提出，当事人有权要求行政机关按照其申请的形式提供信息，同时也赋予了行政机关变通的方式。如果没有考虑行政机关有权依法变通公开方式，容易诱导当事人滥用诉讼权利。

1 后向东：《中华人民共和国政府信息公开条例（2019）理解与适用》，中国法制出版社 2019 年版，第 81 页。

6. 反信息公开诉讼

《最高人民法院关于审理政府信息公开行政案件适用法律若干问题的解释》第一条第四项规定的应当受理的情形是：公民、法人或者其他组织认为行政机关主动公开或者依他人申请公开政府信息侵犯其商业秘密、个人隐私等合法权益的。

出于行政管理的需要，行政机关除了自己制作起草政府文件，还需要不断地向公民、法人或者其他组织获取某些资料，这就使政府信息中往往包含涉及商业秘密、个人隐私的内容。因此，行政机关公开政府信息，一方面满足了公众或者个体申请人“知”的需求，另一方面也有不当泄露涉及其他人商业秘密或者个人隐私信息之虞。作为这种“具有第三方效果”[1]的行政行为的第三方，如果认为行政机关主动或者依他人申请公开政府信息侵犯其合法权益，就可以依照本项规定提起行政诉讼。由于这种诉讼的目的是要求法院阻止行政机关公开政府信息，或者要求法院消除已经公开政府信息的影响，与一般政府信息公开诉讼要求公开政府信息的目的正好相反，因此被称作反信息公开诉讼。

1 德国行政法对行政行为的分类方面有所谓“具有双重法律效果的行政行为”。是指具有部分负担性和部分授意性效果的行政行为。如果针对同一个人，则称为效果的混合；如果针对不同的人，则称为具有第三方效果。”参见［德］汉斯·J. 沃尔夫、奥托·巴霍夫、罗尔夫·施托贝尔：《行政法》（第 2 卷），高家伟译，商务印书馆 2002 年版，第 47 页。

（1）政府信息公开立法中对第三方权益的保护

最大限度公开政府信息固然是信息权的核心意义，但信息权的行使亦应尊重他人的权利或名誉。因为充分照顾所有合法的、必须以保密的方式来保护的利益显然是重要的。[1]因此，各国政府信息公开立法在为信息权行使提供各方面便利程序的同时，也普遍重视对申请人之外的第三方权利的保障。考察各国立法例，对第三方权益的保护主要体现在以下几个方面：

①法律将需要保密的第三方利益明确规定为公开的例外。由“最大限度公开原则”可以推导出这样一个假定：除了法律严格规定的例外情况外，所有的政府信息都可以被获取。换言之，对信息权的限定必须是“例外的”，已经被法律“事先”进行“严密地界定”的。[2]因此，将涉及第三方私人利益的信息规定在例外条款中无疑是非常重要的。世界各国对私人利益信息的保护主要集中于商业秘密和个人隐私。我国《政府信息公开条例》也在第十五条规定：“涉及商业秘密、个人隐私等公开会对第三方合法权益造成损害的政府信息，行政机关不得公开。但是，第三方同意公开或者行政机关认为不公开会对公共利益造成重大影响的，予以公开。”

②将披露信息的意向以书面形式通知第三方并为其提供陈述意见的机会。听取对方意见，源于英国古老的自然公正原则。行政机关在作出行政决定，特别是不利于当事人的行政决定之前应当听取当事人的意见，已经成为现代行政程序法的一项基本制度。虽然第三方并非依申请公开政府信息行政程序中的直接当事人，但由于政府信息的公开有可能对其合法权益造成侵害，作为这种不利益处分的利害关系人，其应当享有与当事人同等的陈述意见的机会。例如，印度《信息自由法案》规定：若信息官员打算

1　参见托比·曼德尔：《信息自由：多国法律比较》（第2版修订本），龚文庠等译，社会科学文献出版社2011年版，第46页。

2　参见托比·曼德尔：《信息自由：多国法律比较》（第2版修订本），龚文庠等译，社会科学文献出版社2011年版，第10、47页。

披露涉及第三方，或由第三方提供并且被第三方视为机密的信息，则应在收到申请 5 天之内，将披露信息的意向以书面形式通知第三方，并给第三方在 10 天内陈述情况的机会。[1]

我国《政府信息公开条例》第三十二条规定：“依申请公开的政府信息公开会损害第三方合法权益的，行政机关应当书面征求第三方的意见。第三方应当自收到征求意见书之日起 15 个工作日内提出意见。第三方逾期未提出意见的，由行政机关依照本条例的规定决定是否公开……”

③除非涉及重大公共利益，否则一般应当尊重权利人的信息自决权。[2] 信息自决权系指每个人基本上有权自行决定是否将其个人资料交付以供他人利用。简言之，个人资料非经本人许诺，不得任意搜集、储存、运用、传递，若基于公益的理由必须限制该项权利，亦需遵循民主法治之诸多原则。但是，信息自决权并非毫无限制地被保障，个人对其数据并无所谓绝对、无法加以限制的控制权。在重大公共利益的前提下，个人必须忍受对其信息自决权之限制。[3] 因此，一般信息公开立法的原则是，涉及第三方商业秘密、个人隐私的政府信息，不公开是原则，公开是例外。例外情形包括：权利人同意公开；因重大公共利益决定公开。基于此，泰国《官方信息法》规定：凡第三方提出异议的，有关公共机构必须考虑该异议。我国《政府信息公开条例》第十五条在规定“涉及商业秘密、个人隐私等公开会对第三方合法权益造成损害的政府信息，行政机关不得公开”的同时，还有一个但书规定：“但是，第三方同意公开或者行政机关认为不公开会对公共

1　参见托比・曼德尔 :《信息自由：多国法律比较》（第 2 版修订本），龚文庠等译，社会科学文献出版社 2011 年版，第 10、74 页。

2　信息自决权的概念源自德国联邦宪法法院 1983 年 12 月 15 日作出的“人口普查判决”，自那之后，风行于德国法域内。该判决主文第一段指出：“在现代化数据处理（Datenverarbeitung）情况下，基本法第 2 条第 1 项和第 1 条第 1 项的一般人格权（Allgemeines Persönlichkeitsrecht），包括了保护个人数据不被无限制地提取、储存、使用和继续传送。该项基本权利保障个人有权自我决定，透露或使用其个人数据之权利。”

3　参见张源泉：《德国讯息自决权之范围及其界限》，载《湖南社会科学》2010 年第 4 期。

利益造成重大影响的，予以公开。”第三十二条还规定：“……第三方不同意公开且有合理理由的，行政机关不予公开。行政机关认为不公开可能对公共利益造成重大影响的，可以决定予以公开，并将决定公开的政府信息内容和理由书面告知第三方。”

④即便必须公开也应尽量对敏感部分予以分割、删除。尽管信息自决权因公共利益被限制，但这种限制必须符合比例原则，亦即对个人信息自决权应当采取最轻微的侵害手段。[1] 在政府信息公开制度中有一个信息的可分割性原则（又称区分处理，后文详述）正是在信息处理方面体现比例原则的合适手段。亦即，既保证敏感部分不被泄露，又能最大化公开政府信息。在这方面，保加利亚《公共信息获取法》规定：披露任何信息都必须遵守第三方在同意披露时提出的任何先决条件。如果第三方拒绝披露信息，则相关机构应该从整个文件中挑选出不影响该方利益的部分并予以披露。我国《政府信息公开条例》第三十七条规定：“申请公开的信息中含有不应当公开或者不属于政府信息的内容，但是能够作区分处理的，行政机关应当向申请人提供可以公开的政府信息内容，并对不予公开的内容说明理由。”

⑤将最后决定通知第三方并说明理由。将最后决定通知第三方，一方面仍然属于对个人信息自决权的尊重，另一方面也意在使第三方能够在“知其然”之后及时决定是否采取救济行动。而说明理由则是行政机关对不利益处分的当事人或者利害关系人应尽的正当程序义务，意在使其“知其所以然”，“从而于行政救济时，得为有效之权利防御”[2]。例如，南非《信息公开促进法》规定：公开的决定必须通知与申请相关的第三方，告知他们最后的决定。申请人和第三方都可以就获取信息、收费、延长时限或信息获取形式等提出内部申诉，进而提出司法申诉。在美国，里根总统于

1 参见张源泉：《德国讯息自决权之范围及其界限》，载《湖南社会科学》2010 年第 4 期。
2 翁岳生编：《行政法》，中国法制出版社 2002 年版，第 1096 页。

1987 年发出命令，要求行政机关在决定公开贸易秘密和商业或金融秘密以前，必须事先通知提供信息的人，并听取其陈述反对公开的意见，或要求删除的部分。行政机关听取意见后仍然决定公开时，必须说明理由，留有时间以便提供信息的人有机会请求司法审查。我国《政府信息公开条例》第三十二条也要求“将决定公开的政府信息内容和理由书面告知第三方”。

(2) 预防性行政诉讼

“如果不能苛求原告必须等到某一负担实际出现才采取行动，就应当考虑采用预防性法律保护。”[1] 当自己的商业秘密或者个人隐私即将大白于天下，是“坐以待毙”，还是在无法消弭的损失来临之前寻求法律的预先保护？这就引出了预防性行政诉讼的可得性问题。

a. 预防性行政诉讼概说

所谓预防性行政诉讼，汉语法学界比较有代表性的定义出自我国台湾地区学者朱健文的《论行政诉讼中之预防性权利保护》：“系指人民对于有即将发生侵害之虞的行政行为，于侵害发生前，预防性发动之行政诉讼程序。”[2] 国内亦有学者论及，多系以朱文为滥觞而为演绎铺陈。[3] 预防性行政诉讼被认为属于行政诉讼中的三种权利保护形态中的一种。这三种权利保护形态是：压制式的或事后的权利保护、暂时性权利保护以及预防性

1 [德] 弗里德赫尔穆・胡芬：《行政诉讼法》，莫光华译，法律出版社 2003 年版，第 321 页。

2 朱健文：《论行政诉讼中之预防性权利保护》，载《月旦法学》1996 年第 3 期。

3 或曰：“是指为了避免给行政相对人造成不可弥补的权益侵害，在法律规定的范围内，允许行政相对人在行政决定付诸实施之前，向法院提起行政诉讼，请求法院审查行政决定的合法性，阻止违法行政行为实现的诉讼。”参见胡肖华：《论预防性行政诉讼》，载《法学评论》1999 年第 6 期。或曰：“公民、法人或者其他组织在未来即将受到一定的行政行为或事实行为的预期侵害情形下，可以依据法律预防性提起行政诉讼，阻止行政行为或事实行为作出以保护其特殊权益的诉讼形态。”参见章志远、朱秋蓉：《预防性不作为诉讼研究》，载《学习论坛》2009 年第 8 期。

权利保护。[1]学理认为，上述三种权利保护类型互相补充，方能组成一个有效且无漏洞的权利保护体系，缺乏其中之一就会出现法律漏洞，从而对行政相对人合法权益的保护造成不利。[2]在一些行政法和行政诉讼制度比较发达的国家，预防性权利保护制度已有确立。其中尤以英国的“令状制度”、德国的“停止作为之诉”以及美国的“反情报自由法的诉讼”为最有代表性。

①英国。在英国，行政法上的禁止令、阻止令等救济手段和程序，可供行政相对人在其权益受到行政损害之前，事先向有关法院请求司法救济。禁止令（Prohibition）是高等法院王座分院对低级法院和行政机关所发出的特权命令，禁止它们的越权行为。禁止令专门适用于作出前和在执行过程中的决定。阻止令（Injunction）一般是法院阻止当事人为一定行为的命令，即阻止违法行为的发生或继续存在。阻止令通常在诉讼结束时发出，是对已经确定的法律关系所发出的永久性命令。也可以在诉讼进行当中发出，称为中间性阻止令，即法院根据一方当事人的申请，命令双方当事人维持现状以待法院最后判决。[3]这两种“前瞻性而不是回顾性”的令状形式，充分体现了“防止比救治更好”的诉讼理念。正如韦德爵士所言：“如果公民在地方当局诉诸行动之前便能提出质疑，那么他的处境就优越得多。禁止令救济这方面的价值无须赘言。”[4]

②德国。德国行政诉讼中的预防性权利保护似乎更为系统。在该国，专门有一种停止作为之诉。所谓停止作为之诉，被认为是一般给付之诉之亚类，属于“消极的给付之诉”。其诉讼标的是原告的 如下主张：他的权利受到即将发生的，或正在持续的权力行为的侵害。在大多数情况中，停止作为之诉都是预防性的。也就是说，它旨在防止一个尚未发生的公权措

1 参见朱健文：《论行政诉讼中之预防性权利保护》，载《月旦法学》1996 年第 3 期。

2 参见胡肖华：《论预防性行政诉讼》，载《法学评论》1999 年第 6 期。

3 参见王名扬：《英国行政法》，中国政法大学出版社 1987 年版，第 184 ~192 页。

4 [英]威廉·韦德：《行政法》，徐炳等译，中国大百科全书出版社 1997 年版，第 238 页。

施——无论它采取何种具体的法律形式。有意思的是，停止作为之诉似乎是为涉及信息活动，尤其是涉及信息自决权保护的行政争议量身定做的。例如，在德国行政诉讼法教科书列举的几类适合于停止作为之诉的最重要的情况中，占首位的即是所谓的“信息活动”。具体来说，也就是：声明、警告、评价、提出或传播数据、发表一个报告或公布一份名单等。而这种预防性的权利保护中的“权利”，亦包括所谓的“信息自决权”。又如，不来梅高等行政法院的一个案件（NJW 1995，1769）就是请求停止存储和传播信息的诉讼。[1] 此外，德国行政诉讼中另有“预防性确认之诉”，因与反信息公开诉讼相涉较少，兹不详述。

③日本。日本的《行政案件诉讼法》修改之前，学术界就“以预防性不作为诉讼等名称，作为与义务赋课诉讼相提并论的法定外抗告诉讼之一，以其容许性为中心而展开了讨论。”[2]2004 年 6 月该法通过修改，将停止诉讼（又译中止诉讼[3]、禁止诉讼[4]）作为新的诉讼类型法定化。修改后的日本《行政案件诉讼法》第三条第七款规定：“本法中所谓停止诉讼，是指在行政机关不应当作出一定的处分或裁决却准备作出的情况下，请求法院命令行政机关不得作出该处分或裁决的诉讼。”[5] 通说认为：“在防止因公权力的行使而导致的侵害于未然这种意义上，中止诉讼具有较为容易与法治国家原理相结合这种侧面，同时，先行于处分，在制定法上，公布、回答等法的构造得以活用，在现代的信息社会之下，由于规制性处分的波及效果很大，所以，出现了其必要性增强这种状况。”实践中出现了《信息公开法》上的开示决定的中止诉讼，适用的正是这一诉讼形态。[6]

1　参见 [德] 弗里德赫尔穆 · 胡芬：《行政诉讼法》，莫光华译，法律出版社 2003 年版，第 295 页以下。
2　[日] 盐野宏：《行政救济法》，杨建顺译，北京大学出版社 2008 年版，第 169 页。
3　[日] 盐野宏：《行政救济法》，杨建顺译，北京大学出版社 2008 年版，第 169 页。
4　参见王丹红：《诉讼类型在〈日本行政诉讼法〉中的地位和作用》，载《法律科学（西北政法学院学报）》2006 年第 3 期。
5　参见江利红：《日本行政诉讼法》，知识产权出版社 2008 年版，第 742 页。
6　参见江利红：《日本行政诉讼法》，知识产权出版社 2008 年版，第 559 页以下。

④美国。美国的《信息自由法》专门设立了一种"反信息自由法的诉讼"（reverse FOIA action）。所谓反信息自由法的诉讼，是指向行政机关提出信息的人，提起诉讼禁止行政机关向第三者提供他向行政机关提供的秘密信息。由于这一诉讼的诉讼目的和《信息自由法》规定的公开行政机关信息的目的正好相反，故有此名。更为重要的是，此类诉讼一反普通（传统）司法审查中固守的"最后决定"、"穷尽行政救济"[1]等原则（因为预防性法律保护意味着"对行政机关的一个尚未终结的决定过程的干预，和对复议程序的可能规避"[2]），而具有了非常鲜明的预防性诉讼的形态。由于诉讼的判决需要经过一定的时间，而行政机关对要求提供文件的人必须在10日以内作出答复，所以反信息自由法诉讼的原告在提起诉讼以后，往往请求法院在判决前，发出预先禁止的命令——命令行政机关在诉讼进行期间，暂时不提交第三者要求的文件。原告在提起诉讼时，也可以同时请求预先禁止令和确认判决，请求法院确认行政机关掌握的某一文件具有不能公开的地位。确认判决虽然没有强制执行力，但由于和预先禁止命令同时请求，能够有效制止行政机关不正当地公开需要保密的贸易秘密和商业或金融信息秘密。

1 "最后决定"原则，是指法院在行政机关走完全部过程作出最后决定以前，通常不加干涉。行政机关的最后决定被《联邦行政程序法》第704节作为司法审查成熟的标志。这是考虑：第一，行政机关对其职权范围内的问题有首先作出决定的权力。这是法律授予行政机关的权力。在行政机关作出决定以前法院进行干预，是侵犯行政机关的职权。第二，在行政机关作出最后决定以前，因为缺乏必要的记录作为审查的基础，法院也无法审查。第三，在行政机关作出最后决定之前，当事人和行政机关之间还不能说已经有一个"案件"存在，法院这时审查不符合宪法的规定。但是，当代司法审查的发展，对成熟原则要求的标准越来越低，这个发展和放宽起诉资格标准一样，都是降低法院的门槛，减少当事人向法院申诉的限制。穷尽行政救济原则则是指当事人没有利用一切可能的行政救济以前，不能申请法院裁决对他不利的行政决定。例如在1938年的迈尔斯诉贝思勒亨 案件中，法院声称："在规定的行政救济用尽以前，任何人对于可能的和已经或即将受到的损害，不能请求司法救济。"但穷尽行政救济原则不是一个教条，在有些情况下可以不适用，例如，行政决定对当事人产生不可弥补的损害。参见王名扬：《美国行政法》，中国法制出版社1995年版，第647页以下。

2 [德]弗里德赫尔穆·胡芬：《行政诉讼法》，莫光华译，法律出版社2003年版，第303页。

b. 司法解释在我国首次引入预防性行政诉讼

我国《行政诉讼法》是以事后救济为基础构建起来的。可以说，诉讼的每一环节无一例外全是围绕行政机关已经作出行政行为这一前提而展开（不履行或者拖延履行法定职责亦属于“作出”具体行政行为的一个变种），救济的事后性体现在整个诉讼体系的始终。在最高人民法院起草《关于审理政府信息公开行政案件若干问题的规定》时，试图引入预防性行政诉讼，就要克服两个障碍。

第一个障碍是在法律观念方面。尽管我国不实行严格的分权，但司法权与行政权的必要分界仍属必须。这就涉及我国行政法学曾吸纳借鉴的旨在划清两权分工的成熟原则、穷尽行政救济原则作何处处理。如我们所知，作为上述两项原则发祥地的美国，之所以强调行政机关必须走完全部过程、穷尽行政机关内部救济，司法审查方可介入，在各负其责、各履其职的宏观考虑之下，技术层面的考虑，一是意在防止司法在每一阶段都行干预，让行政程序连续发展受到妨碍；二是担心“行政机关还没有搜集和分析有关的事实，说明采取行政的理由，作为司法审查的根据”。[1]但是，政府信息公开第三方权利保护制度恰好解决了这两个问题。首先，行政机关无论是就拟公开的政府信息书面征求第三方意见，还是将最后决定公开的内容书面通知第三方，这种争端的性质已经明确，第三方合法权利未来恐遭侵害之虞已然生成。特别是后一种通知，对于第三方来说，显然属于最后的决定。其次，政府信息公开程序特别要求对第三方的告知、陈述意见、说明理由，这些完备的程序足以为司法审查提供其所需要的完整案卷，同时也可视为专为第三方寻求预防性救济作出必要铺垫（在许多国家也的确是出于这种考虑）。

第二个障碍是在法律依据方面。《政府信息公开条例》作为一部行政

1 王名扬：《英国行政法》，中国政法大学出版社 1987 年版，第 647、652 页。

法规，当然不可能明确规定第三方可以在涉及其商业秘密或者个人隐私的政府信息被不正当披露之前即可启动预防性救济行动，甚至也不便（或毋庸）特别交待第三方的诉权，但其整体程序设立，与明确作出这方面规定的法例实乃殊途同归，以至于沿着这样一个相同的轨迹走下去，想得到不同的结论都难。事实上，在条例的专家建议稿中确实曾设计这样一段条文："第三人根据上述规定提出反对公开相关信息的意见书的，政府机关在作出公开决定后应当立即以书面方式将公开决定的内容和理由书面通知第三人，并告知其提起救济的途径和期限。第三人与申请人一样，享有本条例第五章所规定的获得各种救济的权利。在第三人提出书面意见或救济的法定期限内，不得向申请人提供相关政府信息。"[1] 尽管最终这种表述没有保留下来，但无法删除的是整体的逻辑架构。可以这样理解：对于第三方而言，行政机关决定予以公开涉及其合法权益的政府信息的告知，就是一个最后决定。第三方收到书面告知之后即申请行政复议或提起行政诉讼，并不违反最后决定原则，其所预防的并不是一个行政决定的作出，而是一个行政决定的执行效果。因此，《政府信息公开条例》所体现的第三方保护机制以及诉权条款，客观上为司法机关提供有效及时且无漏洞的救济提出了要求，而"人民法院受理法律、法规规定可以提起诉讼的其他行政案件"，正是《行政诉讼法》的明确规定。

法律可能滞后，实践之树长青。在法律不可能预测的新的纠纷面前，在迫切需要保护的新的权利诉求面前，司法机关无法拒绝裁判。而且，法定化的权利保护形态，往往源于司法的实践。在日本，"停止诉讼"虽然迟至 2004 年《行政案件诉讼法》的修改才得以法定化，但此前，，早已在判例中以法定外抗告诉讼的形式被逐渐承认。在中国，《行政诉讼法》所

1　周汉华主编：《政府信息公开条例专家建议稿——草案·说明·理由·立法例》，中国法制出版社 2003 年版，第 6 页。

没有规定的驳回诉讼请求判决、确认判决两种判决形式就是基于审判实践的积累和审判实践的迫切需求，通过司法解释予以创设。事实证明，这对于完善行政诉讼制度发挥了非常重要的作用。《最高人民法院关于审理政府信息公开行政案件若干问题的规定》在第一条将预防性的反信息公开诉讼引入受案范围，在第十一条第一款规定“政府信息尚未公开的，应当判决行政机关不得公开”这种禁止判决，切合了政府信息公开行政案件的现实需要，体现了“无漏洞权利救济”的理念，是对行政诉讼制度的又一次创新和完善。

在《行政诉讼法》修订过程中，最高人民法院曾建议增设禁止判决，立法机关担心容易遭到滥用，并未作出普遍规定。《最高人民法院关于审理政府信息公开行政案件适用法律若干问题的解释》保留了原司法解释关于反信息公开诉讼以及禁止判决的条款，显然是得到立法机关认可的。

7. 兜底条款

《最高人民法院关于审理政府信息公开行政案件适用法律若干问题的解释》第一条第一款第五项的内容是："认为行政机关在政府信息公开工作中的其他行为侵犯其合法权益的。"这是一个概括性的兜底条款。应当指出，本条前四项列举的四种应当受理诉讼的情形，范围还是较为广泛的，不仅符合国际上的通行做法，也足以保证政府信息公开工作中的主要违法情形均能受到监督。同时，也体现了量力而为、循序渐进的精神。设计这样一个兜底条款，可以在避免范围过滥的同时，也为未来可能出现的情形预留出一定的发展空间。

值得讨论的一个问题是，原司法解释第一条第一款第四项规定，"认为行政机关提供的与其自身相关的政府信息记录不准确，要求该行政机关予以更正，该行政机关拒绝更正、逾期不予答复或者不予转送有权机关处理的"，"人民法院应当受理"。但是，《最高人民法院关于审理政府信息公开行政案件适用法律若干问题的解释》并没有保留相应规定，是不是就意味着不再受理此类起诉？

要求更正行政机关提供的与其自身相关的不准确的政府信息记录，其实属于个人信息保护的范畴。个人信息，也称个人数据，包括个人姓名、住址、出生日期、身份证号码、医疗记录、人事记录、照片等单独或与其他信息对照可以识别特定的个人的信息。[1] 个人信息的范围很广，其中与隐

1 参见周汉华：《中华人民共和国个人信息保护法（专家建议稿）及立法研究报告》，法律出版社2006年版，第3页。

私有关的信息是一个重要方面。[1] 正是因为个人信息保护与隐私权的这种联系，在一些国家，个人信息被称作“信息隐私”（information privacy），[2] 个人信息保护法亦被称作隐私权法。在个人信息保护法律规范中，信息主体享有的权利，也就是所谓的信息自主权，无疑属于核心内容。从域外立法例来看，信息主体主要享有如下权利：①信息查询权；②信息更正权；③信息封闭；④信息删除权；⑤信息报酬请求权；⑥信息决定权；⑦获得救济的权利。[3]

由于我国当时尚没有制定个人信息保护法律，考虑到个人信息保护问题日益迫切，又与政府信息公开密切相关，在制定《政府信息公开条例》时就增加了一个“搭车”条款。2007 年《政府信息公开条例》第二十五条第二款规定：“公民、法人或者其他组织有证据证明行政机关提供的与其自身相关的政府信息记录不准确的，有权要求该行政机关予以更正。该行政机关无权更正的，应当转送有权更正的行政机关处理，并告知申请人。”个人信息保护与政府信息公开，虽然属于两项各自独立、根本不同的制度，但也有相辅相成、不可分割的关系，从某种意义上说，实际是一个问题的两个方面。这也是个人信息保护条款能够在《政府信息公开条例》中“搭车”的可能性基础。

原司法解释之所以将“个人信息保护之诉”纳入受案范围，主要考虑是：既然公民、法人或者其他组织在有证据证明行政机关提供的与其自身相关的政府信息记录不准确的情况下有权要求该行政机关予以更正，行政机关也有更正的义务，那么在遭到拒绝或者不予答复时，就可以提起行政诉讼。此外，2007 年《政府信息公开条例》第二十五条第二款还规定，该行政机

1 参见王胜利：《上海信用体系与个人信息的保护和公开》，载周汉华主编：《个人信息保护前沿问题研究》，法律出版社 2006 年版，第 197 页。

2 Fred H.Cate：《常用术语定义》，苏苗罕译，载周汉华主编：《个人信息保护前沿问题研究》，法律出版社 2006 年版，第 197 页。

3 参见王丽萍、步雷等：《信息时代隐私权保护研究》，山东人民出版社 2008 年版，第 214 页以下。

关无权更正的，应当转送有权更正的行政机关处理，并告知申请人。因此，行政机关在无权更正时不予转送有权更正的行政机关处理，也属于不履行法定义务的情形，也是可以提起诉讼的。

2019年《政府信息公开条例》并没有删除这个“搭车”条款，而是在完善之后规定在第四十一条：“公民、法人或者其他组织有证据证明行政机关提供的与其自身相关的政府信息记录不准确的，可以要求行政机关更正。有权更正的行政机关审核属实的，应当予以更正并告知申请人；不属于本行政机关职能范围的，行政机关可以转送有权更正的行政机关处理并告知申请人，或者告知申请人向有权更正的行政机关提出。”在原来的“更正申请权”依旧保留的情况下，却没有保留法律救济的权利，恐怕是基于政府信息公开与其他法律制度关系的考虑。后向东在《中华人民共和国政府信息公开条例（2019）理解与适用》[1]中对此认为：

> 政府信息，不可避免会存在记录不准确的问题。这涉及政府工作的方方面面，具体情况非常复杂。不同的情况，应当适用不同的法律程序。比如，不动产登记信息记录不准确的问题，应当依据《不动产登记暂行条例实施细则》规定的更正登记和异议登记程序办理；工商登记信息记录不准确的问题，应当依据《公司登记管理条例》[2]等规定的变更登记程序办理；等等。
>
> 为了避免混淆政府信息公开制度和其他法律制度的边界，这次条例修订特别在第三十六条新增加了一项规定，即其他法律和行政法规针对特定政府信息的查询、公开等作了专门规定的，不得通过政府信息公开的渠道予以公开。这是从前端解决边界问题。而第四十一条规

1　参见后向东：《中华人民共和国政府信息公开条例（2019）理解与适用》，中国法制出版社2019年版。
2　2022年3月1日起，《中华人民共和国市场主体登记管理条例》施行，《中华人民共和国公司登记管理条例》同时废止。

定的更正机制，属于后端的问题。后端与前端要保持一致，总的精神就是要明确政府信息公开制度和其他法律制度的边界，避免因认识不清把政府信息公开制度过度泛化。

第二条　［不履行主动公开职责之可诉性］

第二条　公民、法人或者其他组织认为行政机关不依法履行主动公开政府信息职责，直接向人民法院提起诉讼的，应当告知其先向行政机关申请获取政府信息。

对行政机关的答复、逾期不予答复等行为不服的，可以依法申请行政复议或者提起行政诉讼。

1. 政府信息主动公开

本条是对不履行主动公开政府信息职责可诉性的规定。

依各国的经验，政府信息公开的方式主要有两种：主动公开与依申请公开。所谓主动公开，又称强制公开，是指根据政府信息公开法的强制性要求，对于某些最重要、最核心，特别是涉及公众利益调整、需要公众广泛知晓的政府信息，“行政机关必须自动负责公开，不论公众是否要求”[1]。

（1）主动公开政府信息立法概览

一些国家，如德国、英国、瑞典、奥地利、日本、南非等，没有规定行政机关主动公开政府信息的义务，主要采用依申请（被动）公开形式。其他大多数国家则兼采主动公开和依申请公开两种形式。至于仅采主动公开之方式的“则闻所未闻”[2]。就各国立法关于主动公开规定的详略程度来看，只有少数国家规定得较为繁复和详尽。例如，秘鲁的《透明化与公共信息获取法》，用整章大约 14 条的篇幅对这一问题进行了规定。[3] 在更多的国家法律中，对主动公开问题往往只是一笔带过。又如，韩国《公共机关信息公开法》只在“补充规定”一章的第二十一条原则性地规定：虽然

1　王名扬：《美国行政法》，中国法制出版社 1995 年版，第 963 页。

2　法治斌：《迎接行政资讯公开时代的来临》，载杨解君编：《行政契约与政府信息公开》，东南大学出版社 2002 年版，第 191 页。

3　参见托比・曼德尔：《信息自由：多国法律比较》（第 2 版修订本），龚文庠等译，社会科学文献出版社 2011 年版，第 121 页。

未被请求公开，但国民有必要了解的信息，公共机关应积极提供给公众。[1] 研究者认为："由此可知，被动公开实为资讯公开法制重心之所在，如欲彰显立法者对资讯公开之特殊关切，理应就此多所着墨。"[2] 不过，越来越多的国家认识到，主动公开是促进政府信息公开的最重要制度之一。一个明显的趋势是，许多较新的信息权法——秘鲁（2002 年）、阿塞拜疆（2005 年）、印度（2005 年）和吉尔吉斯斯坦（2007 年）的法律——对主动地或日常性地发布信息都作出广泛规定。[3] 另有一些国家，如德国、英国、韩国、瑞典等，信息公开法虽然没有对主动公开政府信息的范围作出规定，但是在实际工作中都对行政机关主动公开政府信息大加鼓励，并通过其网站提供了丰富的信息。[4] "这也就认可了这样的事实：只有提出比被动地为申请人提供所索取的信息更高的要求，才能有效地推动公共机构开放其掌握的信息。"而且，在世界进入网络时代之后，"通过互联网主动公布信息相对容易，花费更低，推动这种做法是非常合理的，理由之一是它可以减少（相对较贵的）信息查询申请的数量"[5]。

我国《政府信息公开条例》将主动公开政府信息置于重要地位，其所占篇幅与依申请公开不相上下。2019 年《政府信息公开条例》修订时，更是将扩大主动公开的范围和深度作为重点，在做出原则性规定、明确主动公开的重点的同时，还要求行政机关"不断增加主动公开的内容"。

1　参见周汉华主编：《外国政府信息公开制度比较》，中国法制出版社 2003 年版，第 364 页。

2　法治斌：《迎接行政资讯公开时代的来临》，载杨解君编：《行政契约与政府信息公开》，东南大学出版社 2002 年版，第 191 页。

3　参见托比·曼德尔：《信息自由：多国法律比较》（第 2 版修订本），龚文庠等译，社会科学文献出版社 2011 年版，第 55 页以下。

4　参见曹康泰主编：《中华人民共和国政府信息公开条例读本》，人民出版社 2007 年版，第 57 页。

5　托比·曼德尔：《信息自由：多国法律比较》（第 2 版修订本），龚文庠等译，社会科学文献出版社 2011 年版，第 192 页。

（2）不履行主动公开政府信息职责的效果

根据美国《信息自由法》的规定，举凡行政机关之组织、运作、发布之法规命令、行政规则、部分之政策说明与行政解释等，均须主动刊载于《联邦登记》，或以其他合理之方式，通知利害关系人。至于行政机关不履行主动公开义务的效果，该法明确规定："除非某人已经及时获知有关内容，机关不得以任何方式要求其遵守本应公布但并未公布在《联邦登记》上的规定事项或者使其受到不利影响。"该法还规定，举凡最终裁决令、裁决意见、政策说明、解释、行政人员手册或者影响公众的指示等，只有在"向公众提供或者公布"且"当事人确已及时收到有关上述内容的通知"的情况下，行政机关才可以将其"作为对抗非机关当事人所依据、使用或者援引的先例"。[1] 实际上，该法所规定的只是"一种间接的制裁，没有直接的制裁规定"。遍览其他多数国家的信息公开法，也普遍不见明确规定。这可能是由于法治国家普遍尊奉"行政机关不能实施秘密的法律"之原则，因此，"必须主动公布这类文件"[2] 乃成为行政机关之天职。

（3）不履行主动公开政府信息职责的可诉性

主动公开既然属于政府信息公开的重要制度和方式，那么，当行政机关不履行这一法定义务时，申请人能否直接向法院起诉，要求判令行政机关公开应当主动公开的政府信息？在原司法解释起草过程中形成三种不同观点。

第一种观点认为能够起诉。该说主张，无论是主动公开，还是依申请公开，都是《政府信息公开条例》赋予行政机关的义务。该条例关于提起诉讼的规定中所说的"政府信息公开工作中的具体行政行为"，既包括政

1　曹康泰主编：《中华人民共和国政府信息公开条例读本》，人民出版社 2007 年版，第 379 页。
2　王名扬：《美国行政法》，中国法制出版社 1995 年版，第 965 页。

府信息的主动公开，也包括了政府信息的依申请公开。[1] 如果将主动公开行为排除在受案范围之外，既不利于监督，也无从救济公民的合法权益。

第二种观点认为能够起诉，但要参考其他国家的做法，在原告资格上限定一定条件。有的主张应当限于“侵犯其合法权益”；而且这里的“合法权益”并非“知情权”的替代语，其实是回归《行政诉讼法》所保护的人身权、财产权范畴。但也有人认为，限于“侵犯其合法权益”与依申请公开诉讼在文字表述上并无区别，应当直接表述为限于“侵犯其人身权、财产权”。例如，有的法院的调研报告指出：“主动公开的行为、事项与具体的个人利益没有直接联系的，其向法院起诉不主动公开行为违法或要求履行公开该政府信息法定职责的，应认为起诉人不具有‘诉的利益’，其起诉具有公益诉讼性质，不属人民法院的受案范围。”[2]

第三种观点则主张不能直接提起诉讼。该说认为，如果此种情况下允许公民提起诉讼，那么任何一个公民都有资格成为原告，显然这是与我国现有的诉讼体制不合的。因此，可以设计这样一种制度：如果行政机关没有公开应主动公开的信息，公民可以依照申请公开的程序申请行政机关公开该信息，如果行政机关拒绝或不予答复，那么该公民便可以提起诉讼。这种申请行为是诉讼行为的前置程序，而且只有提出过申请的公民才能提起行政诉讼。这样的制度设计既符合我国现行的诉讼体制，又可以避免滥诉的发生。[3]

原司法解释在综合考量了国外处理同类问题的做法、“诉的利益”的一般原则、穷尽行政救济理念、《行政诉讼法》将抽象行政行为排除受案

1 参见许莲丽：《论政府信息主动公开的行政诉讼》，载《河北法学》2009 年第 10 期。

2 浙江省高级人民法院课题组：《政府信息公开行政诉讼案件疑难问题研究——以浙江法院审理的行政案件为实证样本》，载《行政法学研究》2009 年第 4 期。

3 参见董妍：《政府信息公开诉讼规则论析》，《陕西师范大学学报（哲学社会科学版）》2009 年第 12 期。

范围等各方面因素[1]之后，在第三条确立了对行政机关不依法履行主动公开政府信息义务不服应当“申请前置”的起诉条件。也就是说，公民、法人或者其他组织认为行政机关不依法履行主动公开政府信息义务，直接向人民法院提起诉讼的，人民法院不宜直接受理。而是应当告知其先向行政机关申请获取相关政府信息；如果对行政机关的答复或者逾期不予答复不服，可以向人民法院提起诉讼。

a. 域外经验

正是基于前述“行政机关不能实施秘密的法律”之原则，在美国，很少发生针对行政机关不履行主动公开政府信息义务的起诉。在此类诉讼的原告资格方面，限制亦较严格。“法院认为应在联邦登记上公布的文件和行政机关应主动公开的文件，公众请求公开起诉时，限于受到不利影响的人。”这与针对拒绝公开申请提起诉讼时秉持的“任何人请求行政机关提供文件遭到拒绝，都可作为原告”的理念形成鲜明对照。[2]比较一致的是，许多国家的信息公开立法在规定申诉权利时，基本都是指向不服依申请公开行为，对不履行主动公开义务进行投诉的权利鲜有涉及。至于日本、瑞典、南非、英国等国，因为信息公开法并没有规定主动公开问题，申诉权主体当然也只能是信息公开申请人。

1 在英国行政诉讼中，有所谓进入法院和申请救济的“许可”，考虑的因素与我们这里所提极为相似：“对我们而言，下列各种理由可能足以导致许可申请被拒绝：迟延・无充分利益（起诉资格）・无争议的案件・非‘公法’问题・存在其他救济手段・异议尚未成熟。”参见［英］卡罗尔・哈洛、理查德・罗林斯：《法律与行政》，杨伟东、李凌波、石红心、晏坤译，商务印书馆 2004 年版，第 978 页。

2 王名扬：《美国行政法》，中国法制出版社 1995 年版。但有研究者指出，随后的判例表明，美国法院对此问题的态度似乎有所变化：《信息自由法》规定公众可以通过三种方式了解政府文件：①联邦公报；②机关通过联邦公报以外的方法供公众查阅复制的其他应该公开的信息；③向机关申请公开上述两类文件以外的其他应该公开的文件。以上三种方式均受司法审查的约束。早前，哥伦比亚特区上诉法院曾经把司法救济条款解释为仅仅适用于第三种方式，即依申请公开的情况。依这种解释，法院无权命令机关在联邦公报上公布文件，也无权命令机关提供文件让公众查阅复制。但联邦最高法院在“Kissinger v. Repotters Committee for Freedom of the Press”一案中推翻了这一观点。并判定，只要证明机关存在“不正当”（improperly）的“不公开”（withheld）《机关文件》（agency records）的行为，联邦司法权就可以启动，司法审查适用于机关违反上述三种义务的情况。参见赵正群、宫雁：《美国的信息公开诉讼制度及其对我国的启示》，载《法学评论》2009 年第 1 期。

b. 诉的利益

对不履行主动公开政府信息职责直接提起的诉讼法院一般不予受理，与“诉的利益”理论不无干系。西谚有云：“无利益即无诉权。”诉的利益也确与诉权问题密切相关，作为一个“工具性的概念”，它“具有对纠纷向诉讼发展的过程进行调节的控制阀作用”[1]。寻根溯源，诉的利益属于一个经典的民事诉讼法术语，据称是在一百多年前，因随着确认之诉的产生始被提及，初衷是限定确认之诉的对象，以防止当事人诉权的滥用。[2]自那以后，诉的利益逐渐成为诉讼法学的一个基本理论。在一些国家的民事诉讼法中，诉的利益甚至被提升到诉讼原则的高度，如法国《民事诉讼法》就将诉的利益规定在第二编“诉权编”，并置于“适用一切法院的通则”当中。[3]一般认为，诉的利益的内容在于纠纷解决的必要性与实效性，当原告认为存在这种纠纷解决的必要性与实效性时，就可以提起诉讼；当原告欠缺此种利益时，起诉则会遭到法院驳回。[4]“在行政诉讼中，这种道理依然适用。”[5]

日本学者指出：诉的利益就是以“首先原告认为‘自己存在诉的利益’，而由除原告以外之人再对‘原告是否真正存在诉的利益’进行判断”之形式出现的。在这种形式下，对于诉的利益，既可以从“某诉讼不值得受理”（若是受理这种诉讼，则会造成加重法院负担、浪费应当用于更具有切实性诉讼中的司法资源、损害国民一般利益等后果）之原告以外的法院或国家立

1 ［日］谷口安平：《程序的正义与诉讼》（增补本），王亚新、刘荣军译，中国政法大学出版社2002年版，第226页。

2 例如，由于从原理上说确认的对象是无限制的，因此，某人可以将现实中的任何一人作为被告来提起诸如“要求确认自己的猫业已死亡”这样的诉讼。参见［日］高桥宏志：《民事诉讼法：制度与理论的深层分析》，林剑锋译，法律出版社2003年版，第282页。

3 参见王福华：《两大法系中诉之利益理论的程序价值》，载《法律科学》2000年第5期。

4 参见［日］高桥宏志：《民事诉讼法：制度与理论的深层分析》，林剑锋译，法律出版社2003年版，第281页。

5 ［日］盐野宏：《行政救济法》，杨建顺译，北京大学出版社2008年版，第95页。

场来予以把握，也可以从“避免让对方当事人对无解决纠纷之必要性与实效性的起诉进行应诉”之被告的立场来予以把握。但是，从结果上看，诉的利益还是应当取决于原告、被告以及法院（广而言之是一般国民）三者之立场及利害的平衡关系。此外，诉的利益是一个关于“在该诉讼中，通过法院作出本案判决是否使纠纷得到实效性解决”的问题，由此扩而言之，可以从“纠纷本身原本是否应当在法院中予以解决”之司法权界限的问题范畴来对诉的利益展开讨论，这可以被称为广义的诉的利益。在给付之诉的利益方面，这名学者指出，在存在数个法律规定的主张途径（主张方法）的情形下，是否可以认可“当事人不通过这些主张途径而提起通常的给付诉讼”的利益呢？对于此问题，应当通过衡量“立法承认这些主张途径之趣旨”与“给付之诉”两者之间的利害得失（原告的利益、被告以及法院的不利益等的衡量）来作出个别性的判断。[1]

我们试以上述理论来剖析不履行主动公开政府信息义务的“诉的利益”问题。①首先应当承认，原告认为行政机关在具有主动公开政府信息法定职责的情况下对于应当主动公开的政府信息不予公开而向法院提起诉讼，就其依法获取政府信息的权利而言，不能说没有利益存在。问题在于，是否非常有必要通过向法院提起诉讼（或者首先通过法院）予以解决。我们知道，除行政机关主动公开政府信息之外，《政府信息公开条例》还规定了另一种供公民、法人或者其他组织获取政府信息的方式，也就是依申请公开。这两种方式的旨趣相同，同样都是为了保障公民、法人和其他组织依法获取政府信息，提高政府工作的透明度，建设法治政府，充分发挥政府信息对人民群众生产生活和经济社会活动的服务作用。重要的是，这两种方法既互相独立，又互相补充，还可以互相转换。当事人不能利用主动

1 参见［日］高桥宏志：《民事诉讼法：制度与理论的深层分析》，林剑锋译，法律出版社 2003 年版，第 282 页以下。

公开方式取得的文件，如果这个文件不属于免除公开的范围，仍然可以利用依申请公开的方式获取相关文件。这种转换并不会阻碍公民知情权的实现。因此，在有其他法律规定的主张途径存在的情况下，直接向法院提起行政诉讼，其必要性并非十分充分。②在实效性方面，司法诉讼程序显然更为烦琐耗时，即便法院支持了原告的主张，其“诉的利益”也不能即刻实现，还需要行政机关付诸实施。而在依申请公开程序中，不仅申请手续简单，答复期限也不漫长，相较而言，更能使原告的需求及时有效地获得满足。③在利害得失方面，过多地受理此类起诉，不仅耗费有限的司法资源，也使行政机关工作人员将大量的时间精力消耗在诉讼过程中，反而对政府信息公开工作的更好开展造成不利影响。总之，司法解释确立公民对行政机关不依法履行主动公开政府信息职责不服时应当“申请前置”的起诉条件，可以说较好地体现了权利与权力间的平衡，也就是说，“既要保证公民为实现权利救济而将案件诉诸法院的权利，也要对这种权利的行使加以限制，防止出现难以掌控的局面”[1]。

c. 穷尽行政救济

权衡不履行主动公开政府信息职责的可诉性，还应考虑“穷尽行政救济”原则的适用。所谓穷尽行政救济，“是指当事人没有利用一切可能的行政救济以前，不能申请法院裁决对他不利的行政决定。当事人在寻求救济时，首先必须利用行政机关内部存在的、最近的和简便的救济手段，然后才能请求法院救济”。这一原则源自美国，例如在 1938 年的迈尔斯诉贝思勒亨案件中，法院声称：“在规定的行政救济用尽以前，任何人对于可能的和已经或即将受到的损害，不能请求司法救济。”在英国，“存在其他救济手段”亦是对司法审查请求作出许可时所要考虑的一个因素。伍尔夫勋爵在向大法官部提交的《接近司法》报告中指出：“在提出启动司法

1 ［法］特里·奥尔森：《法国行政诉讼中的原告》，张莉译，载《行政法学研究》2009 年第 3 期。

程序申请之前，申请人应充分利用可依靠的任一争议解决制度，除非如此行事不具有合理性。”[1]在德国，强调“权利保护需要”。弗里德赫尔穆·胡芬指出：“如果原告未曾申请过行政行为，则不存在对义务之诉的法律保护需要，因为，他显然可以通过更简便的途径达到其目的。”[2]在法国，尽管以1889年“卡多案件”的审理为契机，当事人提起行政诉讼从以行政救济为必经程序而转变为选择程序，[3]但作为一种例外，CADA（法国行政文件获取委员会，Commission d'Accès aux Documents Administratifs）则有权在诉讼之前先行处理公民在查阅文件时遭拒绝的申诉。穷尽行政救济原则存在的理由，在于保障行政机关的自主性、专门知识、自由裁量权、行政程序的连续性，也在于保障司法职务的有效执行，避免法院和行政机关之间可能产生的矛盾。[4]

尽管许多行政机关“宁可将那些‘薄弱环节’‘捂得更严实’，也不愿意采取行政内部监督措施。与这种情况相应的则是，公民对行政内部监督本来就不抱很大的期望”[5]。但是，“按照一种合情合理的推论，政府是善良真诚的，有异议自然应当首先找政府，请它自己纠正自己的错误；而且，政府最了解各种情况，自然会重新考虑自己的决定。只有在这种想法碰壁之后，才有必要向法官起诉”[6]。基于这种考虑，各国在立法规定有关政府信息公开的申诉制度时，几乎一致强调行政机关内部救济的优先性。做出这样一种制度设计，除了体现穷尽行政救济原则在政府信息公开领域的一体遵行，还在于政府信息公开问题具有非常强的专业性和比较宽广的裁量空间，在定密、豁免条款的适用、公共利益的判断等方面，行政机关具有

1 参见［英］卡罗尔·哈洛、理查德·罗林斯：《法律与行政》，杨伟东、李凌波、石红心、晏坤译，商务印书馆2004年版，第993页以下。
2 ［德］弗里德赫尔穆·胡芬：《行政诉讼法》，莫光华译，法律出版社2003年版，第288页。
3 参见王名扬：《法国行政法》，中国政法大学出版社1988年版，第539页。
4 参见王名扬：《美国行政法》，中国法制出版社1995年版，第651页。
5 ［德］弗里德赫尔穆·胡芬：《行政诉讼法》，莫光华译，法律出版社2003年版，第63页。
6 ［法］让·里韦罗、让·瓦利纳：《法国行政法》，鲁仁译，商务印书馆2008年版，第783页。

专业优势，其首次判断权亦应受到尊重。

d. 抽象行政行为

抽象行政行为是我国行政法上的一个学理概念，与具体行政行为相对，它指的是行政机关制定、发布的具有普遍约束力的决定、命令。这种行为是被排除出行政诉讼受案范围之外的。我们之所以提及抽象行政行为，是因为有的观点认为主动公开是抽象行政行为，因为它并非针对特定的个人。我们认为，完全将主动公开政府信息的行为定性为抽象行政行为，未见得十分精准。但是，主动公开行为在以不特定的多数人即社会公众为公开对象这一点上，确实与抽象行政行为具有某些共同的特征，因此，与其说主动公开是抽象行政行为，毋宁说主动公开与所谓的抽象行政行为具备某些相同或相似的特性。《行政诉讼法》不将抽象行政行为纳入受案范围的考虑，同样符合行政机关不履行主动公开政府信息职责的情况。

2. 相反的情形

需要强调的是，人民法院不受理针对主动公开政府信息行为的起诉，限于“认为行政机关不依法履行主动公开政府信息职责”，要求判令行政机关向他或者向公众主动公开政府信息的情形。《最高人民法院关于审理政府信息公开行政案件适用法律若干问题的解释》第一条第四项规定的“认为行政机关主动公开或者依他人申请公开政府信息侵犯其商业秘密、个人隐私等合法权益的”，虽然也是针对主动公开政府信息行为，情形却有不同。因为，该主动公开行为直接涉及原告的商业秘密、个人隐私，对其产生了不利影响，从而使“本人的、合法的、相关的、具有直接性和确定性的”[1]“诉的利益”得以存在。

另外，根据本条第二款规定，当人民法院“告知其先向行政机关申请获取政府信息”，并且其已经依法提出政府信息公开申请之后，“对行政机关的答复、逾期不予答复等行为不服的，可以依法申请行政复议或者提起行政诉讼”。这是本书不予讨论的，因为这与一个初始的针对依申请公开的诉讼毫无二致。

1 ［法］特里·奥尔森：《法国行政诉讼中的原告》，张莉译，载《行政法学研究》2009 年第 3 期。

第三条　［原告资格］

第三条　认为行政机关作出的政府信息公开、不予公开等行为侵害其合法权益提起诉讼的公民、法人或者其他组织，属于行政诉讼法第二十五条第一款规定的“有利害关系的公民、法人或者其他组织”。

1. 原告资格

本条规定的是政府信息公开诉讼的原告资格。

行政诉讼的原告资格关系到由什么样的人提起行政诉讼并启动对行政行为的司法审查。由于原告资格直接关系到法院司法审查权对行政权制约的力度，因此，原告资格的认定成为行政诉讼的基本问题之一。在政府信息公开行政诉讼中，这一问题同样非常重要。

（1）多国（地区）关于政府信息公开申请人资格的规定

政府信息公开诉讼的原告资格与政府信息公开申请人资格密切相关。了解一下世界各国对此问题的处理，对于我们理解原告资格当会有所裨益。目前，世界上已经有一百多个国家和地区出台了信息公开法。[1]下面介绍的各国（地区）关于政府信息公开申请人资格的规定，尽管只抽取 15 个国家和地区作为样本，但却包括了发达、欠发达以及发展中国家（地区）等各个层面，其代表性应属广泛。阿塞拜疆《信息获取权法》规定：任何申请获取信息的人都有权在不受限制和平等的基础上免费获得信息——如果公共机构拥有该信息。申请人不需要提供申请理由，除非在某些情况下，例如为行使某权利需要提供官方确认信息，或申请非常紧迫时。保加利亚《公共信息获取法》规定：公民以及在该国境内的外国人和法人实体，都有权

1　参见王敬波主编：《世界信息公开法汇编》，法律出版社 2017 年版，第 1296 页；后向东：《信息公开的世界经验》，中国法制出版社 2016 年版，第 1 页。

按照既定条件和程序获取“公共信息”。印度《信息自由法案》规定：所有公民都享有信息权。法律没有要求申请人提供申请理由。法律还规定，不应要求申请人提供任何个人详细信息，除非为了方便联络申请人。牙买加《信息获取法案》规定：人人应有权获取除免予公开文件之外的官方文件。请求信息时，申请人没有必要提供申请理由。日本《行政机关信息公开法》规定：任何人可以向公共机构的负责人提出披露行政文件的申请。该法并不要求申请人说明申请理由。吉尔吉斯斯坦《国家机构与地方自治政府机构所掌握信息的获取法》规定，每个人都有权获取由国家和地方自治机构掌握的信息，国家保护每个人“寻求、接受、调查、制作、告知和传播信息的权利”。提出申请不需要提供任何理由。处理申请的官员不得询问申请者打算如何使用该信息。墨西哥《联邦透明度和公共政府信息获取法》规定：个人可以获取政府拥有的所有信息。公共机构决定是否披露所索取的信息不应受到申请者动机的影响。秘鲁《透明化与公共信息获取法》规定：任何人都有权申请和接收来自公共机构的信息。不能因为申请人的“身份”而拒绝其获取信息的申请。南非《信息公开促进法》规定：获取信息的申请不受申请者获取信息的理由即信息官员对这些理由所形成的看法的影响。瑞典《信息权法》规定：为了促进观点的自由交流及启迪公众，每个瑞典国民都应能自由获取官方文件。除非须对某文件是否在公开范围内进行确认，否则公共机构不应要求个人陈述申请获取文件的动机。泰国《官方信息法》规定：任何人都可以申请并未以其他方式要求公布的信息或申请查阅信息，只要申请足够详细可以查明被索取的信息，该信息就必须被提供。不过该法规定如果申请涉及过量信息或无合理因由过于频繁提出申请，该申请可能会被拒绝。乌干达《2005 年信息获取法案》规定：每个公民都有权获取公共机构掌握的信息和记录，除非该信息的公开有可能危及安全、主权或个人的隐私。无论是申请人出于任何原因而申请，还是信息官员对申请人陈述的理由有何看法，信息获取权都不应受到影响。英国《2000年信息自由法》规定：任何对公共机关所掌握信息提出申请者都有权被告知该机关是否保存有该信息，如果确实存有，该申请人有权"知晓"该信息。该法同时规定，这项权利的实现需要遵守该法中其他一些条款，包括为识别或查找材料，公共机构可合理要求申请人提供更多情况；无理取闹或反复申请的，可不重复披露。虽然法律没有特别提出，但是暗示了申请时无须递交理由，因为申请理由不在必须提交的内容之列。美国《信息自由法》规定：每一机关在收到要求提供记录的申请时，必须对任何人迅速提供他所需要的记录。《2007年政府公开法》[1]规定：申请者无须解释他们申请的原因，但是如果他们希望克服随意的例外规则障碍，或者申请豁免费用，或者希望快速处理他们的申请，这种解释会有所助益。[2]值得注意的是，我国台湾地区的"政府资讯公开法"第十条第四款要求书面申请载明"申请政府信息之用途"，但研究者认为这一规定"恐有误解"。该研究者指出："按为落实资讯公开，保障人民'知的权利'，各国立法例申请公开资讯皆无须说明理由（用途），以免政府为恐'自曝其短'或家丑外扬，而阻挠公开。是上述规定应限缩理解为：系为便于认定是否从事学术研究或供公益之用，而减免其收费，故尔。"[3]

通过以上考察，我们会发现，在政府信息公开申请人资格的规定上，几乎所有国家或地区都确立了这样一个大致相同的标准：任何人都可以提出政府信息公开申请，提出申请时不需要提供任何理由。确立这一标准的理论基础在于："公共机构不是为自身掌握信息，而是为公众的利益代管

1 该法英文全称"Openness Promotes Effectiveness in Our National Fovernment Act of 2007"，2007年12月31日由美国总统布什签署。参见托比·曼德尔：《信息自由多国法律比较》，龚文庠等译，社会科学文献出版社2011年版，第172页。

2 参见托比·曼德尔：《信息自由：多国法律比较》（第2版修订本），龚文庠等译，社会科学文献出版社2011年版，第55页以下；王名扬：《美国行政法》，中国法制出版社1995年版，第1113页。

3 翁岳生编：《行政法》（第2版），中国法制出版社2009年版，第1066页。

信息。所以，每个人都有获取这种信息的权利。”[1]

（2）我国《政府信息公开条例》关于申请人资格的规定

2007年《政府信息公开条例》第十三条规定："除本条例第九条、第十条、第十一条、第十二条规定的行政机关主动公开的政府信息外，公民、法人或者其他组织还可以根据自身生产、生活、科研等特殊需要，向国务院部门、地方各级人民政府及县级以上地方人民政府部门申请获取相关政府信息。”尽管该条规定本意并非对政府信息公开申请附加一个“三需要”的条件，但这样的表述还是造成了一些理解上的混乱，也给一些有意曲解《政府信息公开条例》立法本意的人提供了依据。2019年《政府信息公开条例》第二十七条规定：“除行政机关主动公开的政府信息外，公民、法人或者其他组织可以向地方各级人民政府、对外以自己名义履行行政管理职能的县级以上人民政府部门（含本条例第十条第二款规定的派出机构、内设机构）申请获取相关政府信息。”取消了“根据自身生产、生活、科研等特殊需要”即“三需要”的表述。政府信息公开立法专家后向东指出：

> “三需要”，曾经一度在政府信息公开实践中被广泛用作申请人资格条件，但“三需要”本身过于宽泛，不足以作为限制性条件使用，由此引发了大量行政争议，造成了一定程度的混乱。正本清源，原条例的立法原意中并没有将“三需要”设定为申请人资格条件；考察世界各国信息公开法，也没有对申请人资格条件做出限制的立法例；再考察“三需要”之所以被用作申请人资格条件的现实背景，是因为原条例豁免条款的缺失，行政机关不得已才对“三需要”条款作不当解

1 摘自《非洲表达自由原则宣言》，转引自托比·曼德尔：《信息自由：多国法律比较》（第2版修订本），龚文庠等译，社会科学文献出版社2011年版，第16页。

释和适用。由此，新条例在确立若干豁免条款的同时，果断取消了被严重误读误用的“三需要”表述。[1]

在取消“三需要”的表述之后，公民、法人或者其他组织向行政机关申请获取相关政府信息不再附加任何条件。因此我们可以说，《政府信息公开条例》所确定的申请人资格，与多数国家和地区采取的“任何人”标准并无二致。

（3）政府信息公开申请人的原告资格

政府信息公开行政诉讼的原告资格与政府信息公开的请求权主体密切相关。如前所述，公开请求权主体具有无限性。也就是说，任何公民无论基于何种原因，更不论与有关的政府信息是否有利害关系，均可以请求政府机关向其提供有关的政府信息。[2]进而，任何人请求行政机关提供文件遭到拒绝，都可作为原告，没有诉讼资格限制。在这一点上，作为依申请公开政府信息申请人，其原告资格与其他依申请行政程序中的申请人并没有什么不同。

1　参见后向东:《中华人民共和国政府信息公开条例（2019）理解与适用》，中国法制出版社 2019 年版，第 188 页。

2　参见吕艳滨主编：《行政诉讼法的新发展》，中国社会科学出版社 2008 年版，第 175 页。

2. 利害关系

“利害关系”是《行政诉讼法》第二十五条第一款规定原告资格时所使用的一个概念。该条第一款规定：“行政行为的相对人以及其他与行政行为有利害关系的公民、法人或者其他组织，有权提起诉讼。”而1989年《行政诉讼法》第二十四条第一款的规定是：“依照本法提起诉讼的公民、法人或者其他组织是原告。”为什么要做出修改？全国人大常委会法制工作委员会行政法室编著的《中华人民共和国行政诉讼法解读》指出：“原法关于原告资格的规定是一个主观标准，实践中有的法院不愿意受理行政案件，对原告资格作过度限制，影响了公民、法人或者其他组织的诉讼权利。本次修改，对原告资格规定了客观标准。”[1] 由此可见，引入“利害关系”标准，立法本意不是对行政诉讼原告资格进行限制，相反，却是要取消“对原告资格作过度限制”。

实践中之所以出现一些对于“利害关系”的模糊认识，可能是没有完全理解条文本身的含义。《行政诉讼法》第二十五条第一款实际可以拆解为两句话。一句是：“行政行为的相对人有权提起诉讼。”另一句是：“行政行为的相对人以外的其他与行政行为有利害关系的公民、法人或者其他组织，有权提起诉讼。”所以，所谓“利害关系”，只是为“行政行为的相对人”以外的其他公民、法人或者其他组织设定的一个资格条件。作为

1 全国人大常委会法制工作委员会行政法室编著：《中华人民共和国行政诉讼法解读》，中国法制出版社2014年版，第72页。

行政行为的相对人，其针对不利于自己的行政行为提起撤销之诉，或者针对行政机关怠于处分或为拒绝处分行为而提起课予义务之诉，其与诉讼标的的利害关系应属显而易见。换句话说，凡属行政行为的相对人，其针对不利行政行为提起诉讼，本身即具有利害关系，也就是适格原告。略有区别的是对于行政行为相对人以外的其他公民、法人或者其他组织，则要强调其必须与行政行为具有利害关系。

再说“利害关系”本身。所谓“利害关系”，与“第三人效力处分”有关。不少行政行为是具有复效性的，亦即行政行为不仅影响其直接针对的对象，同时也对其他公民、法人或者组织产生影响。行政行为直接针对对象之外的主体在行政程序中居于何种地位，各国（地区）的行政程序法大多都有明确规定。例如，日本《行政程序法》第十条规定：“行政厅对申请作出处分时，当应该考虑的申请人之外者的利害属该法令所规定的许可认可等的要件时，根据需要，必须努力以举行公听会以及其他适当的方法设置听取该申请人之外者的意见的机会。”[1]奥地利、葡萄牙、我国澳门特别行政区与日本的制度类似，都是将之定位为“利害关系人”，而赋予其与当事人相当的程序性权利。另有一些国家或地区，如德国、韩国、我国台湾地区等，甚至直接将之涵盖在当事人的概念之中。我国尚没有制定行政程序法典，究竟是应当将之界定为当事人抑或利害关系人，还没有统一标准。但在单行法方面已有规定。例如，《行政许可法》就将行政许可决定直接针对对象之外的主体明确为“利害关系人”。根据该法第三十六条的规定，利害关系人与申请人一样，享有同等的陈述、申辩、被听取意见的权利。[2]如果“利害关系人”对行政许可不服提起诉讼，其当然就属于“与行政行

1 ［日］室井力、芝池义一、浜川清主编：《日本行政程序法逐条注释》，朱芒译，上海三联书店2009年版，第108页。

2 《行政许可法》第三十六条规定：“行政机关对行政许可申请进行审查时，发现行政许可事项直接关系他人重大利益的，应当告知该利害关系人。申请人、利害关系人有权进行陈述和申辩。行政机关应当听取申请人、利害关系人的意见。”

为有利害关系”。同样的道理，依申请公开政府信息程序中，既有作为直接相对人的政府信息公开申请人，也会有“利害关系人”，这就是《政府信息公开条例》第三十二条规定的“第三方”。正是由于“依申请公开的政府信息公开会损害第三方合法权益”，其才与该政府信息公开行为具有“利害关系”，也才具有提起政府信息公开行政诉讼的原告资格。

所以，《最高人民法院关于审理政府信息公开行政案件适用法律若干问题的解释》第三条规定的原告资格，即“认为行政机关作出的政府信息公开、不予公开等行为侵害其合法权益提起诉讼的公民、法人或者其他组织，属于行政诉讼法第二十五条第一款规定的‘有利害关系的公民、法人或者其他组织’”，与《行政诉讼法》第二十五条第一款的规定既一脉相承，又结合了政府信息公开诉讼的特点。按照本条规定，只要是被诉依申请公开政府信息行为的申请人，或者依申请公开的政府信息公开会损害其合法权益的“第三方”，都属于有“利害关系”的适格原告。虽然不是依申请公开政府信息的申请人，也不是“第三方”，但认为行政机关主动公开政府信息侵犯其商业秘密、个人隐私等合法权益的，也属于有“利害关系”。

至于有人强调“利害关系”必须是与政府信息的内容有“利害关系”，已经不值一驳。因为《行政诉讼法》第二十五条第一款所规定的“利害关系”，是“与行政行为有利害关系”，除此之外并无其他含义。

第四条　［被告］

第四条　公民、法人或者其他组织对主动公开政府信息行为不服提起诉讼的，以公开该政府信息的行政机关为被告。

公民、法人或者其他组织对依申请公开政府信息行为不服提起诉讼的，以作出答复的行政机关为被告；逾期未作答复的，以收到申请的行政机关为被告。

根据政府信息公开条例第四条的规定，县级以上地方人民政府指定政府信息公开工作机构负责本机关政府信息公开日常工作，公民、法人或者其他组织对该机构以自己名义所作的政府信息公开行为不服提起诉讼的，以该机构为被告。

1. 谁行为，谁为被告

本条是关于政府信息公开诉讼被告资格的规定。

被告资格对于民事诉讼来说，也许并不是一个问题。[1] 与民事诉讼不同，行政诉讼被告则具有特定性。《行政诉讼法》在第二十六条用六款的篇幅对被告资格作出规定。其中第一款规定："公民、法人或者其他组织直接向人民法院提起诉讼的，作出行政行为的行政机关是被告。"这个条款被认为是明确行政诉讼被告的一个总则性、一般性的条款。循此规定，我们可以得知，《行政诉讼法》确立的是"谁行为，谁为被告"的原则。最高人民法院（2016）最高法行申 2719 号行政裁定书对此曾经指出：

> 在行政诉讼中，确定适格被告的依据是所谓法定主体原则，即：行政机关作出了被诉的那个行政行为，或者没有作出被申请的行政行为，并且该机关在此范围内能对争议的标的进行处分。《行政诉讼法》第二十六条第一款"公民、法人或者其他组织直接向人民法院提起诉讼的，作出行政行为的行政机关是被告"的规定就是法定主体原则的具体体现。通常情况下，法定主体原则具体包括这样两个要件：第一，谁行为，谁为被告；第二，行为者，

1 《民事诉讼法》对被告资格没有特别规定，只在"当事人"一节中的第五十一条第一款笼统规定："公民、法人和其他组织可以作为民事诉讼的当事人。"

能为处分。

《最高人民法院关于审理政府信息公开行政案件适用法律若干问题的解释》第四条在确定政府信息公开诉讼适格被告时，就采用了“谁行为，谁为被告”的标准。

2. 主动公开行为的被告

尽管对于行政机关不履行主动公开政府信息义务的行为不能直接提起诉讼，但是，公民、法人或者其他组织认为行政机关主动公开政府信息侵犯其商业秘密、个人隐私等合法权益，依法提起行政诉讼的，人民法院应当受理。按照本条第一款规定，“以公开该政府信息的行政机关为被告”。适用的同样是“谁行为，谁为被告”的原则。

《政府信息公开条例》第十条对政府信息公开主体的责任进行了划分：

> 行政机关制作的政府信息，由制作该政府信息的行政机关负责公开。行政机关从公民、法人和其他组织获取的政府信息，由保存该政府信息的行政机关负责公开；行政机关获取的其他行政机关的政府信息，由制作或者最初获取该政府信息的行政机关负责公开。法律、法规对政府信息公开的权限另有规定的，从其规定。
>
> 行政机关设立的派出机构、内设机构依照法律、法规对外以自己名义履行行政管理职能的，可以由该派出机构、内设机构负责与所履行行政管理职能有关的政府信息公开工作。
>
> 两个以上行政机关共同制作的政府信息，由牵头制作的行政机关负责公开。

在政府信息公开行政诉讼中，政府信息公开主体责任的划分只有在被告是否属于政府信息公开义务主体存在争议的情况下才有意义。在公民、法人或者其他组织认为行政机关主动公开政府信息侵犯其商业秘密、个人隐私等合法权益，依法提起行政诉讼时，哪个行政机关主动公开了政府信息，哪个行政机关即为被告，不论其是否具有公开该政府信息的责任和权限。

3. 依申请公开行为的被告

本条第二款规定："公民、法人或者其他组织对依申请公开政府信息行为不服提起诉讼的，以作出答复的行政机关为被告；逾期未作答复的，以收到申请的行政机关为被告。"这一规定包括两个情况，一是"作出答复"，二是"逾期未作答复"。

（1）"作出答复"情况下的适格被告

本款第一句话规定，"公民、法人或者其他组织对依申请公开政府信息行为不服提起诉讼的，以作出答复的行政机关为被告"。这里适用的同样是"谁行为，谁为被告"原则。按照《政府信息公开条例》第三十三条的规定，"行政机关收到政府信息公开申请，能够当场答复的，应当当场予以答复。行政机关不能当场答复的，应当自收到申请之日起 20 个工作日内予以答复……"第三十六条还规定，对政府信息公开申请，行政机关应当根据不同情况分别作出答复。因此，"答复"就是行政机关对于政府信息公开申请所作出的处理，申请人对"答复"不服，自然要以作出答复的行政机关为被告。

（2）"逾期未作答复"情况下的适格被告

本款第二句话规定，"逾期未作答复的，以收到申请的行政机关为被告"。这种情况属于"不作为之诉"，即行政机关对于申请人的政府信息公开申请，既没有拒绝，也没有答复。这种情况下，“以收到申请的行政机关为被告”。原司法解释起草过程中，对此曾经表述为“以申请书载明的机关为被告”，但有关单位和专家学者提出了不同意见，认为“以申请书载明的机关为被告”，恐难以避免对根本不具备相应答复义务的机关的滥诉甚至恶作剧。以“收到”申请的行政机关为被告，要求起诉人在起诉时提供行政机关“收到”其申请的证据材料，这也便于初步审查是否存在“逾期”的情形。

关于“收到政府信息公开申请”的时点确定问题，《国务院办公厅政府信息与政务公开办公室关于政府信息公开期限有关问题的解释》（国办公开办函〔2015〕207号）有详细界定。

4. 政府信息公开工作机构为被告

本条第三款规定："根据政府信息公开条例第四条的规定，县级以上地方人民政府指定政府信息公开工作机构负责本机关政府信息公开日常工作，公民、法人或者其他组织对该机构以自己名义所作的政府信息公开行为不服提起诉讼的，以该机构为被告。"这是对行政机关内设机构被告资格的承认，与传统的行政主体理论不甚相同，一定程度上体现了"信息公开特殊论"，具有积极意义。

行政主体理论在我国的引进见于王名扬所著《法国行政法》。该书指出："行政主体是一个法律概念。就法律意义而言，行政主体是实施行政职能的组织，即享有实施行政职务的权力，并负担由于实施行政职务而产生的权利、义务和责任的主体。"[1] 研究者认为，行政主体理论在我国的提出，"直接的需要来自行政诉讼立法和实施的制度实践中对行政诉讼被告资格的确认。正因为这种隐藏于传统范式背后的实用主义动机，自《行政诉讼法》起草开始，行政主体与行政诉讼被告紧密地勾连在一起，被视为拥有同等的外延，简言之即行政机关和法律、法规授权的组织"[2]。在这样一个模式之下，"行政机关的内设机构和派出机构不能以自己的名义独立对外作出行政行为和承担法律责任，从而不能成为独立的行政主体"[3]。

随着给付行政、服务行政的日渐活跃，行政主体理论越来越多地被人

1 王名扬：《法国行政法》，中国政法大学出版社 1988 年版，第 38 页。
2 沈岿：《重构行政主体范式的尝试》，载《法律科学》2000 年第 6 期。
3 姜明安：《行政法》，北京大学出版社 2017 年版，第 189 页。

们反思和重估。日本学者盐野宏指出："行政并不仅是行政行为和行政强制执行，而是使用各种各样的手段来实现其目的。"[1]政府信息公开无疑就是一种有别于传统秩序行政的新型手段。为了适应这一新工作的新特点、新需求，《政府信息公开条例》赋予了内设机构一定的法律责任，这就是第四条第一款的规定："各级人民政府及县级以上人民政府部门应当建立健全本行政机关的政府信息公开工作制度，并指定机构（以下统称政府信息公开工作机构）负责本行政机关政府信息公开的日常工作。"后向东认为："信息公开有着给付行政的特点，行政机关与社会公众的关系，主要是给予一定信息，而不是课以一定义务，这与传统的行政管理迥然不同。由此也形成了一种普遍性看法，认为信息公开在主体问题上具有特殊性，无论是否具备一般意义上的行政主体资格，都可以作为信息公开主体。"[2]余凌云指出："信息公开主体之所以可以游离行政主体理论，主要是因为行政主体理论是秩序行政的产物，秩序的维护要以限制公民权利为代价，要特别强调主体的资格以及权力的来源。而信息公开属于给付行政范畴，是授益和提供信息服务的，所以，没有必要受行政主体理论桎梏。"[3]

1 ［日］盐野宏：《行政法》，杨建顺译，法律出版社 1999 年版，第 36 页。

2 后向东：《中华人民共和国政府信息公开条例（2019）理解与适用》，中国法制出版社 2019 年版，第 255 页。

3 余凌云：《行政法讲义》（第 2 版），清华大学出版社 2014 年版，第 347 页。

第五条　［被告的举证责任］

第五条　被告对其作出的政府信息公开、不予公开等行为的合法性承担举证责任。

有下列情形之一的，被告应当承担相应的举证责任：

（一）被告主张政府信息已经公开的，应当就公开的事实举证，并向人民法院提交其已告知申请人获取该政府信息方式、途径等证据；

（二）被告主张因公共利益决定公开涉及商业秘密、个人隐私的政府信息的，应当就认定公共利益的理由以及不公开可能对公共利益造成重大影响举证；

（三）被告主张原告申请公开的信息属于内部事务信息不予公开的，应当就该信息属于人事管理、后勤管理或者内部工作流程信息等举证；

（四）被告主张原告申请公开的信息属于过程性信息不予公开的，应当就该信息系行政机关作出行政处理决定之前形成的内部讨论记录、过程稿、磋商信函、请示报告等举证；

（五）被告主张原告申请公开的信息属于行政执法案卷信息不予公开的，应当就该信息系行政执法过程中形成并记录于执法案卷的当事人信息、调查笔录、询问笔录等举证；

（六）被告主张政府信息不存在的，应当就其已尽合理检索义务等事实举证或者作出合理说明。

1. 举证责任

本条以及随后的第六条、第七条，主要规定政府信息公开诉讼的举证责任。其中，本条和第六条系规定被告的举证责任，第七条系规定原告的举证责任。

（1）举证责任概说

举证责任，又称“证明责任”。法谚有云：“证明责任乃诉讼的脊梁。”形象地道出了举证责任在诉讼中的重要性。[1]19 世纪末，德国学者格尔查（Julius Glaser）和美国学者塞耶（Thayer）几乎同时提出了证明责任的“双重含义说”，并逐步在大陆法系和英美法系获得广泛认同。双重含义说将证明责任区分为“行为意义”和“结果意义”，或者“主观意义”和“客观意义”，从而有了主观的举证责任与客观的举证责任之区分。[2]“当事人就待证事实无法证明，在事实存否不明时，法院就该待证事实如何认定之裁判准则，即为客观的举证责任。客观的举证责任对于两造当事人之举证活动具有一定之压力，为获得法院有利之心证，而有设法提出证据之必要性，称为主观的举证责任。两者在概念上难免混淆，唯客观的举证责任方为真正的举证责任。主观的举证责任之形成，系以客观的举证责任为前提。”[3]

---

1 参见吴越：《译序：从举证责任到客观证明责任的跨越》，载［德］普维庭：《现代证明责任问题》，吴越译，法律出版社 2006 年版，第 1 页。

2 参见毕玉谦：《证据制度的核心基础理论》，北京大学出版社 2013 年版，第 37 页。

3 徐瑞晃：《行政诉讼法》，台北，五南图书出版股份有限公司 2012 年版，第 381 页。

在通常情况下，英美法上将证明责任分为举证负担（burden of producing evidence）和说服负担（burden of persuasion）两种不同的具体表现形态。在具体运用功能上，相较而言，英美法上的举证负担类似于大陆法上的主观证明责任，而其说服负担则类似于大陆法上的客观证明责任。我国学者在这个问题上主要有行为责任说、结果责任说和双重含义说三种观点。比较为证据学界广泛接受的是双重含义说，代表性的定义为："证明责任应当包括行为与后果两个方面，即行为意义上的证明责任与结果意义上的证明责任。前者指当事人对所主张的事实负有提供证据证明的责任；后者指在事实处于真伪不明状态时，主张该事实的人承担不利的诉讼后果。"[1]

（2）举证责任的分配

"行政诉讼之原告与被告，何者应负举证责任，即所谓的举证责任分配。"[2]大陆法上，行政诉讼的举证责任分配多采法律要件分类说（亦称规范说）。采用法律要件分类说者，"以行政法之实体法，为举证责任分配之基准。例如，在撤销诉讼中，被告机关对基于权限行使规定之要件事实，亦即行政处分之适法，应负举证责任。又如原告依法申请之案件遭驳回而提起请求应为行政处分之诉讼，原告就许可处分之要件事实，应负举证责任。相对于权利妨害规定即权限不行使规定之要件事实，主张行政处分不行使之原告，应负举证责任。此种情况，如系消极处分，应由被告机关负举证责任"[3]。

普遍认为，我国《行政诉讼法》对于举证责任的分配是由作为被告的行政机关负举证责任。例如，参与 1989 年《行政诉讼法》起草工作的顾昂

1 樊崇义主编：《证据法学》，法律出版社 2001 年版，第 200 页。
2 徐瑞晃：《行政诉讼法》，台北，五南图书出版股份有限公司 2012 年版，第 384 页。
3 徐瑞晃：《行政诉讼法》，台北，五南图书出版股份有限公司 2012 年版，第 385 页。

然同志就认为："在民事诉讼中，实行谁主张谁举证的原则。行政诉讼不同，由作为被告的行政机关负举证责任。"早期的一些行政诉讼法教材也大多沿袭这一观点，例如有的教材就指出："行政诉讼的举证责任，是指被告行政机关依法负担对其所作的具体行政行为的证明责任；被告没有按照法律规定履行举证责任将引起败诉的法律后果。"[1]应当承认，在行政诉讼制度草创时期，强调行政机关的举证责任，确实发挥了相当积极的作用，不仅有效避免了人民法院和被告一起审原告现象的发生，也通过举证责任的不平等分配一定程度上保证了原告与被告诉讼地位的平等。

但是，由作为被告的行政机关负举证责任，是在《行政诉讼法》实行撤销诉讼一体主义这一特定历史条件下的必然产物，其局限性和绝对化不言自明。具体表现在以下几个方面：第一，将证明对象仅仅限于具体行政行为的合法性，从而将众多法规要件事实排斥在外。第二，将行政诉讼等同于撤销诉讼，忽视了行政争议的多样性以及由此带来的诉讼类型的多样性。第三，将行政诉讼等同于复审性诉讼，忽视了非复审性案件的存在。第四，将审查对象（具体行政行为的合法性）等同于审理对象（要求法院作出裁判的法律关系），不能揭示诉讼的实质，难以着眼于案件的全部事实。第五，将举证责任一律分配给被告一方，忽视了行政诉讼也和其他诉讼一样存在利益对立和冲突的双方当事人。

2014 年《行政诉讼法》虽然在第三十四条第一款基本保留了原来的规定，即："被告对作出的行政行为负有举证责任，应当提供作出该行政行为的证据和所依据的规范性文件。"但在第三十八条增加了原告在相应情形下提供证据的要求。该条第一款规定："在起诉被告不履行法定职责的案件中，原告应当提供其向被告提出申请的证据。但有下列情形之一的除外：（一）被告应当依职权主动履行法定职责的；（二）原告因正当理由

1　于安等编著：《行政诉讼法学》，法律出版社 1997 年版，第 153 页以下。

不能提供证据的。”第二款规定：“在行政赔偿、补偿的案件中，原告应当对行政行为造成的损害提供证据。因被告的原因导致原告无法举证的，由被告承担举证责任。”结合两条的规定来看，2014 年修正后的《行政诉讼法》并没有将第三十四条关于被告负举证责任的规定当作行政诉讼举证责任分配的唯一原则，而是适用于撤销诉讼等情形下的举证责任的具体分配。在义务诉讼、行政赔偿和补偿诉讼中，原告亦应承担相应的举证义务。尽管所列情形并不完备，但“依据当事人主张的具体事实和举证阶段的不同以及法院对事实的评价不同，会出现一会儿是原告举证，一会儿轮到被告举证”[1] 的雏形已经具备。

1 吴越：《译序：从举证责任到客观证明责任的跨越》，载［德］普维庭：《现代证明责任问题》，吴越译，法律出版社 2006 年版，第 2 页。

2. 政府信息公开诉讼强调被告的举证责任

作为一种新的行政诉讼类型，政府信息公开诉讼在证明主体、证明对象、举证、质证等各个方面都与普通行政诉讼案件有所不同。《最高人民法院关于审理政府信息公开行政案件适用法律若干问题的解释》有关证据的三个条款比较全面地体现了政府信息公开诉讼的特点。但是，“被告对其作出的政府信息公开、不予公开等行为的合法性承担举证责任”仍是一个主要原则。甚至可以说，强调被告的举证责任，在政府信息公开诉讼中更为必要。主要基于以下理由。

（1）由政府信息公开请求权的性质决定

“如果公共机构拒绝公开信息，就负有证明拒绝公开信息的合法性的责任。这一看法的来源其实也是其依据，也就是信息获取权是一项权利。”[1] 早在 1946 年，联合国大会第一次会议通过的第 59 号决议中，就作出声明：“信息自由是一项基本人权，而且……是被联合国视为神圣的所有自由权利的试金石。”[2] 虽然《政府信息公开条例》没有明确使用“知情权”或者“信息自由权”的概念，但是普遍认为，《政府信息公开条例》立法宗旨中规定的“保障公民、法人和其他组织依法获取政府信息”，其实就是对于“知

1　托比·曼德尔：《信息自由：多国法律比较》（第 2 版修订本），龚文庠等译，社会科学文献出版社 2011 年版，第 52 页。

2　参见托比·曼德尔：《信息自由：多国法律比较》（第 2 版修订本），龚文庠等译，社会科学文献出版社 2011 年版，第 7 页。

情权”的保障。在这一基本权利面前，并非由公民承担证明其拥有获取信息的权利的证明责任（如大多数行政程序法中所说的），而是政府需要证明其存在不公开信息的合理事由。[1]

（2）由政府信息“假设公开”的属性决定

“支撑信息权的一个重要的基本原则就是最大限度公开原则”，“此原则基于这样一个假设：公共机构掌握的所有信息都应当公开，而只有当合法的公共或私人利益受到必须优先防范的威胁时才能超越这一假设”。“对信息权的任何限制都必须由法律来规定。没有法律依据的限制——例如限制仅是来自简单的行政判断——就是不合法的。”《政府信息公开条例》在依申请公开政府信息方面，并没有具体列举可以公开的政府信息范围，而是通过明确规定豁免条款，划定公开与不公开的范围。如果行政机关适用豁免条款拒绝公开政府信息，就应当有责任就相关事实承担举证责任。“公开性至少意味着证明的责任应当落在拒绝提供信息获取权的一方。”[2]

（3）由当事人双方信息占有的不对称决定

政府信息公开行政诉讼的核心问题，就是解决政府信息能否公开的问题。而政府信息掌握在行政机关手中，只有行政机关知道文件的内容和性质，所以必须由行政机关证明该政府信息是否应当公开。相反，信息公开的申请人在得到文件之前，并不知道文件的内容以及存放的地点和形式，如果要求其负举证责任，实际上等于拒绝其要求。在美国，众议院和参议院在立法报告中在对被告机关负举证责任进行说明时，“被要求公开的文

1 参见托马斯·哈特：《实现政府的透明度：为什么？如何做？》，载吕艳滨、［英］Megan Patricia Carter：《中欧政府信息公开制度比较研究》，法律出版社 2008 年版，第 7 页。

2 托比·曼德尔：《信息自由：多国法律比较》（第 2 版修订本），龚文庠等译，社会科学文献出版社 2011 年版，第 10、38、52 页。

件掌握在行政机关手中”，就是一个非常充足的理由。而且，正是“由于要求文件的人处于不利的地位，所以法院对行政机关提出的理由和根据，进行比较严格的审查”[1]。

1 王名扬：《美国行政法》，中国法制出版社 1995 年版，第 1009 页。

3. 被告应当承担相应的举证责任的具体情形

（1）谁主张，谁举证

《最高人民法院关于审理政府信息公开行政案件适用法律若干问题的解释》第五条第二款分五项规定了“被告应当承担相应的举证责任”的情形。值得注意的是，各项规定都采用了“被告主张”的表述，这应当视作行政诉讼证据规则向“谁主张，谁举证”回归的一个信号。行政诉讼虽然强调被告的举证责任，但与“谁主张，谁举证”的原则并无二致。按照依法行政的要求，行政机关做出一个行政行为，就表明他主张这个行政行为是合法的，因此，当公民、法人或者其他组织通过提起诉讼挑战这个行政行为的合法性时，行政机关就要对他所主张的行政行为的合法性承担举证责任。

（2）构成要件事实

另外一个值得注意的亮点是，本款各项针对不同情形规定被告的举证责任时，基本都是着眼于“构成要件事实”。这样做不仅使举证事项得以具体精准，同时也可以视为对于各种情形下不同审查要件的暗示，法官在审理此类案件时亦可遵循。关于“构成要件事实”，翁岳生主编之《行政诉讼法逐条释义》有精辟论述：

法律之适用基本上系适用逻辑学上“三段论法”的过程。亦即，以规范作为大前提、以法律所规范对象之生活事实作为小前提，以法律效果作为结论。法律事实既是适用法律之小前提，则诉讼当事人必须举证使法律事实明确，而后始有正确适用法律的可能。

此之法律事实包括“构成要件事实”与“附随事实”。所谓“构成要件事实”系属法规，包括行政规则所规定的各种事实，除实体规定外，亦包括程序性规定、不确定法律概念涵摄及行政裁量所考虑的各种要素。实体规定，例如针对超速车辆举发其违规之事实，提出雷达测速照相机所得出之数值；程序性规定，例如土地征收已经合法公告程序及上级机关之核定；不确定法律概念的判断，例如“必要之公共设施”，则应提出判断的要素。

“附随事实”系指与“构成要件事实”有关，但非直接构成其要素的部分，例如须经委员会开会决议之事项，其开会之出席委员人数，可决人数等之会议记录，此些事实往往会影响到实体的决定。

（3）公开与例外

《最高人民法院关于审理政府信息公开行政案件适用法律若干问题的解释》第五条第二款规定的六项被告应当承担相应的举证责任的情形，除了第一项是针对“政府信息已经公开”，第六项是针对“政府信息不存在”之外，其余四项都涉及政府信息的豁免公开，也就是公开的例外。所以我们有必要首先讨论一下公开与例外问题。

公开与例外，是政府信息公开诉讼的焦点所在，也是政府信息公开制度的核心问题。世界各国的政府信息公开立法几乎都确立了这样一个基本原则：以公开为原则，以不公开为例外。亦即行政机关拥有的与其行政管理职能相关的信息，原则上都是应当公开的，除非法律有例外规定。“公开为原则”，也可称作“最大限度公开”或“推定公开”。也就是说，除了法律明确规定的例外情形，政府信息应当最大限度地被推定为是应当或者可以公开的。

法谚云："一切规定，莫不有其例外。"盖原则之外，若无例外，法律规范难免会有疏漏。[1] 在政府信息公开方面，之所以在"公开为原则"之外，又允许"例外"的存在，是因为行政公开固然是政治生活中的重要原则，但却不是唯一的原则，在某些情况下，行政公开可能和其他重要的公共利益冲突，此时，行政公开的公共利益必须和不公开的公共利益互相平衡。"政府有责任公开其产生和持有的信息，以及公众获得信息的权利，都必须服从于为某些具有优先权的公共利益而规定的正当和社会可以理解的限制。公开信息的责任和获得信息的权利'必须根据保护其他权利和自由以及保护更广泛的公共利益而加以平衡'。"[2] 因此，公开与不公开可以说是同一事物的两个侧面，共同构成政府信息公开法律法规的主要内容。

对于公开与例外的关系，《公民权利与政治权利国际公约》设立了一个"国际标准"。这就是第 19 条第（3）款所说："本条款第二段'表达自由权'所规定的权利的行使带有特殊的义务和责任，因此得受某些限制，但这些限制只应由法律规定并为下列条件所必需：①尊重他人的权利或名誉；②保障国家安全或公共秩序，或公共卫生及道德。"根据这一"国际标准"，大多数国家在政府信息公开立法中都做到了以下三点：①"对信息权的任何限制都必须由法律来规定"；②"例外规则必须进行精细的界定"；③例外规则必须以"优先保护包括隐私权在内的公共利益和私人利益"为目的。[3] 实践表明，例外信息规定得具体明确，既可以有效避免不能公开的政府信息被不当公开，某些应保护的利益因为公开而受到损害，又能严格限定例外信息的范围，确保其不会被人为地随意扩大。

1 参见李震山：《论行政资讯公开》，载杨解君编：《行政契约与政府信息公开》，东南大学出版社 2002 年版，第 292 页。

2 贺诗礼：《关于政府信息免予公开典型条款的几点思考》，载《政治与法律》2009 年第 3 期。

3 参见托比·曼德尔：《信息自由：多国法律比较》（第 2 版修订本），龚文庠等译，社会科学文献出版社 2011 年版，第 38 页以下。

2007 年《政府信息公开条例》对不予公开信息的范围没有采取具体列举的方法，只是在第十四条第四款笼统规定：“行政机关不得公开涉及国家秘密、商业秘密、个人隐私的政府信息……”同时在第八条规定：“行政机关公开政府信息，不得危及国家安全、公共安全、经济安全和社会稳定。”前者见于“公开的范围”一章，被认为法定的例外信息；后者放在总则部分，是否属于法定的例外信息，存有争议。另外，有几类政府信息，无论从国际惯例考虑，还是从现实需要出发，适宜放到不予公开之列，现有规定却付诸阙如。这样的规定看似公开的范围很大，例外的情形很少，但实际效果却欠佳。

2019 年《政府信息公开条例》在处理公开与例外的关系方面有很大完善。不仅在立法原则中宣示了“以公开为常态、不公开为例外”原则，更通过增设例外事项的具体条文，确保不予公开范围的界定更为科学、明确、具体。具体来讲，不予公开的政府信息包括：依法确定为国家秘密的政府信息，法律、行政法规禁止公开的政府信息，公开后可能危及国家安全、公共安全、经济安全、社会稳定的政府信息。可以不予公开的政府信息包括涉及商业秘密、个人隐私等公开会对第三方合法权益造成损害的政府信息，行政机关的内部事务信息、过程性信息、行政执法案卷信息。

除此之外，还有研究者指出在以上法定的例外之外，还有事实的例外。“事实的例外，是指因信息不存在或者需要重新加工、汇总、整理等事实上的情况，无法或者明显不适宜向申请人提供。法定的例外，一般需要明确的法律条文作为依据；事实的例外，可以形成明确的法律条文，也可以不作明确规定，只根据客观事实作出处理。”[1]

以下分论本条各项的具体规定。

1　后向东：《中华人民共和国政府信息公开条例（2019）理解与适用》，中国法制出版社 2019 年版，第 169 页。

（4）被告主张政府信息已经公开的

第一项规定，“被告主张政府信息已经公开的，应当就公开的事实举证，并向人民法院提交其已告知申请人获取该政府信息方式、途径等证据”。

这种情形应当是被告主张政府信息已经公开，但作为申请人的原告没有收到，或者无法获取。在这种情况下，被告就有责任就公开的事实举证，并向人民法院提交其已告知申请人获取该政府信息的方式、途径等证据。正如翁岳生所言：“‘构成要件事实’系属法规，包括行政规则所规定的各种事实。”本项规定所列的各种“构成要件事实”，也是源于“系属法规”的。《政府信息公开条例》第三十六条第一项规定，“所申请公开信息已经主动公开的，告知申请人获取该政府信息的方式、途径”。主动公开是政府信息公开的重要方式，如果所申请的政府信息已经主动公开，行政机关就没有必要重复公开，但有义务“告知申请人获取该政府信息的方式、途径”。关于政府信息主动公开的途径，《政府信息公开条例》第二十三条有具体规定：“行政机关应当建立健全政府信息发布机制，将主动公开的政府信息通过政府公报、政府网站或者其他互联网政务媒体、新闻发布会以及报刊、广播、电视等途径予以公开。”据此，行政机关告知申请人获取该政府信息的方式、途径，就包括告知其公开该政府信息的政府公报期号、政府网站网址等。这种方式和途径必须具有可操作性，确保申请人能够切实有效地获取相关信息。最高人民法院（2017）最高法行再 93 号行政判决书曾经指出：

> 无论是属于主动公开范围且已经主动公开，还是属于依申请公开范围且尚未公开，行政机关的答复都是以保证申请人能够获取为目的。有所不同的是，对于属于主动公开范围且已经主动公开的，行政机关没有向特定申请人提供该政府信息的义务，只需告知其获取信息的方

式和途径。这是因为，一旦允许这种索取量很大的重复申请，不仅会造成不必要的重复劳动，破坏行政机关履行义务的能力，也会增加巨额公共支出，同时，主动公开政府信息的制度价值也会大打折扣。

不向特定申请人提供行政机关已经主动公开的政府信息，仅限于政府信息“确实可见”的情形。是否认定为行政机关已经履行了法定职责，不应仅以是否告知为标准，还应当看申请人通过行政机关告知的方式和途径是否确实能够获取信息。对于信息公告栏、电子信息屏等具有“转瞬即逝”特性的公开载体而言，简单的一个告知未必会满足申请人真正能够获取他所需要的信息的需求。如果申请人对于这类已经主动公开但事后无法查阅的政府信息确有需要，行政机关可以在收取必要的成本费用之后再行提供。

《政府信息公开条例》第三十六条第二项规定：“所申请公开信息可以公开的，向申请人提供该政府信息，或者告知申请人获取该政府信息的方式、途径和时间。”这是政府信息可以公开但并未主动公开的情形。处理方式有两种：一是向申请人提供该政府信息。如果是当面提供，应当请申请人签署相应的接收回执，这个回执在日后可能形成的诉讼中能够作为证明事实已经公开的证据。二是告知申请人获取该政府信息的方式、途径和时间。同样，这种方式和途径必须确保申请人能够切实有效获取相关信息。获取政府信息的时间也应当是合理的。

（5）被告主张因公共利益决定公开涉及商业秘密、个人隐私的政府信息的

第二项规定，“被告主张因公共利益决定公开涉及商业秘密、个人隐私的政府信息的，应当就认定公共利益的理由以及不公开可能对公共利益造成重大影响举证”。

这种情形通常是政府信息涉及其商业秘密、个人隐私的第三方提起反信息公开的诉讼。《政府信息公开条例》第十五条规定：“涉及商业秘密、个人隐私等公开会对第三方合法权益造成损害的政府信息，行政机关不得公开。但是，第三方同意公开或者行政机关认为不公开会对公共利益造成重大影响的，予以公开。”据此可知，涉及商业秘密、个人隐私的政府信息是不得公开的，因为公开“会对第三方合法权益造成损害”。这体现了知情权与其他法律需要保护的合法权益之间的平衡，知情权的实现不能以牺牲其他合法权益为代价。但是，涉及商业秘密、个人隐私的政府信息并不是绝对豁免，如果“不公开会对公共利益造成重大影响的，予以公开”，这又体现了“小利益”与“大利益”之间的衡量。总之，既然涉及商业秘密、个人隐私的政府信息的公开是一种“例外”，行政机关就要对做出这种例外处理的相关事实依据承担举证责任。如果是“认为不公开会对公共利益造成重大影响的”，“应当就认定公共利益的理由以及不公开可能对公共利益造成重大影响举证”，这种举证不能是“臆测”，而应当有相应的事实根据。

针对涉及第三方合法权益的政府信息公开，《政府信息公开条例》还做出一些程序要求。第三十二条规定：“依申请公开的政府信息公开会损害第三方合法权益的，行政机关应当书面征求第三方的意见。第三方应当自收到征求意见书之日起 15 个工作日内提出意见。第三方逾期未提出意见的，由行政机关依照本条例的规定决定是否公开。第三方不同意公开且有合理理由的，行政机关不予公开。行政机关认为不公开可能对公共利益造成重大影响的，可以决定予以公开，并将决定公开的政府信息内容和理由书面告知第三方。”因此，行政机关还应对是否“书面征求第三方意见”、是否“将决定公开的政府信息内容和理由书面告知第三方”

等事实进行举证。

（6）被告主张属于内部事务信息的

第三项规定，“被告主张原告申请公开的信息属于内部事务信息不予公开的，应当就该信息属于人事管理、后勤管理或者内部工作流程信息等举证”。

2007年《政府信息公开条例》并没有规定内部事务信息问题。首次提及这一概念的是2010年1月12日发布的《国务院办公厅关于做好政府信息依申请公开工作的意见》（国办发〔2010〕5号）。该意见指出：“行政机关在日常工作中制作或者获取的内部管理信息以及处于讨论、研究或者审查中的过程性信息，一般不属于《条例》所指应公开的政府信息。”“至此，内部管理信息成为法定豁免公开范围之外的一种默认不予公开的信息。同期，一些部门规章和地方政府规章也作出了类似规定。”[1]2019年《政府信息公开条例》修订时，将“内部事务信息”明确为“可以不予公开”的政府信息。第十六条第一款规定：“行政机关的内部事务信息，包括人事管理、后勤管理、内部工作流程等方面的信息，可以不予公开。”

“这一例外很大程度上符合国际标准。”考察各国信息公开立法，“大多数法律规定与内部决策或商讨程序相关的信息为例外”。实务专家认为：“由于政府需要有效地管理其内部运作，并且需要有‘思考的时间’，因此是合法的。”但研究者同时指出：“与此同时，如果用太过宽泛的措辞来表述这种例外，就有可能严重危害信息最大限度公开的原则，其结果是大量内部文献不被公开。因此，最为重要的是，这一例外规则应该制订得清晰而严密，应该被限定在为保护上文所述的特定利益范围内，并且从属

1　赵锋：《政府信息公开诉讼原理及判例注解》，法律出版社2024年版，第286页。

于公共利益优先权。”[1]

《政府信息公开条例》第十六条第一款在规定“内部事务信息”时，也的确对其做了严格限制，明确其仅“包括人事管理、后勤管理、内部工作流程等方面的信息”。实务专家认为，“不能对这一条规定做扩大化理解”，“其他信息，原则上不能纳入这类豁免范围”。[2]《最高人民法院关于政府信息公开行政案件适用法律若干问题的解释》第五条第二款第三项强调，“应当就该信息属于人事管理、后勤管理或者内部工作流程信息等举证”，也可以理解为对内部事务信息的界限做了严格限定，被告应当围绕是否属于这三类信息进行举证。内部事务信息强调的是其“内部性”，相比于举证证明其已经标注为“内部信息”，对于“内部性”特征的审查判断似乎更能发挥作用。在这方面，原告如果能够能提出相关内部事务信息已经“外化”的反证，其“内部性”自然不复成立。例如，最高人民法院 2014 年 9 月 12 日发布的“政府信息公开十大案例”中，相关学者对张某某诉江苏省如皋市物价局信息公开案的评价中指出：“本案中，涉案信息是对价格违法行为进行量化处罚的依据，是对当事人从重或从轻、减轻处罚的直接依据，必然会直接影响当事人的合法权益，已经具有对外的普遍效力。即便标注为内部信息，其也因为效力的外化而发生信息性质的变化。”[3]

（7）被告主张属于过程性信息的

第四项规定，“被告主张原告申请公开的信息属于过程性信息不予公开的，应当就该信息系行政机关作出行政处理决定之前形成的内部讨论记录、过程稿、磋商信函、请示报告等举证”。

---

1 托比·曼德尔：《信息自由：多国法律比较》（第 2 版修订本），龚文庠等译，社会科学文献出版社 2011 年版，第 197 页。

2 后向东：《中华人民共和国政府信息公开条例（2019）理解与适用》，中国法制出版社 2019 年版，第 43 页。

3 赵锋：《政府信息公开诉讼原理及判例注解》，法律出版社 2024 年版，第 286 页。

与内部事务信息一样，过程性信息也是2019年《政府信息公开条例》规定的法定“可以不予公开”的信息。见于第十六条第二款：“行政机关在履行行政管理职能过程中形成的讨论记录、过程稿、磋商信函、请示报告等过程性信息以及行政执法案卷信息，可以不予公开。法律、法规、规章规定上述信息应当公开的，从其规定。”

过程性信息同样具有“内部性”，但更为强调的是其“过程性”。不少国家将过程性信息列入免予公开范围，其目的是保护政府决策过程的完整性，鼓励政府官员之间开展充分讨论，同时避免在决策尚未成熟时过早公布相关信息。不过，在许多国家，决策信息并不是绝对的例外，而要取决于根据相关标准的审查。例如，在大多数欧盟国家，对于尚处于讨论、研究或审查阶段的信息，纯粹基于“损害标准”而非文件的形成阶段来决定是否公开，即并不是将“处于讨论阶段的信息”完全排除在外，而是要求决策者证明信息的公开会造成损害（扰乱社会稳定或决策制定）。这也构成这些国家的政府信息公开法案中“公共利益衡量标准”的一部分：决策者需要衡量公开可能带来的好处（例如，告知公众有一件会对他们产生影响的重要议案）与可能造成的损害（因为公众会干扰政府通过该立法的努力）。此外，该例外旨在保护决策过程，并不适用于与决策过程有关的纯事实信息。除非事实与决策过程不可分辨，事实信息必须公开。而且保护决策过程只适用于决定作出过程期间，一旦决定作出，公众则有权了解决定的过程。

《政府信息公开条例》虽然将过程性信息确定为“可以不予公开”，但却做了必要的限定。一是明确规定“法律、法规、规章规定上述信息应当公开的，从其规定”。二是明确列举四类“过程性信息”，即讨论记录、过程稿、磋商信函、请示报告。这种确定性“从而也就消除了行政机关滥用权利的空间和后续争议空间”[1]。

对于此类过程性信息，司法解释本项的规定强调了“应当就该信息系行政机关作出行政处理决定之前形成”进行举证。这一价值取向与多数国家“纯粹基于‘损害标准’而非文件的形成阶段来决定是否公开”旨趣不甚相同。根据《政府信息公开条例》的立法精神和国际惯例，除了司法解释规定的举证事项，似乎还可以要求被告就是否依据《政府信息公开条例》第十七条的规定对是否公开进行审查，尤其是审查法律、法规、规章是否有对争议信息应当公开的规定。如果原告申请公开的是与决策过程有关的纯事实信息，还可以要求被告就是否依照《政府信息公开条例》第三十七条进行区分处理举证。

（8）被告主张属于行政执法案卷信息的

第五项规定，“被告主张原告申请公开的信息属于行政执法案卷信息不予公开的，应当就该信息系行政执法过程中形成并记录于执法案卷的当事人信息、调查笔录、询问笔录等举证”。

行政执法案卷信息也具有“过程性”，与过程性信息具有高度类似性，所以它和过程性信息一道，被规定在《政府信息公开条例》第十六条第二款。行政执法案卷信息之所以可以免除公开，主要也“在于避免过早地公开”。王名扬在讨论美国《信息自由法》时曾经形象地指出：“政府为了执行法律必须保持一定的秘密，世界各国都是如此。例如，警察局为了逮捕一个犯人，不能事先让犯人知道警察局的调查和逮捕计划。情报自由法中规定某些执法文件不公开的目的，在于避免过早的公开，以保持对违法行为进行调查和收集信息的秘密，法律不能一方面要求行政机关执行法律，一方

1 后向东：《中华人民共和国政府信息公开条例（2019）理解与适用》，中国法制出版社 2019 年版，第 175 页。

面又让违法的人根据情报自由法的规定，而得到行政机关为执法目的收集的信息和制作的记录。”[1]

《政府信息公开条例》第十六条第二款规定的“行政执法案卷信息”，可以理解为指向行政机关的所有执法活动。这是因为“从一般的意义而言，行政机关的全部行为都是执行法律”[2]。国务院《全面推进依法行政实施纲要》规定：“行政机关应当建立有关行政处罚、行政许可、行政强制等行政执法的案卷。”据此可以解读，行政执法案卷有可能产生于行政处罚、行政许可、行政强制等行政活动中。至于司法解释本项规定所列举的“当事人信息、调查笔录、询问笔录等”，则可以理解为行政执法案卷的载体形式。与其说属于“当事人信息、调查笔录、询问笔录等”就可以不予公开，不如说公开这些信息会对行政执法活动造成妨碍，对行政执法活动的相对人、利害关系人以及行政执法人员造成困扰，更为准确。所以，行政执法案卷信息不予公开，考虑的还是“知情权”与公共利益和他人合法权益的利益衡量问题。在这方面，美国《信息自由法》规定的免除公开执法文件的六种情况具有一定的参考价值。这六种情况是：妨碍执法程序，剥夺公正的审判或公平的裁决，不正当侵犯个人的隐私权，秘密的信息来源和秘密的信息，泄露调查的技术和程序，危害执法人员安全。[3]

（9）被告主张政府信息不存在的

第六项规定：“被告主张政府信息不存在的，应当就其已尽合理检索义务等事实举证或者作出合理说明。”

政府信息不存在，指的是申请人申请的政府信息没有相关的记录。如果政府信息事实上并不存在，肯定是无法公开的，无论其性质是否属于政

---

1 参见王名扬：《美国行政法》，中国法制出版社 1995 年版，第 997 页。
2 参见王名扬：《美国行政法》，中国法制出版社 1995 年版，第 997 页。
3 参见王名扬：《美国行政法》，中国法制出版社 1995 年版，第 998 页以下。

府信息，行政机关是否具有制作该政府信息的职权。因为按照《政府信息公开条例》第二条的定义：“本条例所称政府信息，是指行政机关在履行行政管理职能过程中制作或者获取的，以一定形式记录、保存的信息。”政府信息没有制作、没有获取、没有记录、没有保存，当然就不会存在。根据《政府信息公开条例》第三十六条第四项的规定，“经检索没有所申请公开信息的，告知申请人该政府信息不存在”，就属履行了法定义务。作出这种规定的原理是，行政机关只提供已经存在的记录，不因为私人的请求而负担制作记录的义务。这是世界所有国家、地区、组织在制定信息公开法时普遍采用的原则。例如，秘鲁《透明化与公共信息获取法》明确规定，公共机构无须创造或生产它们没有或无须拥有的信息，当出现对该种信息的申请时，公共机构必须告知申请人这一事实。

司法实务部门的研究表明，实践中，以“政府信息不存在”为由作出答复的情况非常多见，分析其原因，大致存在以下几种情形：①申请公开的信息不属于被告的职权范围，因而政府信息不存在；②申请公开的信息属于被告的职权范围，政府信息应当制作或获取，由于没有履行法定职责而未形成或获取；③申请公开的信息虽然属于被告的职权范围，但没有引起被告制作该信息的原因事实，而确实不存在；④申请公开的信息确实形成或获取过，但由于政府部门的疏漏而丢失或灭损；⑤政府信息存在，但行政机关出于某种目的而声称不存在。

“政府信息不存在”是一个“消极事实”。证明负担分配学说中有一个“消极事实说”。该说认为，“主张消极事实者，就该事实不负举证之责”。理论根据主要有二：其一，“消极事实不可能证明”或“证明极为困难”。其二，“消极事实不发生结果”，“不必举证”。因此，从“消极事实说”出发，有人就在应否让行政机关承担“政府信息不存在”的举证责任问题上产生动摇和怀疑。但是，“消极事实说”于此并不能完全适用，行政机关对于“政府信息不存在”的举证责任毋庸置疑。因为行政机关答复政府信息不存在，看似主张一种消极事实，实质上却是在主张其应当豁免公开义务的积极事实。“政府信息不存在”固然较难利用直接证明方法来证明，但并非绝对不能证明，通过间接的证明方法也是能够做到的。

行政机关如何就政府信息不存在举证？同样要着眼于“构成要件事实”。《政府信息公开条例》第三十六条第四项规定，“经检索没有所申请公开信息的，告知申请人该政府信息不存在”。所以，司法解释本项就规定：“应当就其已尽合理检索义务等事实举证或者作出合理说明。”这里的“等事实”，就包括是否依照《政府信息公开条例》的规定“告知申请人”。不仅要“告知”申请人“政府信息不存在”，也要“告知”申请人“不存在”的原因以及其已经尽了“检索”的义务。

第六条　［国家秘密与“两安全一稳定”］

第六条　被告主张原告申请公开的信息系国家秘密不予公开，并提供密级标识、保密期限或者其他证明材料的，人民法院应予支持。

被告主张原告申请公开的政府信息公开后可能危及国家安全、公共安全、社会稳定，并提供该信息公开后可能产生不利影响的证据或者作出合理说明的，人民法院应予支持。

人民法院经审理认为政府信息公开后可能危及国家安全、公共安全、社会稳定的，有权要求当事人提供或者补充证据。

1. 国家秘密

本条规定的是政府信息系国家秘密以及政府信息公开后可能危及国家安全、公共安全、社会稳定的举证责任。由于相关举证责任还涉及实体裁判标准，所以在第五条被告举证责任条款之后另设专条。

（1）作为强制性豁免公开事项的国家秘密

政府信息公开的豁免公开有强制性与非强制性之区别。从各国立法来看，国家秘密几乎没有例外地被作为强制性豁免事项，这是维护国家安全与利益所必需的。例如，作为信息公开制度发源地的瑞典，在《信息权法》第二章第二条规定保护七种具体利益，首先规定的就是“国家安全，或与别国或国际组织间的关系”[1]。美国《信息自由法》（2009 年）第（b）节规定了九类豁免公开情形，第一类就是“基于国防和外交利益，行政命令特别授权保密，且事实上经过该行政命令确定密级的事项”[2]。有一些国家，如吉尔吉斯斯坦的信息权法，并不包含一个全面的例外规则清单，只是援用保密法而已。[3] 而在保密法中，国家秘密又无疑处于保密事项的首位。

“依法确定为国家秘密的政府信息”，也是我国《政府信息公开条例》所规定的“不予公开”的第一类政府信息。第十四条规定：“依法确定为

1 托比·曼德尔：《信息自由：多国法律比较》（第 2 版修订本），龚文庠等译，社会科学文献出版社 2011 年版，第 143 页。

2 参见后向东：《美国联邦信息公开制度研究》，中国法制出版社 2014 年版，第 107 页。

3 参见托比·曼德尔：《信息自由：多国法律比较》（第 2 版修订本），龚文庠等译，社会科学文献出版社 2011 年版，第 105 页。

国家秘密的政府信息，法律、行政法规禁止公开的政府信息，以及公开后可能危及国家安全、公共安全、经济安全、社会稳定的政府信息，不予公开。”所谓“依法确定”，就是依《保守国家秘密法》的规定确定。《政府信息公开条例》与《保守国家秘密法》的关系，可以说是普通法与特别法的关系，依特别法优于普通法之法则，特别法自应优先适用。

《保守国家秘密法》第二条规定：“国家秘密是关系国家安全和利益，依照法定程序确定，在一定时间内只限一定范围的人员知悉的事项。”第十三条第一款规定：“下列涉及国家安全和利益的事项，泄露后可能损害国家在政治、经济、国防、外交等领域的安全和利益的，应当确定为国家秘密：（一）国家事务重大决策中的秘密事项；（二）国防建设和武装力量活动中的秘密事项；（三）外交和外事活动中的秘密事项以及对外承担保密义务的秘密事项；（四）国民经济和社会发展中的秘密事项；（五）科学技术中的秘密事项；（六）维护国家安全活动和追查刑事犯罪中的秘密事项；（七）经国家保密行政管理部门确定的其他秘密事项。”第三十五条规定：“机关、单位应当依法对拟公开的信息进行保密审查，遵守国家保密规定。”

（2）国家秘密的举证与审查

国家秘密的定密问题涉及行政机关自由裁量权的行使，需要具有专门的经验、知识和判断能力，法院缺乏这方面的条件。所以，在大多数国家，法院一般都尊重行政机关在国家秘密定密问题上的判断，一般不对其作出实质方面的审查。例如美国，在争议的信息涉及国家安全时，还要考虑另外一个因素——定密的专业性问题。少有法官具备足够的专业素养和技术水平，能够判断“密与非密”的界限。在授予法院对国家秘密的秘密审查权时，国会就已经考虑到了这一问题。国会曾经指出，如果案件涉及国家安全信息，当行政机关履行了正当程序、通过足够的描述可以从逻辑上证实争议信息符合豁免条款的规定时，地区法院必须承认行政机关的主张。此时法院无须进一步考察行政机关的专业技术判断。法院对国家秘密的秘密审查，与对其他文件进行秘密审查相比，持更加审慎的态度，给予行政机关更多的尊重。[1]

除了尊重有权机关的专业判断之外，还有一个需要考虑的问题是：国家秘密往往事关重大的国家利益，如果在诉讼过程中提供秘密文件，就会面临泄密的风险。因此，涉密信息“呈堂豁免”几乎是各国比较普遍的做法。在美国，法院一般允许有关机构提出书面证明，在不披露秘密的前提下证明被归类的材料确实涉及国家机密。在审查过程中，法院一般对行政机构的归类予以高度尊重。韩国《公共机关信息公开法》第十八条第三款规定：如果诉讼的对象是……涉及国家安全、国防或外交而不能公开的信息，并且如果公共机关对此等信息的定密程序、秘密等级、种类和将其当作秘密信息不能公开的实质性理由加以说明，审判长可以不让提交该种信息。[2]

《最高人民法院关于审理政府信息公开行政案件适用法律若干问题的解释》第六条第一款规定：“被告主张原告申请公开的信息系国家秘密不予公开，并提供密级标识、保密期限或者其他证明材料的，人民法院应予支持。”这一规定就与前述国际惯例相一致，也符合《保守国家秘密法》的相关规定。根据本条规定，被告主张原告申请公开的信息系国家秘密不予公开的，人民法院不需要被告提供政府信息，只需提供密级标识、保密期限或者其他证明材料。这意味着，人民法院对于是否属于国家秘密应当进行审查，但这种审查只是一种形式审查。只是通过被告提供的密级标识、保密期限或者其他证明材料，审查政府信息是否属于国家秘密、属于何种

1 参见许莲丽：《政府信息公开诉讼中的秘密审查制度：美国的实践》，载《环球法律评论》2011 年第 3 期。

2 参见周汉华主编：《外国政府信息公开制度比较》，中国法制出版社 2003 年版，第 381 页。

密级，以及保密期限是否届满、是否已为定密机关解密。至于定密程序是否合法、定密内容是否适当，法院不作实质审查。总之，只要被告提供了密级标识、保密期限或者其他证明材料，就完成了证明责任，人民法院即可认定其达到了证明标准。

涉及国家秘密的证据规则，还有一点特殊之处，这就是国家秘密的举证不受举证期限的限制。在行政诉讼中，被告提供的证据不仅必须是其作出行政行为时所依据的证据，而且还要在举证期限内提交。这样规定，一方面意在破除“证据随时提出主义”的弊端；另一方面也是案卷主义原则的要求。受案卷主义原则的约束，人民法院在审查被诉行政行为合法性时，既不能接受被告在作出行政行为时未收集的证据，也不能为了证明行政行为的合法性调取被告作出行政行为时未收集的证据。如果被诉行政行为是在没有证据或者证据不足的情况下作出的，该行政行为就已经构成违法。但是，涉及国家秘密的政府信息公开诉讼就不能这样处理。如果法院不接受行政机关后补的定密文件，那么国家秘密极有可能面临被泄露的风险。

这一例外规则之所以被允许，也是因为行政诉讼制度具有客观法秩序维护功能。从《行政诉讼法》的性质及立法目的来看，行政诉讼虽然基本属于主观公权利保障模式，但也兼具客观法秩序维护属性，这种双重属性在撤销之诉中体现得尤为明显。既然法院对行政行为的合法性有审查义务，所以要采取“实质真实发现主义”，在调查证据上则采取职权探知主义。虽然给付诉讼、课予义务诉讼、确认诉讼与撤销诉讼有所不同，通常情况下，“证据之调查，适用一般民事诉讼之‘当事人进行主义’”，但是，“若证据同时具有公益与私权之维护者，法院仍应依职权调查之”[1]。事实

1 翁岳生主编：《行政诉讼法逐条释义》（第2版），台北，五南图书出版股份有限公司2018年版，第472页。

上，《最高人民法院关于行政诉讼证据若干问题的规定》第二十二条第一项关于“涉及国家利益、公共利益或者他人合法权益的事实认定的”，“人民法院有权向有关行政机关以及其他组织、公民调取证据”的规定，已经注意到这种公益需要，只不过在制定之时尚没有出现像政府信息公开诉讼这样典型的样本。

2.“两安全一稳定”

本条第二款规定：“被告主张原告申请公开的政府信息公开后可能危及国家安全、公共安全、社会稳定，并提供该信息公开后可能产生不利影响的证据或者作出合理说明的，人民法院应予支持。”

“国家安全、公共安全、经济安全、社会稳定”，即“三安全一稳定”，规定于 2007 年《政府信息公开条例》第八条。该条规定：“行政机关公开政府信息，不得危及国家安全、公共安全、经济安全和社会稳定。”由于“三安全一稳定”条款见于总则部分，并非“公开的范围”一章，因此，其是否属于法定例外存在不同理解。2019 年《政府信息公开条例》第十四条规定：“依法确定为国家秘密的政府信息，法律、行政法规禁止公开的政府信息，以及公开后可能危及国家安全、公共安全、经济安全、社会稳定的政府信息，不予公开。”这就将其明确为正式豁免条款。

将有可能危及国家安全、公共安全、经济安全和社会稳定的政府信息豁免公开，乃至作为豁免公开的首要考虑，是国际通行的做法。《美洲宣言》第 4 条原则主张：对信息权的限定必须是“例外的”，已经被法律事先确认，而且针对的是“威胁到公民社会中国家安全的真正的、紧迫的危险”。《欧洲委员会建议书》开列的“获取官方文献可能受限的事项”中，位列前三位的是：“国家安全、国防和国际关系”“公共安全”“防止、调查和起诉犯罪活动”。由于此类法律概念存在一定不确定性，“出于保护政府免遭尴尬或掩盖其不良行为的目的”的运用就成为可能。为了避免这种情况的发生，《欧洲委员会建议书》“第19条原则”提出了对公开此类信息是否会产生危害的“三要素”检测，即信息必须与法律中列出的某个合法目的相关；公布信息必有可能对该目的造成实质性的损害；给该目的带来的危害必定大于发布该信息所带来的公共利益。在专项委任代表的《联合宣言》中，则提出一个“危害”和“公众利益优先”的双重方法，它规定：“信息获取权必须受限于一个小范围的、严格制定的例外规则制度，以优先保护包括隐私在内的公共利益和私人利益。只有当被保护的利益面临实质性危害的风险，且这种危害大于信息获取对总体公共利益的好处时，才能采用例外规则。”[1]

《最高人民法院关于审理政府信息公开行政案件适用法律若干问题的解释》第六条将“三安全一稳定”修改为“两安全一稳定”：“国家安全、公共安全、社会稳定”，这是沿用2023年修订的《行政复议法》第四十七条所使用的表述。[2]司法解释规定被告或者“提供该信息公开后可能产生不利影响的证据”，或者“作出合理说明”，只要能够做到其一，人民法院都应予以支持。这是因为“公开后可能危及国家安全、公共安全、社会稳定”这一判断本质上是一种“预测性判断”，所以“这并不必采取复杂的法律分析；只需用常识来判断”。

1 托比·曼德尔：《信息自由：多国法律比较》（第2版修订本），龚文庠等译，社会科学文献出版社2011年版，第46页以下。

2 该条规定：“行政复议期间，申请人、第三人及其委托代理人可以按照规定查阅、复制被申请人提出的书面答复、作出行政行为的证据、依据和其他有关材料，除涉及国家秘密、商业秘密、个人隐私或者可能危及国家安全、公共安全、社会稳定的情形外，行政复议机构应当同意。”“经济安全”应该是包含在“国家安全”之中。

3. 有权要求当事人提供或者补充证据

本条第三款规定：“人民法院经审理认为政府信息公开后可能危及国家安全、公共安全、社会稳定的，有权要求当事人提供或者补充证据。”这一规定体现了政府信息公开诉讼中的职权探知主义。

所谓职权探知主义，又称调查原则，“系与辩论主义相对立，意指法院应依职权探知事实关系及依职权调查证据，而不受当事人之主张陈述以及证据声明的拘束”。[1] 许多国家和地区的《行政诉讼法》明定职权探知主义。例如，德国《行政法院法》第 86 条第 1 款规定：“法院依职权调查案件事实；于此（调查事实）时，法院应通知当事人到场。法院不受当事人陈述及调查证据之声请拘束。”我国台湾地区“行政诉讼法”第一百二十五条第一款规定：“行政法院应依职权调查事实关系，不受当事人主张之拘束。”第一百三十三条还规定：“行政法院于撤销诉讼，应依职权调查证据：于其他诉讼，为维护公益者，亦同。”[2] 为什么行政诉讼得采职权探知主义，又为什么职权调查一般仅限于撤销诉讼？我国台湾地区对此阐述甚明：“撤销诉讼之当事人，一为公权力主体之政府机关，一为人民，两造不仅有不对等之权力关系，且因政府机关之行政行为极具专门性、复杂性及科技性，殊难为人民所了解。又政府机关之行政行为，每涉及公务机密，人民取得有关资料亦属不易，为免人民因无从举证而负担不利之效果，爰规定行政

1 陈清秀：《行政诉讼法》（第 5 版），台北，元照出版有限公司 2012 年版，第 426 页。

2 翁岳生主编：《行政诉讼法逐条注释》，台北，五南图书出版股份有限公司 2018 年版，第 434 页以下。

法院于撤销诉讼应依职权调查证据，以资解决。又行政诉讼以保障人民权益及确保行政权之合法行使为主要目的，故遇与公益有关之事项，行政法院亦应依职权调查证据，期得实质之真实。”[1] 德国学者弗里德赫尔穆·胡芬则从公共利益需要的角度论证了何以“行政诉讼中也适用调查原则”，他说：“一个正确的行政决定代表公共利益的前提，就是它客观上的正确性和全面的事实调查。因此，行政法院法的出发点就是：假设存在一个客观先在的事实，必要时它可以不依赖于当事双方得到‘查证’。这一立足点不同于民事诉讼中通行的‘提出原则’（你提出事实，我就给你权利）。”[2]

我国《行政诉讼法》在第三十九条规定：“人民法院有权要求当事人提供或者补充证据。”以及在第四十条规定：“人民法院有权向有关行政机关以及其他组织、公民调取证据……”出发点也主要是基于保护公共利益需要。这一点法律虽然没有明示，但《最高人民法院关于适用〈中华人民共和国行政诉讼法〉的解释》第三十七条“根据行政诉讼法第三十九条的规定，对当事人无争议，但涉及国家利益、公共利益或者他人合法权益的事实，人民法院可以责令当事人提供或者补充有关证据”的规定，已经表述得非常明白。立法机关在对《行政诉讼法》第三十九条进行解读时也指出：“人民法院审查被诉行政行为的合法性应当从两个方面审查，既应保护行政相对人的合法权益，又应保护国家利益、公共利益和他人的合法权益。在审判实践中，有的当事人趋利避害，仅提供对自己有利的证据；有的被告不履行法定职责而怠于举证；有的被告因为疏忽，没有保存好相关证据，而造成证据遗失。上述情形在特殊情况下可能会给国家利益、公共利益和他人的合法权益带来不利影响，人民法院为了全面了解案件的真实情况，监督行政机关依法行政，保护国家利益、公共利益和他人的合法

1 陈清秀：《行政诉讼法》（第 5 版），台北，元照出版有限公司 2012 年版，第 428 页。
2 ［德］弗里德赫尔穆·胡芬：《行政诉讼法》，莫光华译，法律出版社 2003 年版，第 542 页。

权益，有权要求当事人提供或者补充证据。”[1]

“政府信息公开后可能危及国家安全、公共安全、社会稳定”，此种情形维护公共利益的性质非常明显。为了全面查明事实，确保国家安全、公共安全、社会稳定不因政府信息公开而遭受损害，人民法院当然有权要求当事人提供或者补充证据。这是实行职权探知主义的适当场合。并且，要求当事人提供或者补充证据的时点并不受举证期限的限制，只要是在作出裁判之前提交即可。

1 全国人大常委会法制工作委员会行政法室编著：《中华人民共和国行政诉讼法解读》，中国法制出版社 2014 年版，第 107 页。

第七条　［原告的举证责任］

第七条　原告应当就下列事项承担举证责任：

（一）起诉要求被告公开政府信息的，应当就其曾向行政机关提出政府信息公开申请举证；

（二）起诉要求被告不得公开政府信息的，应当就政府信息涉及其商业秘密、个人隐私举证；

（三）就行政机关公开或者不予公开等行为可能损害其合法权益举证。

1. 原告的举证责任

本条规定的是原告承担举证责任的事项，共有三项内容。

在行政诉讼中，强调被告的举证责任，意在强调被告对作出的被诉行政行为负有举证责任，但这并不意味着被告对诉讼中的任何待证事实都承担举证责任，也不排除原告在特定情况下承担举证责任的情形。

我们首先回顾一下《行政诉讼法》立法时的考虑。1989 年《行政诉讼法》的确只在第三十二条规定："被告对作出的具体行政行为负有举证责任，应当提供作出该具体行政行为的证据和所依据的规范性文件。"对原告的举证责任没有提及。这在立法时是有特别考虑的。正如有的学者指出，"从行政诉讼法上，专门对被告举证责任作出规定，是合乎初创行政诉讼制度国情的，因为，行政诉讼历史及现实状况表明，不履行或拖延履行举证责任的，主要是被告行政机关。原告控告行政机构违法或滥用权力，一般地讲，不规定其举证责任，原告仍然会积极举证，从而尽力证明行政行为的违法"[1]。当年参加《行政诉讼法》制定工作的顾昂然同志指出："当然，这并不是说原告不需要提供证据，或者说原告提供证据无关紧要了。原告在起诉时，应当有具体的诉讼请求和事实根据。法院在审理时，如果行政机关提出了证据，而原告提不出其他证据，那么法院就要判决维持原具体行政行为。"[2] 所以，1989 年《行政诉讼法》对于举证责任的规定，更多

1 刘善春等：《诉讼证据规则研究》，中国法制出版社 2000 年版，第 721 页。

2 顾昂然：《立法札记》，法律出版社 2006 年版，第 467 页。

地基于政策考量，在诉讼原理以及证据原理方面略显粗放。在受案范围偏窄、诉讼类型单一的情况下，其弊端还没有充分暴露，但随着受案范围逐步扩大，诉讼类型日益丰富，这些问题便越发凸显。

其实，行政诉讼的证明对象是多样的，不仅有实体性事实，也有诉讼程序事实。仅就实体性事实来说，“至少有三种类型：①与行政行为合法性相关的事实。②引起、消灭、变更行政法律关系的某些事实。③当事人提出的某些特殊主张的有关事实”[1]。这些事实并不都是由被告承担举证责任的。按照审判对象的不同，行政诉讼也可以区分为复审性行政诉讼与非复审性行政诉讼。后者主要针对的是行政不作为或者行政赔偿。[2]在这类诉讼中，被告因没有做出特定的行政行为而被起诉，因而以被告的“案卷”为基础就无从谈起。相反，原告就许可处分之要件事实即应负举证责任。

有一个理念是需要确立的——对于行政诉讼的原告来讲，主观的证明责任与其说是一种负担，不如说是一种权利。举例来说，即使行政行为合法性的证明责任属于被告行政机关，原告提出有利于法院确信行政行为违法的证据，法院也不应加以拒绝，反而应当鼓励当事人毫无保留地提供证据。在这一问题上，原告是没有什么责任风险的。2014 年修正后的《行政诉讼法》第三十七条规定：“原告可以提供证明行政行为违法的证据。原告提供的证据不成立的，不免除被告的举证责任。”就是基于上述考虑。

有时也会发生这样一种情况——某一事实仅为原告所知悉，此时原告就负有证据提出的协力义务。在德国，有学者认为，“在诉讼当事人因故意或重大过失违反协力义务，而就仅为其所知悉之事实不为陈述时，排除其迟延之陈述，不予考虑，于此范围内，行政诉讼上亦有主张责任以及证

1　江必新：《适用〈关于行政诉讼证据若干问题的规定〉应当注意的问题》，载《法律适用》2003 年第 10 期。

2　参见孔祥俊：《行政诉讼证据规则与法律适用》，人民法院出版社 2005 年版，第 37 页。

据提出义务（主观的证明责任）之适用”[1]。因此，在德国，提供证据的责任并非只赋予被告行政机关，“事实上，长久以来适用的是一种‘范围责任规则’。作为原告的公民，必须如实指出所有——处于他的生活范围内而且他能掌握的——事实。与此相对，法院的任务在于，使参与的行政机关澄清并证明——处于他所作领域内的——所有事实”[2]。

1 陈清秀：《行政诉讼法》（第5版），台北，元照出版有限公司2012年版，第478页以下。
2 ［德］弗里德赫尔穆·胡芬：《行政诉讼法》，莫光华译，法律出版社2003年版，第574页。

2. 政府信息公开诉讼中原告的举证责任

政府信息公开诉讼中也存在各种不同的诉讼类型。《最高人民法院关于审理政府信息公开行政案件适用法律若干问题的解释》第一条所列举的各项“人民法院应当受理的”起诉，多少都与被视作“行政诉讼的‘经典’诉讼种类”的撤销之讼不甚相同。例如，第一项规定的“向行政机关申请获取政府信息，行政机关告知政府信息无法提供或者不予处理的”，就属于义务之诉，这也是政府信息公开诉讼中最常见的类型。《最高人民法院关于审理政府信息公开行政案件适用法律若干问题的解释》第一条第二项（行政复议机关对《政府信息公开条例》第十四条、第十五条、第十六条规定的不予公开行为作出行政复议决定的），第三项（认为行政机关提供的政府信息不符合其申请内容的），也都是这类诉讼之中的情形。只不过一种是法律规定先要经过行政复议程序，另一种是申请虽然在形式上满足了要求但实际上当事人的诉求未获满足。至于第四项，“认为行政机关主动公开或者依他人申请公开政府信息侵犯其商业秘密、个人隐私等合法权益的”，则是一种反信息公开的诉讼，在类型上属于一般给付之诉中的停止作为之诉。在诉讼类型的更高层级的划分上，义务之诉也是归类于给付之诉的。

弗里德赫尔穆·胡芬在分析撤销之诉和义务之诉的关系时，曾经指出：“撤销之诉和义务之诉原则上是相互排斥的。它们之间的关系不是补充的，而是非此即彼的。区分两者的依据，就是原告的诉讼目标（Klageziel）。

典型的情况是，原告想要以撤销之诉排除一个包含于行政行为中的负担，因为这个负担将他置于较之行政行为公布以前更加不利的境况；所以他要求回到原来的状态（Rückkehr zum statys quoe ante）。与此相反，倘若原告想要获得一种较之原来状况更有利的授益行为，或者只是要求确认一个为他授益的法律地位，那么，义务之诉就是适当的诉讼种类。”[1]

由以上分析可知，在不同的诉讼类型中，原告的“主张”所占比重有所区别。而“主张”的多寡也影响了举证责任的分配。在撤销之诉中，由于被告作出了一个对原告不利的行政行为，人民法院的主要任务就是对这个被诉行政行为的合法性进行审查，那么举证责任当然就要由被告承担。因为法律要求被告作出一个损益的行政行为，必须做到“证据确凿，适用法律、法规正确，符合法定程序”，这方面的举证责任属于被告。而在义务之诉中，原告先要举证证明他曾经向被告提出过申请，由于他提出申请的目的是“想要获得一种较之原来状况更有利的授益行为”，其在义务之诉中要承担的举证责任与撤销之诉中的举证责任存在显著差异，不可相提并论。在反信息公开的停止作为之诉中，情况同样如此。由于原告的诉讼目标是要求行政机关停止一个针对别人的授益行政行为，原告就要有充足的证据证明自己具有相应的权利以及“存在着进行预防性法律保护的特殊需要”[2]。

以下具体讨论司法解释本条规定的原告应当承担举证责任的三项内容。

（1）就其曾向行政机关提出政府信息公开申请举证

本条第一项规定：“起诉要求被告公开政府信息的，应当就其曾向行政机关提出政府信息公开申请举证。”

---

1 ［德］弗里德赫尔穆·胡芬：《行政诉讼法》，莫光华译，法律出版社 2003 年版，第 216 页。
2 ［德］弗里德赫尔穆·胡芬：《行政诉讼法》，莫光华译，法律出版社 2003 年版，第 216 页。

这一要求源于《行政诉讼法》第三十八条第一款的规定："在起诉被告不履行法定职责的案件中，原告应当提供其向被告提出申请的证据。但有下列情形之一的除外：（一）被告应当依职权主动履行法定职责的；（二）原告因正当理由不能提供证据的。"

为什么在起诉被告不履行法定职责的案件中，原告应当提供其曾向被告提出申请的证据？这是因为行政行为有依申请行政行为和依职权行政行为之区分。"在申请型课予义务诉讼中，行政机关的义务并非在法定状态出现时就应当积极主动地作出一定行为的义务，而是基于相对人申请才产生的义务。因此，首先必须是相对人已经基于法令提出了申请。"[1]"原告未经向主管机关申请，迳行提起请求应为行政处分之诉讼，即属欠缺特别实体判决要件，应认其诉不具备其他要件，以裁定驳回。"[2]

《政府信息公开条例》第十三条第二款规定："行政机关公开政府信息，采取主动公开和依申请公开的方式。"第二十七条规定："除行政机关主动公开的政府信息外，公民、法人或者其他组织可以向地方各级人民政府、对外以自己名义履行行政管理职能的县级以上人民政府部门（含本条例第十条第二款规定的派出机构、内设机构）申请获取相关政府信息。"由此可见，政府信息公开也是一种依申请行政行为。如果公民、法人或者其他组织需要获取政府信息，应当先向行政机关提出政府信息公开申请，如果行政机关拒绝公开或者逾期不予答复，才可以向人民法院提起行政诉讼。（如果公民、法人或者其他组织认为行政机关不依法履行主动公开政府信息职责，直接向人民法院提起诉讼，也应当告知其先向行政机关申请获取政府信息，已如前述。）所以，是否曾经向行政机关申请获取相关政府信息，原告应当对此举证。

1　江利红：《日本行政诉讼法》，知识产权出版社 2008 年版，第 544 页。
2　徐瑞晃：《行政诉讼法》，台北，五南图书出版股份有限公司 2012 年版，第 98 页以下。

（2）起诉要求被告不得公开政府信息的，应当就政府信息涉及其商业秘密、个人隐私举证

本条第二项规定："起诉要求被告不得公开政府信息的，应当就政府信息涉及其商业秘密、个人隐私举证。"起诉要求被告不得公开政府信息，通常是由政府信息公开申请人之外的第三方所提起，由于他并非政府信息公开程序的直接相对人，因此，"'相对人说'则因缺乏直接调整，在此处不适用"。此种诉讼属于给付之诉之亚类的停止作为之诉，"如同所有给付之诉一样，只有当原告能够笼统地主张被诉行为可能侵害了他的权利时，停止作为之诉才是适法的"。《政府信息公开条例》第十五条规定："涉及商业秘密、个人隐私等公开会对第三方合法权益造成损害的政府信息，行政机关不得公开……"因此，第三方提起诉讼，阻止行政机关公开政府信息的，通常的主张就是政府信息涉及其商业秘密、个人隐私，商业秘密、个人隐私构成了被诉行政行为可能侵害的第三方合法权利，应当由原告就政府信息涉及其商业秘密、个人隐私承担举证责任。

（3）就行政机关公开或者不予公开等行为可能损害其合法权益举证

这一条款引起一些业内人士担忧，怀疑是对原告资格的一种限缩。因为在政府信息公开诉讼中，主要的是一种义务之诉，通常认为："恰好在义务之诉中，不可以对权利侵害之可能性提出过高的要求。"弗里德赫尔穆·胡芬认为：在义务之诉的诉权方面，"也应适用'显然性规则'（'Evidenzformel'）（亦即：仅当从任何角度看，权利侵害都显然而确定地不可能发生时，才可以排除诉权）。如果原告笼统地提出了对行政行为的一个主观请求权，那么，不作为或者拒绝就总是包含了权利侵害的可能性"。即使在实体判决时，也不对权利侵害提出更多的要求。"与撤销之诉不同的是，在义务之诉中，违法性的客观和主观方面通常是重合的。

如果对行政行为的拒绝，违反了某个支持请求权规范，这就是违法的。只有在存疑的情况下，才必须在‘权利侵害’（‘Rechtsverletzung’）的名下，澄清权利和——遭到无理拒绝的对原告的——授益之归属问题。”

其实，对这一条款的担心是没有必要的。可以从本项的两个用词去体会其中的含义。

第一个用词是“可能”。既然是“可能”，说明仍然是适用“显然性规则”。由于《政府信息公开条例》赋予了公民、法人或者其他组织向行政机关提出政府信息公开申请的“给付请求权”，因此，原告针对行政机关拒绝公开政府信息行为提起诉讼，只要能够证明其已经向行政机关提出了申请，在权利侵害方面就已达到“显然性”标准。在反信息公开诉讼中，由于原告主张行政机关公开政府信息侵犯其商业秘密、个人隐私，则要证明行政机关公开政府信息涉及其商业秘密或者个人隐私，做到了这一点，也就完成了证明义务。

第二个用词是“损害”。本项规定没有使用《行政诉讼法》第二条第一款所使用的“侵犯其合法权益”的“侵犯”，而是使用了“损害”一词。“有损害必有赔偿。”在《行政诉讼法》第三十八条第二款规定原告在行政赔偿、补偿案件中的举证责任时，恰好也是使用了“损害”一词，即：“在行政赔偿、补偿的案件中，原告应当对行政行为造成的损害提供证据……”所以也可以理解为，司法解释本项的规定，主要适用于因政府信息公开行为造成损害，有必要提起行政赔偿、补偿诉讼的情况。

最后要讨论的是：司法解释本项规定使用了“合法权益”的概念，而没有局限于商业秘密或者个人隐私；《政府信息公开条例》第十五条也使用了“涉及商业秘密、个人隐私等公开会对第三方合法权益造成损害”的表述。那么，在政府信息公开诉讼中，商业秘密、个人隐私之后的这个“等”，还会包括什么合法权益？过去的司法实践表明，还有可能涉及第三方的著作权。

例如，在李某某诉中新天津生态城管理委员会政府信息公开案[1]中，李某某向中新天津生态城管理委员会下设建设局邮寄政府信息公开申请，申请公开某建设项目所在楼栋的建设用地规划许可证及前置文件、建设用地规划许可证附图附件、建设工程规划许可证及前置文件、建设工程规划许可证附图及各层平面图、建设工程验线证明文件、建设工程竣工规划验收测量报告、建筑工程竣工图的信息。中新天津生态城管理委员会认为，其申请公开的上述项目的“建设用地规划许可证附图附件、建设工程验线证明文件、建设工程竣工规划验收测量报告”的信息（以下简称争议信息）属于测绘成果，并分别向天津市中新生态城某置业公司、某测绘公司、某勘测公司作出《关于征求是否公开某项目的相关测绘材料的函》，征求上述单位是否同意公开上述三项信息的意见。某测绘公司、某勘测公司复函称，经与天津市中新生态城某置业公司沟通，其无权公开相关测绘成果。某置业公司复函称，上述三项信息均为该公司所有，其作为上述信息的成果所有者，不同意向第三方提供。后中新天津市生态城管理委员会下设建设局对李某某作出《政府信息公开告知书》，依据《政府信息公开条例》第三十二条之规定，决定不予公开争议信息。原告不服，提起诉讼。

法院经审理认为，被告提交的相关证据及其在庭审中所作说明能够证实上述文件系天津市中新生态城某测绘公司、某勘测公司就中新天津生态城某商业地块项目通过测绘形成的相关数据、信息、图件资料，属于《中华人民共和国测绘成果管理条例》第二条规定的测绘成果。《天津市测绘管理条例》第二十一条规定：“对汇交的测绘成果，测绘行政主管部门和保管单位未经成果所有者和著作权人同意，不得向第三方提供。”李某某向中新天津生态城管理委员会申请公开的上述信息涉及测绘成果的著作权

1　人民法院案例库案例。入库编号：2023-12-3-013-002。

保护和管理，经中新天津生态城管理委员会书面征求相关第三方意见，该测绘成果的所有者天津市中新生态城某置业公司明确表示不同意公开。故中新天津生态城管理委员会按照《天津市测绘管理条例》的规定未公开上述文件，并向李某某说明了不予公开的理由，符合《政府信息公开条例》第三十二条的规定，并无不当。李某某提出其作为涉案项目业主与涉案信息具有利害关系，公开涉案信息不会危害任何第三方的合法权益。通常来讲，一般公众享有的信息公开知情权不得侵犯他人的合法权益。李某某申请公开的信息涉及该测绘成果所有者依照法律和合同约定享有的相关著作权，若行政机关未经测绘成果所有者同意擅自公开该信息将危害测绘成果所有者的相关著作权。故李某某该主张不成立，不予采信。

第八条　［简易程序与适当的审理方式］

第八条　人民法院审理第一审政府信息公开案件，可以适用简易程序。

人民法院审理政府信息公开案件，应当视情采取适当的审理方式，避免泄露涉及国家秘密、商业秘密、个人隐私或者法律、法规和国家有关规定中要求应当保密的政府信息。

1. 可以适用简易程序

本条共两款，分别规定简易程序和适当的审理方式。

（1）《行政诉讼法》增设简易程序

所谓简易程序，是与普通程序相对而言的，是为提高司法效率、简化诉讼流程而设立的特殊诉讼程序。

在我国，《刑事诉讼法》和《民事诉讼法》均规定了简易程序，但是1989年《行政诉讼法》只规定了普通程序，在审判组织上也只规定了合议制一种形式。做出这种制度设计的初衷，受制于行政诉讼草创之初的某些具体情况：一是行政案件的审理被认为涉及复杂的专业技术知识，难度较大；二是相关法律不完善，法院审判经验相对不足，组成合议庭审理可发挥集体智慧；三是行政诉讼尚难为行政机关所接受，采用合议制可以增强抗御各方面干扰的能力。但是，随着行政法治进程的深入和行政审判实践的发展，这一制度设计已经明显滞后和脱离实际，据以支撑的理由也日渐失去现实土壤。完善行政诉讼审理程序，引入简易程序的呼声越来越高。在总结试点经验的基础上，2014年修正的《行政诉讼法》在第七章第三节专节规定了简易程序。按照《行政诉讼法》第八十二条第一款第三项的规定，“属于政府信息公开案件的”，“可以适用简易程序”。

（2）简易程序的适用条件

《行政诉讼法》第八十二条除了对适用简易程序的案件进行列举外，还对适用条件作出规定，这就是“认为事实清楚、权利义务关系明确、争议不大的”。《最高人民法院关于适用〈中华人民共和国行政诉讼法〉的解释》第一百零二条还对何谓“事实清楚”“权利义务关系明确”“争议不大”作出解释。《最高人民法院关于审理政府信息公开行政案件适用法律若干问题的解释》第八条第一款只是规定“人民法院审理第一审政府信息公开案件，可以适用简易程序”，并没有强调前述适用条件。可以理解为：在决定对政府信息公开案件适用简易程序时，并不需要专门考虑适用条件；或者可以说，可以假定政府信息公开案件基本属于“事实清楚、权利义务关系明确、争议不大的”案件。审判实践表明，政府信息公开案件主要的争议焦点通常只是某个政府信息是否可以免予公开这一法律问题，很少涉及事实问题。如果“人民法院在审理过程中，发现案件不宜适用简易程序的”，还可以依照《行政诉讼法》第八十四条的规定，“裁定转为普通程序”。根据《最高人民法院关于适用〈中华人民共和国行政诉讼法〉的解释》第一百零五条的规定：“人民法院发现案情复杂，需要转为普通程序审理的，应当在审理期限届满前作出裁定并将合议庭组成人员及相关事项书面通知双方当事人。案件转为普通程序审理的，审理期限自人民法院立案之日起计算。”

（3）司法解释规定的简便方式

《行政诉讼法》只在第八十三条对“适用简易程序审理的行政案件，由审判员一人独任审理”，以及“应当在立案之日起四十五日内审结”作出规定。《最高人民法院关于适用〈中华人民共和国行政诉讼法〉的解释》对具体可以适用的简便方式作出细化解释。第一百零三条第一款规定：“适用简易程序审理的行政案件，人民法院可以用口头通知、电话、短信、传真、电子邮件等简便方式传唤当事人、通知证人、送达裁判文书以外的诉讼文书。”第一百零四条第一款规定：“适用简易程序案件的举证期限由人民法院确定，也可以由当事人协商一致并经人民法院准许，但不得超过十五日。被告要求书面答辩的，人民法院可以确定合理的答辩期间。”第一百零四条第三款规定：“当事人双方均表示同意立即开庭或者缩短举证期限、答辩期间的，人民法院可以立即开庭审理或者确定近期开庭。”此外，在简化开庭审理程序以及简化裁判文书制作方面亦有探索的空间。

（4）域外经验

在美国，几乎所有的信息自由法诉讼都采用简易判决（summary judgment）的方式结案，法院只针对当事人的诉状和行政机关提供的证据进行书面审查已经可以得出结论，不用开庭审理。在具体操作上，当事人双方均可提出采用简易判决程序的动议，但行政机关方面更倾向于动议的提出。只要行政机关通过宣誓书提供的证据是明白、具体、合理详尽的，对不予公开信息的描述是真实的，非结论性的，并且没有相反的证据证明行政机关的文件或证据存在欺诈，也没有证据证明存在事实争议，法院会准予简易判决。反对简易判决的一方如果主张存在事实争议，应提出相应证据，否则不足以对抗有证据支持的简易判决动议。如果确实存在重要事实争议，足以影响判决结果，则必须开庭审理。例如，行政机关主张文件不存在，而申请人对于行政机关是否尽到合理的努力进行搜索提出了不同的证据；或证人证言相互冲突。出现以上情况时，必须开庭审理，以通过双方的对质和辩论来澄清事实真相。但在涉及国家安全的案件中，如果双方当事人就公开机密文件是否会给国家安全带来威胁这个事实问题存在争议时，法院一致认为，“在机关拥有的专业人员已经提供了充足详尽的宣誓证言的情况下，申请人对公开会造成危险提出的反对意见不足以阻止简易判决”。因为，此时的行政机关专业人员具备认定机密文件的相关专业知识，法院显然不会采信非行政机关的“宣誓证人对法律毫无根据的解释”。[1]

1 本节资料来源于赵正群、宫雁：《美国的信息公开诉讼制度及其对我国的启示》，载《法学评论》2009 年第 1 期；王名扬：《美国行政法》，中国法制出版社 1995 年版，第 1012 页。

2. 视情采取适当的审理方式

本条第二款规定：“人民法院审理政府信息公开案件，应当视情采取适当的审理方式，避免泄露涉及国家秘密、商业秘密、个人隐私或者法律、法规和国家有关规定中要求应当保密的政府信息。”这是根据政府信息公开案件的特点做出的特别规定，“应当视情采取适当的审理方式”，目的是“避免泄露涉及国家秘密、商业秘密、个人隐私或者法律、法规和国家有关规定中要求应当保密的政府信息”。所谓“适当的审理方式”，与我们所熟知的“不公开审理”并不是一回事。

（1）特殊审理方式的必要性

“阳光是最好的防腐剂，电灯是最有效的警察。”[1]“良善司法必须具备公开性”，因为“相较于公开而言，其他所有制约措施的重要性都有所不如”[2]。普通法的公开审判传统可以追溯到数百年前，[3]公开原则也是行政诉讼的一个传统且最悠久的原则，“时至今日，公开原则仍然服务于对法官和行政的监督，并维护着这种监督的独立性”。“公开原则以其当代形态意味着，原则上，法院的案件审理应在任何人——于审理期间——都

1 ［美］路易斯·D. 布兰代斯（Louis D.Brandeis）：《他人的钱财》（Other People’s Money），1933 年，第 62 页。转引自［美］肯尼斯·卡尔普·戴维斯：《裁量正义》，毕洪海译，商务印书馆 2009 年版，第 125 页。

2 ［英］边沁：《司法证据》（Judicial Evidence）（第 1 卷），1827 年，第 524 页。转引自［美］肯尼斯·卡尔普·戴维斯：《裁量正义》，毕洪海译，商务印书馆 2009 年版，第 125 页。

3 参见［美］肯尼斯·卡尔普·戴维斯：《裁量正义》，毕洪海译，商务印书馆 2009 年版，第 125 页。

可以进入的一个空间中进行。”[1]而“法庭的大门向公众敞开，审判档案亦是如此”。“审判档案以及所有相关的文件都可以接受公众的检阅。”[2]这些我们耳熟能详的经典论述，充分说明了审判公开原则的特殊重要性。

政府信息公开诉讼，说到底是一种“为公开的诉讼”。按照一般理解，既然审判公开是原则，“为公开的诉讼”更应该充分彰显其公开性。这种认识用意良好，却不符合政府信息公开诉讼争议标的的特殊性。不可否认，“最大限度公开”系支撑信息权的最为重要和基本的原则。“此原则基于这样一个假设：公共机构掌握的所有信息都应当公开，而只有当合法的公共或私人利益受到必须优先防范的威胁时才能超越这一假设。”[3]法院在审理政府信息公开案件时，同样应当以这样一种原则为指针决定政府信息公开与否的问题。不过，这应当属于一个实体处理标准。在审理程序问题上则恰恰相反，应当适用一种“假定不公开”的标准，也就是说，在最终判决作出之前，一切争议中的政府信息都应当推定为不能公开，不得提前向案件当事人泄露。道理很简单，正如日本行政法学家盐野宏所指出：“被申请开示的文书如果是以因为属于不开示信息而拒绝的时候，如果在法院的公开法庭对当事人明示，则申请人的目的已达到。”[4]如此一来，一方面继续进行诉讼变得毫无意义，另一方面还有可能因信息的不当公开造成对公共利益的破坏。正是基于这一考虑，许多国家都在政府信息公开诉讼中采取了一种特殊的（单方、秘密）审理方式，在这里，通常所坚持的审判公开方面的一些原则在一定程度上遭到颠覆。

---

1 ［德］弗里德赫尔穆·胡芬：《行政诉讼法》，莫光华译，法律出版社 2003 年版，第 548 页。

2 ［美］肯尼斯·卡尔普·戴维斯：《裁量正义》，毕洪海译，商务印书馆 2009 年版，第 124 页。

3 托比·曼德尔：《信息自由：多国法律比较》（第 2 版修订本），龚文庠等译，社会科学文献出版社 2011 年版，第 40 页。

4 ［日］盐野宏：《日本之信息公开法制演讲稿》，载中华硕博网，http://zx.china-b.com/kldx/zixun_64840.Html，最后访问日期：2011 年 3 月 7 日。

（2）域外经验

a. 美国的秘密审查

美国《信息自由法》赋予了联邦法院秘密审查争议文件内容的权力。所谓秘密审查，也称为法官私人办公室内审查（in camera review）或不公开单方审查，是指法官对机密的文件或可能具有机密性质的文件，在私人办公室内审查，不对外界公开，以决定文件是否具有机密性质，或者全部或部分具有机密性质。[1] 起初，法院认为秘密审查不适用于《信息自由法》第一项免除公开的情形，即根据总统行政命令确定的“机密文件”。但联邦最高法院 1973 年在 EPA *v.*Mink 案中作出的司法认定，最终成为国会 1974 年修正《信息自由法》的催化剂，即通过修改《信息自由法》授予了法院广泛的进行秘密审查的自由裁量权。[2] 设立这一规则源于政府信息公开诉讼争议标的的特殊性。政府信息公开诉讼中，原被告双方争议的焦点是“申请公开的文件是否属于法定豁免公开的范围”，申请人能否接触作为诉讼的标的物的文件本身，是诉讼的目的。如果争议文件的内容在举证过程中被泄露，整个诉讼也就失去了意义。所以才专门设计了法官在其办公室内秘密审查而不是在法庭上公开审查相关文件的审查方式。其中尤为关键的是，秘密审查是法院单方进行的，申请人（包括其代理律师）无权接触争议中的信息。[3] 这便与通常理解的“不公开审理”含义不完全相同。作为公开审判原则之例外的“不公开审理”，主要指案件的审理不对社会公开，不允许群众旁听，不允许新闻媒体对案件的审理进行采访报道，而对案件当事人来说仍基本是公开进行的；“秘密审查”则不允许当事人在场。[4] 一方面，表面看起来，“秘密审查”似乎发挥对不应当或者尚不确定是否应

1 参见王名扬：《美国行政法》，中国法制出版社 1995 年版，第 1010 页。

2 参见赵正群、宫雁：《美国的信息公开诉讼制度及其对我国的启示》，载《法学评论》2009 年第 1 期。

3 参见许莲丽：《政府信息公开诉讼中的秘密审查制度：美国的实践》，载《环球法律评论》2011 年第 3 期。

4 参见杨伟东：《美国情报自由法诉讼述评》，载《甘肃政法学院学报》1999 年第 3 期。

当公开的文件的保密功能，这其实只是设计这一制度的初衷之一；另一方面，就法院“有权”审查秘密文件这一点来说，它也是有利于保障申请人信息权利实现的。试想，如果行政机关用空洞的结论拒绝请求人得到文件的权利，又以保密为借口拒绝法院对文件本身的审查，司法监督无疑会成为一句空话，诉讼的进行也会变得毫无意义。因此有人说，美国《信息自由法》1974 年增加的此项内容，是基于对公共利益和申请公开政府文件的原告利益综合考虑的结果。[1]“貌似与审判公开理念相违背，但正是通过法院的秘密审查才能够为民众的知情权提供坚实的保障。”[2]但是，法官并不是在每起案件中都行使这种“秘密审查”的权力。法院只在认为确有必要时，才行使裁量权命令行政机关提供文件，进行秘密审查。或者说，法院对秘密审查的适用是例外，而不是原则。[3]一方面，法官单方面的秘密审查，相较于原被告双方面对面直接进行针锋相对的对抗而言存在不足，反而容易造成公众对结果公正性的猜疑。因为其与强调公平公开、法官中立、当事人积极对抗的诉讼传统不相符合。[4]另一方面，是因为相关信息涉及的资料数量可能很庞大，法官自己逐一去看可能会增加很多的工作量。因此，在美国，法院只在必要的情况下才适用秘密审查。一般而言，包括以下几种情形：①争议不能通过其他方式得到解决。例如，法院在 Guccione *v.*Nat l Indian Gaming Comm’n（S.D.Cal.Aug.5，1999）案中指出，“秘密审查是最后的解决方式，只有在不公开的正当性不能通过其他方式确定时才能使用”。②行政机关提供的证据不充分。例如，行政机关提交的宣誓证言只是“结论性”的，没有详细说明免除公开规定为何得以适用；行政机关制

1　参见杨伟东：《美国情报自由法诉讼述评》，载《甘肃政法学院学报》1999 年第 3 期。

2　章志远：《行政诉讼法前沿问题研究》，山东人民出版社 2008 年版，第 151 页。

3　参见许莲丽：《政府信息公开诉讼中的秘密审查制度：美国的实践》，载《环球法律评论》2011 年第 3 期。

4　参见许莲丽：《政府信息公开诉讼中的秘密审查制度：美国的实践》，载《环球法律评论》2011 年第 3 期。

作的“沃恩索引”过于笼统；行政机关的证言与公布的报告相矛盾，等等。③行政机关存在“恶意”倾向。如果有证据表明行政机关不公开文件存在“恶意”或者争议文件背后潜藏着恶意或违法活动，即使行政机关提交了足够详细的证据，秘密审查仍是十分必要的。这是最有可能适用秘密审查的情况。④涉及国家安全的案件。当即使仅通过行政机关的详细证言就有可能造成损害国家安全的后果时，法院通常会采取秘密审查方式。必要时，行政机关还可以通过不向原告和外界公开的“秘密陈述”（in camera declaration）来解释其不公开信息的原因。⑤案件涉及的拒绝公开的文件数量不多，较为简短。此时，秘密审查会节省法院和各方当事人的时间和资源。而且，对于数量众多的文件，法院只秘密审查其中一部分也是可以的。

在梳理分析了美国秘密审查制度的重要发展之后，有研究者指出：尽管对于法院而言，秘密审查制度就像是“食之无味、弃之不舍”的鸡肋，但是，它的存在至少对行政机关保留着某种威慑力量，可以防止行政分支凭借国家安全的空洞理由将信息公开、民主制度完全架空。同时，美国法院采取了一系列措施以避免使秘密审查成为信息公开诉讼的主打程序，从而在保留司法最终的秘密审查权的前提下，以示弱放权的姿态，换取了更少精力的投入和行政机关更大程度的配合。既避免了法院因大量进行秘密审查陷入过多干涉行政分支的宪法危机，又维护了诉讼当事人主导的积极对抗、法院被动裁决的诉讼结构传统，最终的结果是在现实条件的允许下最大限度地促进了政府信息的公开。[1]

1 参见许莲丽：《政府信息公开诉讼中的秘密审查制度：美国的实践》，载《环球法律评论》2011 年第 3 期。

b. 日本的屏蔽审查[1]

所谓屏蔽审查，与美国的“秘密审查”约略相似。但是，这项制度并非规定于日本的《行政案件诉讼法》。因为日本《宪法》第八十二条要求审判程序公开，因此“在日本，不公开的审理就会违宪这样的看法非常强烈”[2]。还是地方公共团体率先在信息公开条例中建立起了屏蔽审查制度。随后，日本《行政机关拥有信息公开法》在对地方公共团体层面已经取得的丰硕成果进行总结的基础上将其加以吸收。尽管在立法过程中，法院屏蔽审查的制度化是最为引人注目的争论焦点之一，不过，出于对日本《宪法》第八十二条的尊重，最终的结果是——在司法程序中屏蔽审查仍被禁止，只是将其引入信息公开审查会的调查审议程序当中。所谓的“信息公开审查会”，由日本《行政机关拥有信息公开法》中的“行政复议”一章设立。这个颇具创意的独立的信息委员会尽管设在总理府，但其成员并非行政机关公务员，而是由包括法官、律师、社会公众人士、学者等在内的若干“具有优越见识的人员”组成，但其性质属于咨询性的机构。[3]法律规定，依据行政不服审查法对公开等决定提出复议申请时，对该复议申请应作出裁决或决定的行政机关的首长，应向信息公开审查会提出咨询，在获得答复的基础上作出裁决（决定）。这样的定性有两层含义，一是意在保证由独立第三者来对行政机关的政府信息公开行为作出适当的判断；二是“一旦完全将判断权委任给第三人，则会由于公开、不公开的判断还存在裁量问题，

1 本节内容系根据以下资料归纳整理：朱芒：《开放型政府的法律理念和实践（下）——日本的信息公开制度》，载《环球法律评论》2002 年第 4 期；朱芒：《开放型政府的法律理念和实践（上）——日本信息公开制度》，载《环球法律评论》2002 年第 3 期；［日］盐野宏：《行政法总论》，杨建顺译，北京大学出版社 2008 年版，第 228 页；以及［日］盐野宏：《日本之信息公开法制演讲稿》，载中华硕博网，http://zx.china-b.com/kldx/zixun_64840.Html，最后访问日期：2011 年 3 月 7 日。

2 ［日］盐野宏：《日本之信息公开法制演讲稿》，载中华硕博网，http://zx.china-b.com/kldx/zixun_64840.Html，最后访问日期：2011 年 3 月 7 日。

3 参见［日］盐野宏：《日本之信息公开法制演讲稿》，载中华硕博网，http://zx.china-b.com/kldx/zixun_64840.Html，最后访问日期：2011 年 3 月 7 日。

导致行政责任的所在不明确”[1]。而所谓的“屏蔽审查”，见于日本《行政机关拥有信息公开法》第二十七条第一款、第二款的规定：“审查会认为必要时，可以要求咨询提出机关出示公开等决定所涉及的行政文件。任何人不得要求审查会公开该被出示的行政文件。”以及第三十二条的规定:“审查会的调查审议程序不公开。”之所以作出这一设置，是因为如果按照一般解决纠纷司法程序的要求，在对拒绝公开决定的行政复议程序中也允许双方当事人查阅作为审查对象的行政文件，那么这种行政复议制度本身就变得毫无意义了。在日本《行政机关拥有信息公开法》实施之前，法院审理政府信息公开案件一般只能以推定的方式进行司法审查，而不是直接阅读相应行政文件。“屏蔽审查”制度在行政复议程序中实施之后，虽然不能直接成为法院可以援用的规范，但该制度在信息公开审查会的应用还是起到了在事实上引导法院裁判的作用。[2]

c. 其他国家和地区的做法

除了前述影响较大的美、日两国的制度之外，另有一些国家和地区在信息公开法中也有类似规定。例如，南非《信息公开促进法》第29条第（9）款规定：如果就批准获知记录请求的问题提起了内部申诉或向法院提起诉讼，只有在批准获知请求的决定被最终确认后，才可以获知记录。[3]保加利亚《公共信息获取法》第四十一条第三款规定：对于根据第三十七条第一款第一项（所申请的信息是国家秘密、行政秘密或者决策信息）作出的拒绝决定提出的上诉，法院可以进行秘密听证，要求相关机关提供必要的证据。[4]泰国《官方信息法》第十九条规定：不论是委员会、信息公开裁判所

1　［日］盐野宏：《行政法总论》，杨建顺译，北京大学出版社2008年版，第228页。

2　参见朱芒：《开放型政府的法律理念和实践（下）——日本的信息公开制度》，载《环球法律评论》2002年第4期；朱芒：《开放型政府的法律理念和实践（上）——日本信息公开制度》，载《环球法律评论》2002年第3期。

3　参见周汉华主编：《外国政府信息公开制度比较》，中国法制出版社2003年版，第420页。

4　参见周汉华主编：《外国政府信息公开制度比较》，中国法制出版社2003年版，第590页。

还是法院，当它们考虑禁止公开信息的决定时，应使其程序不致将该种信息泄露给与其考虑程序不相关的任何其他人。如有必要，考虑过程可以在任何当事人不参加的情况下进行。韩国《公共机关信息公开法》第十八条第二款规定：必要时，审判长可以在有关当事人不参加的情况下，以秘密方式阅读和审查要求公开的信息。加拿大《资讯取得法》第四十七条规定：法院于进行审理依第四十一条、第四十二条或第四十四条所提声请案件之诉讼程序时，应视情况采取妥适之预防措施，包括一造辨认级秘密审理在内，以避免法院或任何人泄露下列资讯……此外，英国信息裁判所也设有单方审理程序（ex parte proceedings）。为了避免在审理案件的过程中导致披露例外信息，英国《2000 年信息公开法》规定，信息裁判所可以实行单方审理，也就是说，只有控制信息的公共机关一方参与。[1]

（3）中国路径

我国政府信息公开诉讼之诉讼标的性质，与国外同类案件并无二致，因而，对于特殊审理方式的需求亦无差别。但是，按照《宪法》、《行政诉讼法》以及《最高人民法院关于严格执行公开审判制度的若干规定》等的规定，人民法院审理案件，“一律公开进行”是原则。虽然“涉及国家秘密、个人隐私和法律另有规定除外”，“涉及商业秘密的案件，当事人申请不公开审理的，可以不公开审理”，但这里的例外处理，都是“可以不公开审理”。而所谓“不公开审理”，按照通行的解释，“也仅仅是指不向群众和社会公开，对当事人和其他诉讼参与人仍应公开。法院在不公开审理行政案件时，仍应传唤当事人并通知其他诉讼参与人到庭诉讼，并应当保证宣判公开进行”[2]。如果按照现行规定，在审理政府信息公开案件

1 参见周汉华主编：《外国政府信息公开制度比较》，中国法制出版社 2003 年版，第 174 页。
2 信春鹰主编：《中华人民共和国行政诉讼法释义》，法律出版社 2014 年版，第 143 页。

时采取不公开审理方式，在当事人和其他诉讼参与人到庭的情况下，对政府信息进行出示和质证，那么，涉及国家秘密、商业秘密、个人隐私或者法律、法规和国家有关规定中要求应当保密的政府信息就难免面临被泄露的风险，诉讼的进行也就变得毫无意义。因此，不少方面建议在政府信息公开司法解释当中增加特殊审理方式的规定，以符合政府信息公开诉讼的特点，确保宪法、法律关于公开审判以及例外规定的立法目的得以实现。原司法解释第六条据此作出这样的规定："人民法院审理政府信息公开行政案件，应当视情采取适当的审理方式，以避免泄露涉及国家秘密、商业秘密、个人隐私或者法律规定的其他应当保密的政府信息。"《最高人民法院关于审理政府信息公开行政案件适用法律若干问题的解释》继受了这一条款，在第八条第二款规定："人民法院审理政府信息公开案件，应当视情采取适当的审理方式，避免泄露涉及国家秘密、商业秘密、个人隐私或者法律、法规和国家有关规定中要求应当保密的政府信息。"其中，将"法律规定的其他应当保密的政府信息"扩大为"法律、法规和国家有关规定中要求应当保密的政府信息"。

（4）视情采取适当的审理方式

作出本条规定，目的就是"避免泄露涉及国家秘密、商业秘密、个人隐私或者法律、法规和国家有关规定中要求应当保密的政府信息"。由于政府信息公开诉讼多数情况下都是针对行政机关拒绝公开政府信息的行为而提起，行政机关拒绝公开政府信息多数情况下都是以政府信息"涉及国家秘密、商业秘密、个人隐私或者法律、法规和国家有关规定中要求应当保密"为理由，而这些政府信息在人民法院作出裁判前都因为假定不能公开而不宜让申请人提前获悉。因此，所谓"视情"，就是出现前述情况的时候。

至于何为“适当的审理方式”，需要在以下几个方面把握：

①在诉讼阶段不能提前披露的政府信息，不只限于“涉及国家秘密、商业秘密、个人隐私或者法律、法规和国家有关规定中要求应当保密的政府信息”，一切假定不能公开的政府信息，均不得允许原告或者第三人及其诉讼代理人查阅；无论公开审理还是不公开审理，均不得在法庭上出示、宣读以及质证。严格意义上讲，这些政府信息并非作为证据存在，实质上属于诉讼争议的标的，免予公开，并不产生“未经庭审质证的证据不能作为定案的依据”的法律后果。

②但是，那些用于证明政府信息依法属于不予公开范围的相关证据材料，则完全属于定案依据，不仅可以公开，而且应当由原告或者第三人及其诉讼代理人质证。

③被告主张原告申请公开的信息系国家秘密不予公开的，其所提供的密级标识、保密期限或者其他证明材料，应当作为证据在开庭时出示、质证。但是，相关信息内容过于敏感，仅仅出示定密目录或者确定结论就有可能导致泄露国家秘密的，应当在原告或者第三人及其诉讼代理人不参加的情况下由审判人员秘密审查。

④在确有必要的情况下采取秘密审查方式的，应当向当事人作出解释，并将审查结论以适当方式作出说明。

第九条　［与档案法的适用竞合］

第九条　政府信息由被告的档案机构或者档案工作人员保管的，适用政府信息公开条例的相关规定。

涉及政府信息公开事项的档案已经移交各级国家档案馆的，依照有关档案管理的法律、法规和国家有关规定执行。

1. 问题的提出

本条共两款，规定的是《政府信息公开条例》与《档案法》的适用竞合。

政府信息，按照《政府信息公开条例》第二条的定义，是指行政机关在履行行政管理职能过程中制作或者获取的，以一定形式记录、保存的信息。在形成一段时间之后，这些政府信息当中应当归档的材料，按照国家规定要定期交本单位档案机构或者档案工作人员集中管理。按照国家档案主管部门关于档案移交的规定，这些档案还要定期向有关的国家档案馆移交。属于中央级和省级、设区的市级国家档案馆接收范围的档案，移交单位应当自档案形成之日起满二十年即向有关的国家档案馆移交；属于县级国家档案馆接收范围的档案，移交单位应当自档案形成之日起满十年即向有关的县级国家档案馆移交。在我国，从事档案收集、整理、保护、利用及其监督管理活动，适用《档案法》以及《中华人民共和国档案法实施条例》（以下简称《档案法实施条例》）。而这些档案管理的法律、行政法规对档案的开放和利用规定了一套与《政府信息公开条例》完全不同的权限和程序。这就产生了《政府信息公开条例》与档案管理法律、行政法规的适用竞合，并带来一系列需要界定的问题：政府信息与档案是什么关系？如果政府信息已经移交有关的国家档案馆，在决定其公开问题时，是要适用《政府信息公开条例》，还是要适用有关档案管理的法律、行政法规？由本单位档案机构或者档案工作人员集中管理，是否应当与已经移交有关的国家档案馆保管的政府信息同样对待？实践中做法不一。有的行政机关往往以政府信息已经归档，是否允许查阅须经档案部门同意为由，拒绝提供政府信息。理论界和档案实务界对于政府信息与档案的关系、《政府信息公开条例》与《档案法》的关系，也存在非常激烈而又各执一词的争论。这种法律衔接上的问题，也给司法实践带来不少的尴尬和困惑，影响司法裁判的统一。一个典型的例子是：有两个案情完全相同的案件，都是涉及政府信息公开与《档案法》的关系，但同属一个地区的两家法院却作出了截然不同的判决。[1] 因此，需要司法解释对此进行界定。原司法解释第七条规定："政府信息由被告的档案机构或者档案工作人员保管的，适用《中华人民共和国政府信息公开条例》的规定。政府信息已经移交各级国家档案馆的，依照有关档案管理的法律、行政法规和国家有关规定执行。"《最高人民法院关于审理政府信息公开行政案件适用法律若干问题的解释》继受了这一条款，第九条的具体表述为："政府信息由被告的档案机构或者档案工作人员保管的，适用政府信息公开条例的相关规定。涉及政府信息公开事项的档案已经移交各级国家档案馆的，依照有关档案管理的法律、法规和国家有关规定执行。"

1 参见李广宇：《政府信息公开诉讼 : 理念、方法与案例》，法律出版社 2009 年版，第 126 页。

2. 政府信息与档案

有一种观点虽然认可政府信息与档案之间存在一定的前后演变关系，具有同源性的特点，但仍主张："已公开现行文件与其归档的档案有一定的联系，但完全不是同一个事物或同一个概念。"其认为："所谓联系者，即档案是由文件转化而来的，已公开现行文件，经归档处理，当然可以变成档案，进入档案馆就成了馆藏档案，这是众所周知的。所谓区别者，文件转化为档案是有条件的，并非所有文件都可以转化为档案，它必须经过办理完毕、区分价值，对于有长期保存和利用价值的文件，再按照一定规律整理以后，才能真正转化为档案。同时，文件归档有法定的范围，尤其要强调归档文件的原始性，即不具有原始记录性的文件，不能随意转化为档案。就拿现行文件来说吧，一份已公开的现行文件，人们能够识读到其中的内容信息，而当该份文件归档的时候，档案人员还要收集这份文件形成过程中产生的背景信息，如文件的起草人信息、修改经办人与修改经办信息、签发人与签发信息，等等。这些背景信息与正式颁发的文件一起，构成了该份文件的档案。也正是这些背景信息，保持了该份文件的原始记录性，使得该文件具有了档案的本质特征。一份重要的公文，正式发布时只有短短的几页纸，但当它归档时，要形成数十甚至数百页档案，道理就在这里。"[1] 上述观点虽然将政府信息如何转化为档案描述得比较生动，但

1 理明：《政府信息公开≠档案信息公开》，载《浙江档案》2008 年第 1 期。陈忠海、刘东斌亦持此种观点。参见陈忠海、刘东斌：《从政府信息公开看〈档案法〉的修改》，载《档案学研究》2010 年第 3 期。

却对政府信息的样态做了严重限缩，在“政府信息 = 文件 = 已公开现行文件”这一换算公式基础上得出的“政府信息公开≠档案信息公开”的结论，就值得进一步讨论。

a. 政府信息并不仅仅是指文件，也不仅仅是指“已公开的现行文件”。世界范围内大多数信息权法把信息（或）记录定义得很宽泛，包含了所有可被记录的内容，不论是以书写、电子还是以其他储存系统的形式保存的内容。例如，韩国《公共机关信息公开法》规定：“信息”是指公共机关在履行其义务的过程中起草、获得与管理的事项，它们以文书、图画、照片、胶卷、磁带、幻灯片以及由计算机所处理的媒介等予以记录。泰国《官方信息法》规定：“信息”是指传送事项、事实、数据或者任何东西的材料，不论这种传送是通过这种材料本身还是通过其他任何方式，也不论是以文件、档案、报告、书籍、图表、地图、图画、照片、胶片、声像录音或者计算机保存的形式组织还是任何其他方式展示。[1] 可见，“信息”包括“文件”，但远远不只限于“文件”。

b. 有的国家甚至将“信息”与“档案”互用。例如，墨西哥《联邦透明度和公共政府信息获取法》将“信息”定义为由公共机构产生、获取、占有、转换或保存的档案中所包含的一切内容。同样，该法对“档案”的定义是，与公共机构行使职能或开展活动以及公职人员相关的一切记录，无论其具体的形式、来源、生成时间和生成方式为何。[2] 我国《档案法》第二条第二款规定：“本法所称档案，是指过去和现在的机关、团体、企业事业单位和其他组织以及个人从事经济、政治、文化、社会、生态文明、军事、外事、科技等方面活动直接形成的对国家和社会具有保存价值的各种文字、图表、声像等不同形式的历史记录。”按照该款规定，在具体表现形态上，“档

1　参见周汉华主编：《政府信息公开条例专家建议稿》，中国法制出版社 2003 年版，第 65~66 页。

2　参见托比·曼德尔：《信息自由：多国法律比较》（第 2 版修订本），龚文庠等译，社会科学文献出版社 2011 年版，第 109~110 页。

案”与“信息”并无什么不同，要说区别，可能只是在于“档案”属于“有保存价值”的“信息”，因此才通过立卷归档进行集中保管。

c. 背景信息本身也是政府信息。前引文章认为：“这些背景信息与正式颁发的文件一起，构成了该份文件的档案。”以此作为与政府信息的区别。固然，背景信息相比最后形成的文件，可能在公开上常常受到更多的限制，但不能由此否认其当然具有的政府信息的属性。有的国家，例如瑞典，将“定稿”作为文件已被“制定”的标准。瑞典《信息权法》规定：只有文件所涉及问题“已由行政机关最终确定”、“最终审核并批准”或者“以其他方式定稿”时，才被视为已定稿。但涉及的事项被决定后，大多数处理中的文件还是要公开。[1] 在美国，“行政机关之间或机关内部的备忘录或函件”，也就是“行政机关在作决定之前，在准备过程中的文件”，是被列为 9 项法定豁免公开情形之一的。但是，行政机关在做出决定过程中的事项，不是全部公开，也不是全部保密。从保护行政特权的目的出发，行政机关做出决定之前的讨论中的意见不能对外公开；但是，具有客观性质的事实材料，例如统计资料、科技资料、纯粹的事实描绘、调查报告和数据等，并不受公开的限制。由此可见，所谓的背景材料亦是政府信息的组成部分，不予公开是因为它属于不宜公开的政府信息，而非因为它不属于政府信息。更何况，背景信息也绝非一概不能公开。因此，从构成元素上来看，政府信息与“档案”亦无二致。

d. 至此，我们可以得出结论：并非所有政府信息都有转换为档案的价值，但转换为档案的政府信息在属性上并无变化，变化的只不过是载体的空间位置。

1　参见托比・曼德尔：《信息自由：多国法律比较》（第 2 版修订本），龚文库等译，社会科学文献出版社 2011 年版，第 109~110 页。

3. 域外对适用竞合的处理

关于“档案法”与“信息公开法”之适用竞合，各国多以法律明定处理方式。但有“一元论”和“二元论”之区别。所谓“一元论”，是指归档前后的政府信息均由信息公开法调整。例如，美国规定：原由各个行政机关作成，嗣后移交国家档案和记录管理局（National Archives and Records Administration，NARA）永久保管之“档案记录”（archives records），人民可依据美国《信息自由法》申请阅览。英国规定：“信息自由法”（UKFOIA）与“档案法”（UK Public Records Act 1958）竞合时，原则上应优先适用前者之规定。[1] 具体程序是，收到申请的档案机关应当将该申请转送到信息的责任机关，由其决定回答是否拥有该信息或者是否提供该信息。[2] 法国 1978 年的法律在第六条中列举了行政机关应当拒绝提供行政文件的若干情形。但是，行政机关不得以有关文件已经被存档为由而拒绝提供。[3] 有的国家甚至将“信息”与“档案”互用。例如，墨西哥《联邦透明度和公共政府信息获取法》将“信息”定义为由公共机构产生、获取、占有、转换或保存的档案中所包含的一切内容。同样，该法对“档案”的定义是，与公共机构行使职能或开展活动以及公职人员相关的一切记录，无论其具

1 参见汤德宗：《论信息公开与卷宗阅览》，载汤德宗、刘淑范主编：《2005 行政管制与行政争讼》，台北，研究院法律学研究所筹备处 2006 年版，第 153~154 页。

2 参见周汉华主编：《外国政府信息公开制度比较》，中国法制出版社 2003 年版，第 168 页。

3 参见李滨：《法国信息自由保护的立法与实践》，载《南京大学学报（哲学・人文科学・社会科学版）》2009 年第 6 期。

体的形式、来源、生成时间和生成方式为何。[1] 总之，“一元论”模式确立了信息公开法优先适用的地位，能够较好地保证政府信息的全方位公开。

所谓“二元论”，是指归档前后的政府信息分别由两个不同的法律规范调整。这一模式在世界范围内并非罕见。例如，日本《行政机关拥有信息公开法》规定，“在政令规定的公共档案馆及其他机关中，依据政令的规定属于历史性或文化性的资料或者用于学术研究的资料而被特别管理的文件”不属于该法所称的“行政文件”。[2] 加拿大规定：《资讯接近法》不适用于加拿大国家档案馆（National Archives of Canada）所保存之资料（materials）。[3] 阿塞拜疆《信息获取权法》并不适用于遵照管理国家档案的法律已被封存的文件。保加利亚《公共信息获取法》第八条亦排除了“存放于国家档案库中的信息”。[4] 在“二元论”模式下，“档案信息”的开放程度取决于档案法的具体态度。

1 参见托比·曼德尔：《信息自由：多国法律比较》（第 2 版修订本），龚文庠等译，社会科学文献出版社 2011 年版，第 109~110 页。

2 参见周汉华主编：《外国政府信息公开制度比较》，中国法制出版社 2003 年版，第 123 页。

3 参见汤德宗：《论信息公开与卷宗阅览》，载汤德宗、刘淑范主编：《2005 行政管制与行政争讼》，台北，研究院法律学研究所筹备处 2006 年版，第 153~154 页。

4 参见托比·曼德尔：《信息自由：多国法律比较》（第 2 版修订本），龚文庠等译，社会科学文献出版社 2011 年版，第 60、70 页。

4. 两分法

原司法解释第七条对于《政府信息公开条例》与《档案法》的适用竞合，采取的是“两分法”，即：“政府信息由被告的档案机构或者档案工作人员保管的，适用《中华人民共和国政府信息公开条例》的规定。政府信息已经移交各级国家档案馆的，依照有关档案管理的法律、行政法规和国家有关规定执行。”这一规定在征求意见时得到国家档案主管部门的认可，也被《最高人民法院关于审理政府信息公开行政案件适用法律若干问题的解释》继受。第九条第一款规定：“政府信息由被告的档案机构或者档案工作人员保管的，适用政府信息公开条例的相关规定。”第二款规定：“涉及政府信息公开事项的档案已经移交各级国家档案馆的，依照有关档案管理的法律、法规和国家有关规定执行。”

（1）政府信息由被告的档案机构或者档案工作人员保管的

政府信息“是指行政机关在履行行政管理职能过程中制作或者获取的，以一定形式记录、保存的信息”。不是所有的政府信息都会转化为档案，根据《档案法》第十三条的规定，只有“直接形成的对国家和社会具有保存价值的”材料，例如“反映机关、团体组织沿革和主要职能活动的”材料，才“应当纳入归档范围”。“应当纳入归档范围”的政府信息，也不是形成之后立即向有关的国家档案馆移交。《档案法实施条例》第二十条第一款至第三款规定：

> 机关、团体、企业事业单位和其他组织，应当按照国家档案主管部门关于档案移交的规定，定期向有关的国家档案馆移交档案。
>
> 属于中央级和省级、设区的市级国家档案馆接收范围的档案，移交单位应当自档案形成之日起满二十年即向有关的国家档案馆移交。属于县级国家档案馆接收范围的档案，移交单位应当自档案形成之日起满十年即向有关的县级国家档案馆移交。
>
> 经同级档案主管部门检查和同意，专业性较强或者需要保密的档案，可以延长向有关的国家档案馆移交的期限。已撤销单位的档案可以提前向有关的国家档案馆移交。

这样一来，那些不需要向有关的国家档案馆移交的政府信息、尚未向有关的国家档案馆移交的政府信息，其公开问题就由原制作或者保存政府信息的行政机关负责，适用《政府信息公开条例》的有关规定。

按照《档案法》第十四条第一款的规定，“应当归档的材料，按照国家有关规定定期向本单位档案机构或者档案工作人员移交，集中管理”。已经向本单位档案机构或者档案工作人员移交，尚未向有关的国家档案馆移交的政府信息，其公开问题由谁负责？《档案法实施条例》亦有明确，第三十六条第一款第二项规定，“保存在各单位档案机构的，由各单位公布；必要时，应当报经其上级主管部门同意后公布”。

（2）政府信息已经移交各级国家档案馆的

政府信息一旦移交各级国家档案馆，即成为“属于国家所有的档案”，其公开问题按照档案利用规定办理。根据《档案法》第三十二条第一款的规定，“属于国家所有的档案，由国家授权的档案馆或者有关机关公布；未经档案馆或者有关机关同意，任何单位和个人无权公布……”

《档案法》还规定了一个特殊情况，即“提前将档案交档案馆保管的”，政府信息公开事项由谁办理。第十五条第二款规定：“经档案馆同意，提前将档案交档案馆保管的，在国家规定的移交期限届满前，该档案所涉及政府信息公开事项仍由原制作或者保存政府信息的单位办理。移交期限届满的，涉及政府信息公开事项的档案按照档案利用规定办理。”

第十条　［不予立案与驳回起诉］

第十条　公民、法人或者其他组织提起的涉政府信息公开诉讼明显不符合行政诉讼法规定的起诉条件的，人民法院不予登记立案。

有下列情形之一的，人民法院裁定不予立案；已经立案的，裁定驳回起诉：

（一）按照《中华人民共和国行政复议法》第二十三条第一款第四项的规定，应当先向行政复议机关申请行政复议而未申请的；

（二）行政机关作出延长答复期限或者要求申请人补正等程序性告知行为的；

（三）单独起诉行政机关收取信息处理费决定的；

（四）申请人重复申请公开已经予以公开的政府信息，行政机关作出不予重复处理答复的；

（五）申请行政机关公开的信息属于工商、不动产登记等资料，行政机关告知其按照法律、行政法规规定查询的；

（六）要求行政机关为其制作、加工、分析政府信息，行政机关未予提供的；

（七）申请人以政府信息公开申请的形式进行信访、投诉、举报等活动的；

（八）要求行政机关提供政府公报、报刊、书籍等公开出版物的；

（九）认为公共企事业单位未公开在提供社会公共服务过程中制作、获取的信息的；

（十）其他对公民、法人或者其他组织权利义务不产生实际影响的情形。

1. 不予登记立案

本条共两款，第一款规定的是不予登记立案，第二款规定的是裁定不予立案与驳回起诉。

登记立案是《行政诉讼法》于2014年修正时引入的一个概念。该法第五十一条第一款规定：“人民法院在接到起诉状时对符合本法规定的起诉条件的，应当登记立案。”破解“立案难”问题是2014年修法的重点之一，但是，草案原本没有登记立案的规定，就在修改决定表决通过前夕，中国共产党第十八届中央委员会第四次全体会议通过了《中共中央关于全面推进依法治国若干重大问题的决定》，该决定要求：“改革法院案件受理制度，变立案审查制为立案登记制，对人民法院依法应该受理的案件，做到有案必立、有诉必理，保障当事人诉权。”[1]有的常委委员提出，草案应当按照党的十八届四中全会决定关于对人民法院依法应当受理的案件，秉承有案必立、有诉必理的精神，对立案程序作相应修改，进一步解决立案难问题。[2]

应当明确的是，登记立案并不意味着完全排除审查，立案登记制也并不等于人民法院对公民、法人或者其他组织的任何起诉都必须登记立案。所谓“有案必立、有诉必理”，前提是“符合本法规定的起诉条件”。《最高人民法院关于适用〈中华人民共和国行政诉讼法〉的解释》第五十五条

---

1 本书编写组编著：《〈中共中央关于全面推进依法治国若干重大问题的决定〉辅导读本》，人民出版社2014年版，第22页。

2 《全国人民代表大会法律委员会关于〈全国人民代表大会常务委员会关于修改《中华人民共和国行政诉讼法》的决定（草案）〉修改意见的报告》，载全国人大常委会法制工作委员会行政法室编：《行政诉讼法立法背景与观点全集》，法律出版社2015年版，第20页。

就规定："依照行政诉讼法第五十一条的规定，人民法院应当就起诉状内容和材料是否完备以及是否符合行政诉讼法规定的起诉条件进行审查。起诉状内容或者材料欠缺的，人民法院应当给予指导和释明，并一次性全面告知当事人需要补正的内容、补充的材料及期限。在指定期限内补正并符合起诉条件的，应当登记立案。当事人拒绝补正或者经补正仍不符合起诉条件的，退回诉状并记录在册；坚持起诉的，裁定不予立案，并载明不予立案的理由。"《最高人民法院关于人民法院登记立案若干问题的规定》第十条规定："人民法院对下列起诉、自诉不予登记立案：（一）违法起诉或者不符合法律规定的；（二）涉及危害国家主权和领土完整的；（三）危害国家安全的；（四）破坏国家统一和民族团结的；（五）破坏国家宗教政策的；（六）所诉事项不属于人民法院主管的。"

《最高人民法院关于审理政府信息公开行政案件适用法律若干问题的解释》第十条第一款关于"公民、法人或者其他组织提起的涉政府信息公开诉讼明显不符合行政诉讼法规定的起诉条件的，人民法院不予登记立案"的规定，不仅与前述司法解释精神相一致，也符合政府信息公开诉讼的实际情况。应当说，无论是向行政机关申请政府信息公开，还是向人民法院提起政府信息公开诉讼，门槛都是很低的，政府信息公开法律制度为公民、法人或者其他组织依法获取政府信息提供了切实保障。但是，正是由于门槛较低，在实践中也出现了比较严重的滥诉现象，有的人把它当作"出气口"或者"敲门砖"，大量申请、大量起诉的情况在各地都不同程度地存在。许多法官苦于没有法律手段应对此类情况，因为具体到每一个案件，其在形式上均符合起诉条件，但当事人可能滥用诉讼权利，批量提起数百甚至上千件同类诉讼。所以，在司法解释中明确必要的规制手段，可以防止个别人利用法律制度滋扰正常的行政和司法秩序，把有限的行政和司法资源用于保障那些真正需要获得政府信息的人的利益。

理解和适用本款关于“不予登记立案”的规定，应当把握以下几点：

第一，完整把握“行政诉讼法规定的起诉条件”。《行政诉讼法》第四十九条规定的四项内容，是行政诉讼主要的起诉条件，但不是全部起诉条件。起诉条件是一个系统，除了具体的法律条款，以体系解释乃至目的解释的方法判断起诉人有没有诉的利益，也是非常必要的。正如最高人民法院（2016）最高法行申 5034 号行政裁定书所指出：

> “无诉则无判”，诉乃发动审判权的前提。然而，是不是只要诉具备了法定形式并符合法定程序，人民法院就必须进行实体审理？现有法律虽然未作出明确规定，但根据审判权的应有之义，结合立法精神以及司法实践可知，答案并非绝对的。诉最终能否获得审理判决还要取决于诉的内容，即当事人的请求是否足以具有利用国家审判制度加以解决的实际价值和必要性。
>
> 如果当事人采取多人多次重复申请公开相同、同类政府信息，继而申请行政复议、提起行政诉讼的方式，是为了达到扩大影响、反映信访诉求的目的，则不具有依法应予救济的诉讼利益，与《行政诉讼法》第一条的立法本意相悖，浪费了行政资源和司法资源，已构成诉讼权利的滥用。

第二，作出“不予登记立案”的处理，适用于当场能够判定起诉不符合《行政诉讼法》规定的起诉条件的情形，而且，“不符合行政诉讼法规定的起诉条件”要达到“明显”的程度。至于何谓明显，可以举一个例子说明。最高人民法院（2016）最高法行申 2976 号行政裁定书指出：“我国实行的是一级复议制度。对于明显违反、甚至是一再违反一级复议制度的申请，行政复议机关可以在口头释明之后不作任何处理……”同理，人民法院对于针对此类处理的起诉，也可以采取类似的处理方式。“对于一个毫无事实根据和法律依据的指控，即使最终判决被告胜诉，也是对被告的不公平，因为将他们传唤到法院应诉本身已经使他们承受了不应承受的花费和压力。”

第三，决定“不予登记立案”的，可以“退回诉状并记录在册”。对此，最高人民法院（2024）最高法行申9232号行政裁定书就曾指出：“根据《最高人民法院关于人民法院登记立案若干问题的规定》第十条第一项的规定，人民法院对违法起诉或者不符合法律规定的起诉、自诉不予登记立案。据此，立案登记制并不等同于人民法院对公民、法人或者其他组织的任何起诉都必须登记立案。对于主观上具有滥诉故意、客观上缺乏合理诉讼利益，当场能够判定明显不符合法定起诉条件的诉讼，人民法院依法可以不予登记立案，并可根据《最高人民法院关于适用〈中华人民共和国行政诉讼法〉的解释》第五十五条之规定，退回诉状并记录在册。”

2. 不予立案与驳回起诉

《最高人民法院关于审理政府信息公开行政案件适用法律若干问题的解释》第十条第二款分十项规定了“人民法院裁定不予立案；已经立案的，裁定驳回起诉”的情形。

（1）不予登记立案、裁定不予立案与裁定驳回起诉

这三种方式都是针对不符合法定起诉条件的案件的处理，至于它们有何区别，还要从“诉讼过程的阶段构造”谈起。中村英郎在《新民事诉讼法讲义》中指出：

> 因起诉开始的诉讼是以法院对诉讼上的请求作出判决为目标的发展过程。其过程理论上分为三个阶段：即为了让法院就诉讼进行审理、判决，首先，诉讼必须适法提起（第一阶段）。使诉讼适法提起的要件称为“起诉要件”。其次，一旦具备这一要件，事件便系属于法院，其系属在程序上必须适法（第二阶段）。使诉讼适法系属所必须具备的要件称为“诉讼要件”。经过以上阶段，最后就原告的请求（本案）进行审理、判决（第三阶段）。要使法院裁判原告的请求有理，必须满足实体法上的构成要件，使其主张得到认可。这称为“权利保护要件”或“本案”要件。[1]

1　参见［日］中村英郎：《新民事诉讼法讲义》，陈刚等译，法律出版社 2001 年版，第 151 页。

不予登记立案、裁定不予立案，都属于第一阶段对于不具备"起诉要件"所作出的处理。不同的是，前者系在当场能够判定的情况下作出的；后者则系"当场不能判定是否符合本法规定的起诉条件"，依照《行政诉讼法》第五十一条第二款的规定，"接收起诉状"，并在七日内作出的处理。至于裁定驳回起诉，则属于第二阶段的处理，即案件已经进入实体审理程序，又发现存在不符合起诉条件的情形，则以裁定方式驳回起诉，这与第三阶段就原告诉讼请求作出的判决是不同的。之所以会有立案之后又裁定驳回起诉的情况，是由于行政诉讼的起诉条件通常比较复杂，有的在七日内未必能够作出判断，有的可能还需要通过言辞审理才能辨明。正因如此，《最高人民法院关于适用〈中华人民共和国行政诉讼法〉的解释》第五十三条第二款才规定，"七日内仍不能作出判断的，应当先予立案"。

（2）应当先向行政复议机关申请行政复议而未申请的

《最高人民法院关于审理政府信息公开行政案件适用法律若干问题的解释》第十条第二款第一项规定的是"按照《中华人民共和国行政复议法》第二十三条第一款第四项的规定，应当先向行政复议机关申请行政复议而未申请的"的情形。《行政复议法》第二十三条第一款规定的是应当行政复议前置的情形，其中第四项是"申请政府信息公开，行政机关不予公开"。行政复议前置，也可简称为复议前置，是指根据法律、行政法规的规定，公民、法人或者其他组织对行政机关作出的行政行为不服的，必须先向行政复议机关申请复议，经过行政复议以后，对行政复议机关作出的行政复议决定仍然不服的，才能向人民法院提起行政诉讼，而不得直接向人民法院提起行政诉讼。《行政诉讼法》第四十四条第二款规定："法律、法规规定应当先向行政机关申请复议，对复议决定不服再向人民法院提起诉讼的，依照法律、法规的规定。"所以，在法律、法规规定了复议前置的时候，

“应当先向行政复议机关申请行政复议而未申请”，就是不符合法定的起诉条件，应当裁定不予立案；已经立案的，裁定驳回起诉。至于如何把握《行政复议法》第二十三条第一款第四项规定的“申请政府信息公开，行政机关不予公开”的范围，本书已在前文讨论。

（3）程序性告知行为

告知，又称受告知权、得到通知的权利（right to be informed），是指行政程序的当事人与利害关系人，有及时获悉与其利害攸关的事实及决定的权利。一直以来，告知被认为是行政程序的核心之一，其表现为使受到某种决定影响的利害关系人在事前获得“告知”，[1] 以便其有效行使陈述、申辩等防御性权利。按照我国台湾地区学者的观点，告知的方式约有四种：通知、书面通知或送达、公告、刊登。告知的种类“依其时点及作用，约可分为三种：预告、决定告知及救济途径教示”。所谓预告，又称事先告知，指行政机关在作成（终局）行政决定前所为之告知，目的在于促使程序权利人及时采取程序行为。所谓决定告知，又称事后告知，指行政机关作成行政决定后，将其决定告知程序当事人或利害关系人，目的在于使当事人或关系人知悉行政决定的内容，并依告知的内容对其发生法律效力。所谓救济途径教示，指行政机关作成终局行政决定后告知当事人救济之途径，以便利当事人维护自身权益。[2] 受告知权普遍规定于各个国家和地区的行政程序法典当中。我国尚没有制定统一的行政程序法，但大量的单行法都对告知作出规定。告知是行政公开原则在行政程序中的制度化，是行政程序中针对特定当事人公开特定政府信息的制度。因此，在政府信息公开程序中贯彻和落实告知的要求，殊为必要和有意义。

1 ［日］室井力、芝池义一、浜川清主编：《日本行政程序法逐条注释》，朱芒译，上海三联书店 2009 年版，第 144 页。
2 参见翁岳生编：《行政法》，中国法制出版社 2002 年版，第 1082 页以下。

例如，《治安管理处罚法》第一百一十二条第一款规定："公安机关作出治安管理处罚决定前，应当告知违反治安管理行为人拟作出治安管理处罚的内容及事实、理由、依据，并告知违反治安管理行为人依法享有的权利。"在《政府信息公开条例》"依申请公开"一章，有七条规定涉及告知。这些告知在不同的条款有不同的作用。例如，第三十六条的七项具体条文，虽然都是告知申请人相关内容，但实际上却是七种不同类型的政府信息公开处理决定，这就属于决定告知，政府信息公开申请人被告知决定后如果对该决定不服，可以直接寻求法律救济。至于第三十条规定的"政府信息公开申请内容不明确的，行政机关应当给予指导和释明，并自收到申请之日起7个工作日内一次性告知申请人作出补正，说明需要补正的事项和合理的补正期限"以及第三十三条第二款规定的"需要延长答复期限的，应当经政府信息公开工作机构负责人同意并告知申请人"，则属于一种程序性告知行为，《最高人民法院关于审理政府信息公开行政案件适用法律若干问题的解释》第十条第二款第二项规定的正是这种情形。

按照《最高人民法院关于审理政府信息公开行政案件适用法律若干问题的解释》的规定，直接起诉行政机关作出延长答复期限或者要求申请人补正等程序性告知行为的，应当不予立案。这是因为程序性告知乃行政机关在行政程序进行中作出的一种程序处置，是一种中间阶段的行为，尚不属于最终的行政决定。根据行政法上的成熟原则，[1]这种程序性处置、中间阶段的行为是不能直接接受司法审查的，只能在行政行为最终作出时在起诉中一并主张。这方面的立法例很多，例如美国《联邦行政程序法》第704节规定："预备的、程序性的、或中间阶段的机关行为或裁决，不能

1　所谓"成熟原则"，是指行政程序必须发展到适宜由法院处理的阶段，即已经达到成熟的程度，才能允许进行司法审查。其基本理由是：①避免法院过早地进行裁判，陷入抽象的行政政策争论。②保护行政机关在最后决定作出之前，以及行政行为对当事人发生具体影响以前，不受法院干涉。按照该原则，关于程序问题的决定属于中间性质，在最后决定作出以前不进行审查。参见王名扬：《美国行政法》，中国法制出版社1995年版，第642~648页。

直接受审查，应在审查机关最终的行为时受审查。”[1]我国台湾地区“行政程序法”第一百七十四条规定：“当事人或利害关系人不服行政机关于行政程序中所为之决定或处置，仅得于对实体决定声明不服时一并声明之。”[2]

最高人民法院（2018）最高法行申538号行政裁定书对此问题亦有阐述：

> 类似本案被诉《公告》这样的通知，只是行政机关的一种程序行为，其目的只是在于开始一个行政程序。对于这种程序行为，并不能单独诉请撤销，而只能以程序违法为由诉请撤销此后作出的实体决定。这是为了防止单独诉请撤销程序行为而拖延行政程序的进行，同时也符合法律保护利益的观点，即程序违法只有在影响实体决定的情况下才予以救济。此外，也是为了防止出现针对程序行为和针对实体决定同时进行诉讼的危险。

（4）单独起诉行政机关收取信息处理费决定的

对于依申请公开政府信息收取一定的成本费用，是世界各国的通行做法。这是基于依申请公开政府信息是满足特殊人群的需要，如果满足特殊人群需要的成本由全体纳税人负担，在一定程度上是不公平的。另外，由申请者承担一部分公开信息的费用，也可以有效避免个别申请者对政府公开信息提出过度的需求。许多国家的政府信息公开立法对于收费作出了框架性的基本规定，也有的法律将费用支付作为获取信息的前置条件。例如，保加利亚《公共信息获取法》第三十五条规定：在所需的费用未被支付的情况下，实际获取信息的时间可能会被推迟。牙买加《信息获取法案》第

1　王名扬：《美国行政法》，中国法制出版社1995年版，第973页。
2　翁岳生编：《行政法》，中国法制出版社2002年版，第1101页。

十三条规定：在“官方因授权公开而产生的费用已经被支付”的情况下，申请才可予以批准。南非《信息公开促进法》规定：申请被获准的申请人一旦支付所有费用可以立即拥有信息获取权。墨西哥《联邦透明度和公共政府信息获取法》第四十四条规定：一旦申请人已支付相关费用，公共机构必须在其后 10 个工作日内提供所需信息。[1]

我国修订前后的《政府信息公开条例》对于收费问题的规定有所变化。由 2007 年的“可以收取检索、复制、邮寄等成本费用”（原条文第二十七条第一款），改为“行政机关依申请提供政府信息，不收取费用。但是，申请人申请公开政府信息的数量、频次明显超过合理范围的，行政机关可以收取信息处理费”（新条文第四十二条第一款）。《政府信息公开条例》第四十二条第二款还规定：“行政机关收取信息处理费的具体办法由国务院价格主管部门会同国务院财政部门、全国政府信息公开工作主管部门制定。”2020 年 11 月 17 日，国务院办公厅印发《政府信息公开信息处理费管理办法》（国办函〔2020〕109 号）。其中第七条规定：“申请人对收取信息处理费的决定有异议的，不能单独就该决定申请行政复议或者提起行政诉讼，可以在缴费期满后，就行政机关不再处理其政府信息公开申请的行为，依据《中华人民共和国政府信息公开条例》第五十一条的规定，向上一级行政机关或者政府信息公开工作主管部门投诉、举报，或者依法申请行政复议、提起行政诉讼。法律、行政法规另有规定的，从其规定。”

《最高人民法院关于审理政府信息公开行政案件适用法律若干问题的解释》第十条第二款第三项规定的裁定不予立案或者裁定驳回起诉的情形是，“单独起诉行政机关收取信息处理费决定的”，就是根据《政府信息公开信息处理费管理办法》第七条的精神作出的相关规定。这里排除的只

1 参见托比·曼德尔：《信息自由：多国法律比较》（第 2 版修订本），龚文庠等译，社会科学文献出版社 2011 年版，第 67、86、111、129 页。

是在缴费期内“单独起诉行政机关收取信息处理费决定”，如果在行政机关作出不再处理其政府信息公开申请的行为后，是可以在起诉不再处理行为的同时一并对收取信息处理费决定提出质疑的。《国务院办公厅转发司法部关于审理政府信息公开行政复议案件若干问题指导意见的通知》就明确规定了“时点”标准，第三条第三项规定，“在缴费期内对行政机关收费决定提出异议的”，“行政复议机关不予受理”。对此可以参酌。

（5）不予重复处理

重复处理，也称重复处置，“因本身非属行政处分，故不能对其提起行政救济”。翁岳生主编的《行政法》对此指出：“在人民对同一事实先后多次提出申请，官署亦一一为之批驳的情形，第一次批驳属行政处分，固无问题，但其后再次的批驳是否亦皆属行政处分，则不无疑义。基本上，倘官署对其后的申请并未作成新的实质决定，也就是未重新作实质审查，而只是重申过去所作成处分，亦即第一次处分的内容，因其本身不生任何法律效果，故不能认系行政处分，学说上称之为重复处置（wiederholende Verfügung）。”[1]《最高人民法院关于适用〈中华人民共和国行政诉讼法〉的解释》第一条第二款第四项就规定，“驳回当事人对行政行为提起申诉的重复处理行为”，不属于行政诉讼的受案范围。其实，不只是申诉，任何不产生法律效果的重复处理行为都应当是不可诉的。

在政府信息公开领域，同样存在重复处理行为。《政府信息公开条例》第三十六条第六项规定：“行政机关已就申请人提出的政府信息公开申请作出答复、申请人重复申请公开相同政府信息的，告知申请人不予重复处理。”本条规定的“已就申请人提出的政府信息公开申请作出答复”，可能包含两种情形，一是对申请人申请的政府信息不予公开，二是申请人申

1　翁岳生主编：《行政法》（第4版），台北，元照出版有限公司2020年版，第615页。

请的政府信息已经公开。在第一种情形下重复申请，就类似于对之前处理的“申诉”，行政机关不予重复处理的答复就属于驳回申诉；在第二种情形下重复申请，性质上则属于要求行政机关“重复劳动”，这也是不允许的，因为一旦允许这种重复申请，会破坏行政机关履行义务的能力，也会增加巨额公共支出。如果行政机关已经公开政府信息，对于重复申请作出不予重复处理答复，既不属于第一次处分，也不会对申请人造成不利影响，所以，《最高人民法院关于审理政府信息公开行政案件适用法律若干问题的解释》第十条第二款第四项规定：“申请人重复申请公开已经予以公开的政府信息，行政机关作出不予重复处理答复的”，应当裁定不予立案；已经立案的，裁定驳回起诉。

（6）特定行政管理领域的业务查询事项

《最高人民法院关于审理政府信息公开行政案件适用法律若干问题的解释》第十条第二款第五项规定的情形是，“申请行政机关公开的信息属于工商、不动产登记等资料，行政机关告知其按照法律、行政法规规定查询的”。此类情形之所以不可诉，是因为申请公开工商、不动产登记等资料在性质上属于业务查询事项。2016 年 9 月 18 日作出的《国务院办公厅政府信息与政务公开办公室关于明确政府信息公开与业务查询事项界限的解释》（国办公开办函〔2016〕206 号）指出：“不动产登记资料查询，以及户籍信息查询、工商登记资料查询等，属于特定行政管理领域的业务查询事项，其法律依据、办理程序、法律后果等，与《政府信息公开条例》所调整的政府信息公开行为存在根本性差别。当事人依据《政府信息公开条例》申请这类业务查询的，告知其依据相应的法律法规规定办理。”2019 年《政府信息公开条例》修订时，将这一原则规定在第三十六条第七项，作为政府信息公开处理决定的一种，该项规定：“所申请公开信息属于工商、不动产登记资料等信息，有关法律、行政法规对信息的获取有特别规定的，告知申请人依照有关法律、行政法规的规定办理。”

（7）制作、加工、分析政府信息

《最高人民法院关于审理政府信息公开行政案件适用法律若干问题的解释》第十条第二款第六项规定的情形是，“要求行政机关为其制作、加工、分析政府信息，行政机关未予提供的”。这种情形在政府信息公开术语上被称作“拒绝信息创制”。

a. 域外立法例

根据政府信息公开的一般原理，“申请者只能申请行政机关保存的现有材料或文件。政府机关没有义务为申请者收集它并不具有的信息，也没有义务为申请者研究或分析数据”[1]。因为这种请求终究不属于已有信息的公开问题，实质属于一种创制。“如仅仅为了满足一项依据信息自由而提出的申请，行政机关即须设立包含过去未予记录的信息的新文件，这大概不那么合理。”[2]因此，在一些国家和地区，法律特别规定获取信息的权利并不扩展到要求对信息进行处理。例如，阿塞拜疆《信息获取权法》第二十一条陈述的拒绝提供信息的一般性理由中就包括：要求对信息进行“分类、评估和整理”（可能是指公共机构并不掌握该信息，但可以从现有的文件中创建）。[3]泰国《官方信息法》第十一条第三款规定：国家机关根据第一款所提供的官方信息应该是已经可以以分发的方式存在的信息，不要求新的准备、分析、分类、编制或者产生，除非是从音像录音系统、计算

1 周汉华主编：《外国政府信息公开制度比较》，中国法制出版社 2003 年版，第 53 页。

2 Eg The Public Policy Assessment Society IP Submission 3: Health Insurance Commission IP Submission 51；Law Society of NSW IP Submission 105. 转引自周汉华主编：《外国政府信息公开制度比较》，中国法制出版社 2003 年版，第 194 页。

3 参见托比·曼德尔：《信息自由：多国法律比较》（第 2 版修订本），龚文库等译，社会科学文献出版社 2011 年版，第 60、121、146、191 页。

机系统或者任何其他由委员会所决定的系统中将信息转化为文件。[1] 我国香港特别行政区《公开资料守则》第 1.14 条规定：本守则不会强制部门——提供该部门未拥有的资料、制定一个从来没有存在的记录。[2] 秘鲁《透明化与公共信息获取法》第十三条也明确规定：公共机构无须创造或生产它们没有或无须拥有的信息，当出现对该种信息的申请时，公共机构必须告知申请人这一事实。公共机构也无须公布对其持有信息的评估和分析。

b. 我国《政府信息公开条例》的规定

2007 年《政府信息公开条例》虽然没有对拒绝信息创制作出正面规定，但综观全部条文，可以得知，条例所指的政府信息，仅包括公民提出申请时业已"生成"，并以一定形式记录、保存的信息，无论其来源属于行政机关制作，还是属于行政机关从公民、法人或者其他组织获取。2019 年《政府信息公开条例》在第三十八条增加规定:"行政机关向申请人提供的信息，应当是已制作或者获取的政府信息。除依照本条例第三十七条的规定能够作区分处理的外，需要行政机关对现有政府信息进行加工、分析的，行政机关可以不予提供。"理解本条的含义，应当把握以下几点:

第一，行政机关向申请人提供的信息，应当是已制作或者获取的政府信息。行政机关没有义务为满足特定申请人的申请，为其制作尚未制作的政府信息，也没有义务为其对现有政府信息进行加工、分析。需要行政机关对现有政府信息进行加工、分析的，行政机关可以不予提供。但是，"这一条款规定的立法目的，是授权行政机关在必要时可以拒绝申请人，不是禁止行政机关为申请人提供必要的公共服务"。"是否为申请人专门制作相关政府信息，取决于行政机关的判断。行政机关在作出判断时，需要全面考虑申请人的主观动机等因素。如果申请人基于正当需求，如科研工作

1 参见周汉华主编：《外国政府信息公开制度比较》，中国法制出版社 2003 年版，第 379 页。
2 参见周汉华主编：《外国政府信息公开制度比较》，中国法制出版社 2003 年版，第 596 页。

需要，行政机关应当努力为其提供方便。”[1]

第二，不能将行政机关在查找政府信息方面一些简单、必要的操作也予以混同。对此，政府信息公开方面的国际专家托比·曼德尔曾经指出，公共机构无须创造或生产它们没有或无须拥有的信息，公共机构也无须公布对其持有信息的评估和分析，“这样的规定并非毫无道理，但是，当公共机构甚至拒绝执行某些很简单的操作时，例如从数据库中自动提取某种格式的信息，该规定可能被当作这一拒绝的依据；而实际上在其他情况下，这一操作会被认为是信息权的一个组成部分”[2]。事实上，在已有文档中对申请人要求的政府信息进行查找、搜索，既不可避免，也是法定义务。从国外立法例来看，南非《信息公开促进法》第二十三条要求“为检索所请求的记录采取所有的必要措施”。[3]美国《信息自由法》第（a）（3）（c）小节规定：行政机关在回复记录申请时，应当尽力检索电子形态或者格式的记录，除非这种检索会明显影响机关自动信息系统的运行。（d）小节对“检索”作出定义：“根据本段的目标，‘检索’是指为了寻找申请公开的记录而以人工或者自动的方式进行检查。”我国《政府信息公开条例》第三十六条第四项规定，“经检索没有所申请公开信息的，告知申请人该政府信息不存在”，表明对政府信息进行必要“检索”是无可避免的。此外，第三十七条还规定：“申请公开的信息中含有不应当公开或者不属于政府信息的内容，但是能够作区分处理的，行政机关应当向申请人提供可以公开的政府信息内容，并对不予公开的内容说明理由。”本条所规定的“区分处理”，显然也不属于“对现有政府信息进行加工、分析”。

1 后向东：《中华人民共和国政府信息公开条例（2019）理解与适用》，中国法制出版社 2019 年版，第 207 页。

2 托比·曼德尔：《信息自由：多国法律比较》（第 2 版修订本），龚文库等译，社会科学文献出版社 2011 年版，第 121 页。

3 参见周汉华主编：《外国政府信息公开制度比较》，中国法制出版社 2003 年版，第 379 页。

（8）信访、投诉、举报

《最高人民法院关于审理政府信息公开行政案件适用法律若干问题的解释》第十条第二款第七项规定的情形是，“申请人以政府信息公开申请的形式进行信访、投诉、举报等活动的”。这一条款的实体法依据是《政府信息公开条例》第三十九条第一款：“申请人以政府信息公开申请的形式进行信访、投诉、举报等活动，行政机关应当告知申请人不作为政府信息公开申请处理并可以告知通过相应渠道提出。”实践中，以政府信息公开申请的形式进行信访、投诉、举报等活动比较多见，虽然进行信访、投诉、举报等活动也是法律赋予公民的权利，但这些权利的行使另有法律规定的渠道，不应通过政府信息公开申请的形式进行。正是基于以上考虑，《政府信息公开条例》特别规定行政机关应当在告知申请人对信访、投诉举报等活动不作为政府信息公开申请处理的同时，还应当告知申请人通过相应渠道提出。

最高人民法院就信访、投诉、举报与政府信息公开的关系问题，多次在裁判文书中予以辨析，其中（2018）最高法行申3687号行政裁定书指出：

> 所谓信访，按照《信访条例》第二条第一款的规定，“是指公民、法人或者其他组织采用书信、电子邮件、传真、电话、走访等形式，向各级人民政府、县级以上人民政府工作部门反映情况，提出建议、意见或者投诉请求，依法由有关行政机关处理的活动”。而政府信息公开则不涉及对于任何实体诉求的处理，按照《政府信息公开条例》第一条的规定，这项制度的主要功能在于保障公民、法人和其他组织依法获取政府信息。
>
> 判断一个申请到底属于政府信息公开，还是属于信访事项，不能仅凭申请人的声称，也不能仅凭申请人自己贴上一个什么样的标签，

而应通过将特定申请与制度宗旨进行比对，对其实质作出认定。……但无论是举报，还是信访，其都不能受政府信息公开制度调整，这是一个不争的问题。即使是行使举报的权利，公民、法人或者其他组织也应当按照法律的规定，向有管辖权的行政机关提出。不能通过随意向一个没有管辖权的行政机关提出一个诉求，就此取得“相对人”资格，进而提起行政诉讼。

（9）拒绝提供公开出版物

《最高人民法院关于审理政府信息公开行政案件适用法律若干问题的解释》第十条第二款第八项规定的情形是，“要求行政机关提供政府公报、报刊、书籍等公开出版物的”。这一条款的实体法依据是《政府信息公开条例》第三十九条第二款：“申请人提出的申请内容为要求行政机关提供政府公报、报刊、书籍等公开出版物的，行政机关可以告知获取的途径。”

前述各类公开出版物，在一些国家的立法中是被排除在政府信息的范围之外的，因为政府不负责提供已经出版的、用于一般性销售的记录。例如，日本《行政机关拥有信息公开法》第二条第二款规定：“本法中的‘行政文件’……不包括以下各项文件：①官报、白皮书、报纸、杂志、书籍以及其他以向不特定多数人销售为目的发行的文件。”[1]泰国《官方信息法》第十一条在规定依申请公开政府信息时，将“已经在政府公报上公布或者已经供公众查阅”以及已经移送国家档案局“以便供公众研究”的信息予以排除。[2]我国香港特别行政区《公开资料守则》第1.14条规定：本守则不会强制部门——应要求提供已经公布的资料（不论是免费或付费后才提供），或提供现时可通过收费服务获得的资料。[3]在法国，1978年的法律

1 周汉华主编：《外国政府信息公开制度比较》，中国法制出版社2003年版，第123页。

2 参见周汉华主编：《外国政府信息公开制度比较》，中国法制出版社2003年版，第385页。

3 参见周汉华主编：《外国政府信息公开制度比较》，中国法制出版社2003年版，第596页。

第七条指出，凡是已经向公众主动公开的行政文件，行政机关就被免除向特定请求人提供该文件的义务。[1]

规定这种免除义务，出于以下几方面考虑：①这些公开出版物属于“不供行政用途的记录”。因为政府信息必须是指“行政机关在履行行政管理职能过程中制作或者获取的，以一定形式记录、保存的信息”。②这些文件既然是公开出版物，就具备“大量可见”[2]的特性，“公开”云云，应当无从谈起。③一旦允许这种索取量很大的申请，不仅会破坏行政机关履行义务的能力，也会增加巨额公共支出。④根据《政府信息公条例》第二十三条的规定，“政府公报、政府网站或者其他互联网政务媒体、新闻发布会以及报刊、广播、电视等”通常是行政机关主动公开政府信息的主要渠道。如果政府公报、报纸、杂志、书籍等公开出版物含有政府信息内容，应当视为行政机关已经履行了主动公开政府信息的义务，申请人再提出具体申请，行政机关没有提供的义务，只需“告知申请人获取该政府信息的方式、途径”。

（10）公共企事业单位的信息公开问题

《最高人民法院关于审理政府信息公开行政案件适用法律若干问题的解释》第十条第二款第九项规定的情形是，“认为公共企事业单位未公开在提供社会公共服务过程中制作、获取的信息的”。这是涉及《政府信息公开条例》适用范围以及公开义务主体的一个争议较大的问题，随着2019年《政府信息公开条例》的修订得以尘埃落定。

日本行政法学者盐野宏说：“承担政府的说明责任的，当然并不限于

1 参见李滨：《法国信息自由保护的立法与实践》，载《南京大学学报（哲学·人文科学·社会科学版）》2009年第6期。

2 参见托比·曼德尔：《信息自由：多国法律比较》（第2版修订本），龚文庠等译，社会科学文献出版社2011年版，第141页。

国家和地方公共团体。除了国家和地方公共团体以外，还有根据国民主权的原理应当对国民承担说明责任的法人，现在，在各国都将位于国家和地方公共团体周边的法人规定为信息公开法制的对象。”在日本，就有《独立行政法人信息公开法》，这些法人是从“被认为构成了政府的一部分”这种观点遴选出来的。[1]韩国《政府投资机构管理框架法》第二条使信息公开法的覆盖范围扩大到任何政府持股超50%的企业。[2]还有许多国家和地区也都不同程度地将具有公共管理和服务职能的公共企事业单位作为实施机关，只是对这些单位的称谓有所不同。例如，丹麦的（电力、煤气、供热等）公共服务管理企业；法国从事公共服务管理的私法组织；澳大利亚的为公共目的依法令设立的法人或团体；加拿大的国家银行、国家公司等；新西兰的国家公司、大学等。[3]我国台湾地区的“政府资讯公开法”第四条第二项也试图将义务主体由“公部门”（机关、机构）扩大至“私部门”——“受政府机关委托行使公权力之个人、法人或团体，于‘本法’适用范围内，就其受托事务视同政府机关”[4]。这些具有公共管理和服务职能的公共企事业单位虽然不是行政机关，但其活动直接影响着国民的生活和社会公共利益，因此，公共企事业单位的信息公开也是公众十分关注的问题。[5]

2007年《政府信息公开条例》除了规定行政机关和法律、法规授权的具有管理公共事务职能的组织是政府信息公开的适用机关外，第三十七条还规定，“教育、医疗卫生、计划生育、供水、供电、供气、供热、环保、公共交通等与人民群众利益密切相关的公共企事业单位在提供社会公共服务过程中制作、获取的信息的公开，参照本条例执行”。这一条款引起广泛关注，人们认为：从现实需要来看，由于这些公共企事业单位与人民群

---

1 ［日］盐野宏：《行政法总论》，杨建顺译，北京大学出版社2008年版，第218页。
2 参见周汉华主编：《外国政府信息公开制度比较》，中国法制出版社2003年版，第356页。
3 参见应松年主编：《外国行政程序法汇编》，中国法制出版社1999年版，第563页。
4 翁岳生编：《行政法》（第2版），中国法制出版社2009年版，第1061页。
5 参见刘杰：《知情权与信息公开法》，清华大学出版社2005年版，第208、242页。

众利益密切相关，与社会经济发展密切相连，将其作为政府信息公开的义务主体，必将有利于人民群众对其进行直接的监督，促使其改善社会公共服务的水平。更为重要的是，这一规定是对公共管理社会化趋势的积极回应，有可能对我国的行政主体理论和行政诉讼制度带来积极影响。姜明安教授就指出："国家行政属于公行政，但公行政并不等于国家行政。公行政除了国家行政以外，还包括其他非国家的公共组织的行政，如公共社团（律师协会、医生协会等）的行政以及公共企事业单位（国有企业、公立学校、研究院所等）的行政。"[1]

《最高人民法院关于审理政府信息公开行政案件若干问题的规定（征求意见稿）》曾经规定："公民、法人或者其他组织认为教育、医疗卫生、计划生育、供水、供电、供气、供热、环保、公共交通等与人民群众利益密切相关的公共企事业单位在提供社会公共服务过程中的信息公开行为侵犯其合法权益，提起诉讼的，参照本规定执行。"但有的同志认为："条例要求这些企事业单位公开信息行为参照条例执行，符合公共利益的需求，但这不等于相关的诉讼也是行政诉讼。"因此有关方面建议："鉴于公共企事业单位信息公开纳入行政诉讼涉及公共企事业单位信息公开行为是否属于具体行政行为、公共企事业单位能否作为行政诉讼被告、公共企事业单位信息公开行为法律关系界定、公共企事业单位信息公开工作实践等问题，情况比较复杂，建议作进一步研究，暂不作出规定。"

2007 年《政府信息公开条例》虽然规定了公共企事业单位"参照本条例执行"，"但是，这种做法在实践中遇到了很大的困难：一是参照适用的具体含义不明确，这也就意味着权利、义务、责任的边界不清晰；二是监督约束机制缺失，行政复议、行政诉讼不能适用，其他监督约束机制又没有建立起来。由此导致的后果是，公共企事业单位参照适用原政府信息公

1　姜明安主编：《行政法与行政诉讼法》，北京大学出版社、高等教育出版社 1999 年版，第 2 页。

开条例的规定，基本上流于形式，无法落到实处”[1]。2019年《政府信息公开条例》修订时，对公共企事业单位信息公开问题“建立起了一个全新的制度框架”。[2]第五十五条第一款规定：“教育、卫生健康、供水、供电、供气、供热、环境保护、公共交通等与人民群众利益密切相关的公共企事业单位，公开在提供社会公共服务过程中制作、获取的信息，依照相关法律、法规和国务院有关主管部门或者机构的规定执行。全国政府信息公开工作主管部门根据实际需要可以制定专门的规定。”第五十五条第二款也对权利救济的渠道作出明确规定：“前款规定的公共企事业单位未依照相关法律、法规和国务院有关主管部门或者机构的规定公开在提供社会公共服务过程中制作、获取的信息，公民、法人或者其他组织可以向有关主管部门或者机构申诉，接受申诉的部门或者机构应当及时调查处理并将处理结果告知申诉人。”据此，《最高人民法院关于审理政府信息公开行政案件适用法律若干问题的解释》第十条第二款第九项明确，“认为公共企事业单位未公开在提供社会公共服务过程中制作、获取的信息”，直接以公共企事业单位为被告提起行政诉讼的，应当裁定不予立案，或者裁定驳回起诉。

（11）兜底条款

《最高人民法院关于审理政府信息公开行政案件适用法律若干问题的解释》第十条第二款第十项规定：“其他对公民、法人或者其他组织权利义务不产生实际影响的情形。”这是一个兜底条款，因为以上列举的各项情形属于不完全列举，难以穷尽各种应当裁定不予立案或者裁定驳回起诉

1 后向东：《中华人民共和国政府信息公开条例（2019）理解与适用》，中国法制出版社2019年版，第98页。

2 后向东：《中华人民共和国政府信息公开条例（2019）理解与适用》，中国法制出版社2019年版，第98页。

的情形，所以作此兜底性规定。至于如何界定各种情形，司法解释提供了一个“对权利义务不产生实际影响”的标准，这与《最高人民法院关于适用〈中华人民共和国行政诉讼法〉的解释》第一条第二款第十项的规定是一致的。

如何理解“对权利义务不产生实际影响”？可以从行为、权利和诉的利益三个角度综合判断。

a. 行为角度

德国学者指出：“就诉讼意义而言，行政行为仍然是诉讼法律保护适法性的核心概念。行政行为具有开放法律保护的功能，有助于解决‘是否’提供法律保护的问题。一旦将某个行政活动认定为行政行为，是否提供行政救济的问题随之解决。”能否将某个行政活动认定为行政行为，有两个特征特别重要，一个是“调整”，另一个是“外部效力”。弗里德赫尔穆·胡芬指出：“对于调整的特征而言，关键要看它是否含有一个具有法律约束力的，旨在设定一种法律后果的命令。调整就是要创设、变更、解除或具有约束力地确认某种权利和 / 或义务，或者根据行政程序法第 35 条第 1 句，确定一物的法律状况。”[1] 至于“外部效力”，弗里德赫尔穆·胡芬则采取了反向列举的方法，“没有对外效力”的是：

——内务上的指示、行政规定、宣布等，

——为以后的行政行为所作的准备，包括其他行政机关相应的职务协助，

——内部计划（交通路线的确定、土地利用计划等），

——不涉及公职人员基本身份的公务员法上的措施，

——多级行政行为中其他机关的协作行为，

1 ［德］弗里德赫尔穆·胡芬：《行政诉讼法》，莫光华译，法律出版社 2003 年版，第 212 页。

——地方组织法范围内的内部措施，

——行政机关内部的其他组织行为，包括教育组织上的措施。[1]

最高人民法院（2017）最高法行申295号行政裁定书也曾论及这个问题：

修改后的《行政诉讼法》将“具体行政行为”的概念修改为“行政行为”，目的是引入行政不作为、事实行为以及以行政协议为标志的双方行政行为，使行政诉讼法的适用范围具有更大的包容性。但除此之外，通常意义上的行政行为，仍需具有单方性、个别性和法效性等特征。单方性强调的是，法律效果系基于行政机关单方意思表示；个别性强调的是，行为的对象必须是特定之人和具体事件；法效性强调的则是，行为直接对外发生法律效果。所谓直接，是指法律效果必须直接对相对人发生，亦即行政行为一旦作成，即导致法律关系的发生、变更、消灭。所谓对外，是指行政行为对于行政主体之外的人发生法律效果，行政机关之间或行政机关内部的意见交换等行政内部行为因欠缺对外性而不具有可诉性。

b. 权利角度

在讨论到诉权问题时，弗里德赫尔穆·胡芬强调了诉权的三个基本要素——权利、属于原告的权利和权利侵害的可能性。通常认为，政府信息公开诉讼属于义务之诉。弗里德赫尔穆·胡芬认为：

义务之诉的诉权需要如下前提：

——一项权利，

1 参见[德]弗里德赫尔穆·胡芬：《行政诉讼法》，莫光华译，法律出版社2003年版，第214页。

——该权利属于原告，

——对行政行为的拒绝或者停止作为导致的权利侵害之可能性。[1]

在政府信息公开诉讼中，对于原告是否拥有一项“权利”的判断，既不能不当限缩，例如强调必须是侵犯了他的人身权、财产权；也不能漫无边际，例如笼统地主张侵犯了“知情权”。一项具体的权利主张，必须有实体法上的依据。在政府信息公开诉讼中，这个实体法就是《政府信息公开条例》。实践中，曾有人起诉，要求行政机关在政府信息上加盖公章，最高人民法院（2018）最高法行申 1579 号行政裁定书对此指出：“要求行政机关在其已经掌握的政府信息上加盖公章、签上经办人姓名、注明日期等，并非《政府信息公开条例》所规定的政府信息公开的方式和形式，甚至不属于政府信息公开范畴。行政机关对此予以拒绝，不构成不履行政府信息公开法定职责。”

c. 诉的利益

义务之诉（包括政府信息公开诉讼）的门槛总体不高。例如，原告通过向行政机关提出一个申请，就可以获得“直接相对人”的资格；再如，“恰好在义务之诉中，不可以对权利侵害之可能性提出过高的要求，否则就会过早地涉及理由具备性问题”[2]。正因如此，在政府信息公开诉讼中，最容易产生“滥诉”问题。所以，在政府信息公开诉讼中，“对权利义务不产生实际影响”的判断，也有必要辅之于“诉的利益”的审查。

“没有利益，就没有诉权。”所谓诉的利益，就是当事人的请求是否足以具有利用国家审判制度解决争议的实际价值或者必要性。与原告适格相比，诉的利益除了要看原告自己是否存在一项权利以及权利侵害可能外，

1 ［德］弗里德赫尔穆·胡芬：《行政诉讼法》，莫光华译，法律出版社 2003 年版，第 288 页。

2 ［德］弗里德赫尔穆·胡芬：《行政诉讼法》，莫光华译，法律出版社 2003 年版，第 290 页。

还从国家以及被告的立场进行考量。例如，原告是否可以通过更简便的途径达到其目的，是否“随便向一个无管辖权的行政机关提出一个纯臆想的申请”[1]而让行政机关卷入一个根本没有纠纷解决必要的诉讼中来，受理这个没有实际价值的起诉是否会加重法院的负担、损害国民的一般利益。所以，审查是否具有诉的利益，视野更阔大，更具有衡平色彩，也存在更多裁量的余地。

实践中，诉的利益的审查判断被提炼出了一些适用规则，“无效率的权利保护”就是其中一种。原告可以用其他更符合事实需要（较简便、较完整、较迅速、较便宜）的途径，达到请求保护的目的，或者原告请求的目的已经实现，都属于无效率的权利保护。最高人民法院（2018）最高法行申 10287 号行政裁定书就曾运用这一规则。在本案，原告向顺河区政府申请公开政府信息，内容主要是与顺河区政府工作人员田某的公务员身份相关的信息。其之所以提起这一申请，是因为其在与顺河区政府的另一起房屋征收补偿纠纷诉讼中，质疑田某“被诉行政机关工作人员”的身份，认为田某“代行政机关负责人参加诉讼不合法”。最高人民法院在裁定中首先指出：“法律和司法解释并没有要求‘行政机关相应的工作人员’必须是公务员。”接着便从诉的利益的角度进行说理：

再审被申请人在《政府信息公开答复书》中答复再审申请人，“田某是我区正式工作人员，目前在征收办负责征收及应诉工作”，事实上已经对相关问题进行了解答。固然，本案诉讼是针对政府信息公开答复提起的诉讼，但是，对于看似政府信息公开诉讼，实质是与行政机关负责人出庭应诉有关的争执，应当在诉讼程序内通过法定途径和方式解决。特别是在行政机关已就与“行政机关相应的工作人员”有

1 ［德］弗里德赫尔穆·胡芬：《行政诉讼法》，莫光华译，法律出版社 2003 年版，第 288 页。

关的质疑作出答复的情况下，提起政府信息公开诉讼不具有诉的利益。

诉的利益适用规则中还有一种类型是“权利滥用之禁止”。突出的情形是，原告根本不可能享有任何利益，或者其诉讼的目的完全在于妨碍行政机关工作（如造成对行政机关的困扰），或者不当增加法院的工作负担，即构成权利滥用，也有的称其为“恶意强辩之禁止”。此一类型的主要作用在于禁止诉权滥用，也就是禁止原告提起不以实现自己的权利而以损害他人利益为目的的诉讼。像陆某霞案，就认定其构成滥诉。南通市中级人民法院的裁定说：

> 陆某霞不间断地向政府及其相关部门申请获取所谓的政府信息，真实目的并非获取和了解所申请的信息，而是借此表达不满情绪，并向政府及其相关部门施加答复、行政复议和诉讼的压力，以实现拆迁补偿安置利益的最大化。……陆某霞所提起的相关诉讼因明显缺乏诉的利益、目的不当、有悖诚信，违背了诉权行使的必要性，因而也就失去了权利行使的正当性，属于典型的滥用诉权行为。

有必要强调的是，对于诉的利益的判断，包括对于“对权利义务不产生实际影响”的判断，带有很大的裁量性，所以必须谨慎和克制，不能为了治理“滥诉”而滥用诉的利益。关于这一点，一些行政法的经典作家早有警觉，弗里德赫尔穆·胡芬就曾指出：“此时也必须严格注意，不能在‘禁止滥用’诉讼权利或者在‘禁止滥诉’的名义下，草率地限制对某些‘令人讨厌的公民’的法律保护，并由此反而正好使他们真正地成为那种争强斗狠的‘刁民’。法律保护需要并不是从诉讼动机方面进行一种普遍的动机研究的理由。似乎令人担忧的还有，将诸如‘诚信’等原则从私法领域移用于行政诉讼法，并且将它们上升为诉之适法性的门槛。”[1]

此外还需强调的是，“权利保护的利益是诉讼法上的内容，属于诉讼要件，但有些事项也属于权利保护要件（本案要件）”。换言之，“权利保护利益的一部分是经过审理才确认其存在与之相关”，“必须将难以胜诉的理由与诉的理由本身区别开来”。如果“事先就把一些预计难度可能很大的，或者胜诉希望不大的行政诉讼，立即宣布为‘不适法的’”，并将其拒之门外，则是对《行政诉讼法》之立法宗旨的背离。

1 [德] 弗里德赫尔穆·胡芬：《行政诉讼法》，莫光华译，法律出版社 2003 年版，第 389 页。

第十一条　[履行判决]

第十一条　有下列情形之一的，人民法院判决被告履行政府信息公开职责：

（一）被告对依法应当公开的政府信息拒绝或者部分拒绝公开的，人民法院判决撤销或者部分撤销被诉不予公开决定，并判决被告在二十个工作日内公开；

（二）被告对原告要求公开的申请无正当理由逾期不予答复，原告请求判决被告公开理由成立的，人民法院判决被告在二十个工作日内公开；

（三）被告不予公开的政府信息内容能够作区分处理的，人民法院判决被告在二十个工作日内公开能够公开的内容；

（四）被告以政府信息公开会损害第三方合法权益为由不予公开，但第三方在诉讼程序中同意公开且人民法院经审理认为可以公开的，判决被告在二十个工作日内公开。

1. 给付行政与干预行政

本条以及第十二条、第十三条、第十四条，都属于判决条款。本条规定的是履行政府信息公开职责判决。

作为一种全新的行政活动方式，政府信息公开带有极强的给付行政的特点，它的出现，给传统的干预行政带来了强大冲击。关于干预行政和给付行政，翁岳生主编的《行政法》论述颇详："所谓干涉行政者，又称干预行政或侵害行政，系指干预人民权利，限制其自由或财产，或课予人民义务或负担的行政作用。此种行政通常以下命的方式表现于外，必要时并得采取强制的措施，例如禁止通行、勒令歇业、征收土地及课征租税等，均属之。干涉行政为公权力行政的一种，通常系以负担行政处分的方式为之。由于此种行政作用直接干预人民权利，故受法律保留原则之支配。"[1]与此相对，"所谓给付行政，又可称为服务行政或福利行政，系指提供人民给付、服务或给予其他利益的行政作用。就现代社会国家担负照顾人民生活的职责而言，此种行政作用甚具意义，按二次大战后国家职能有重大转变，积极主动提供人民最大的服务及照顾，以满足人民各项生活所需，乃成为国家责无旁贷的任务。换言之，于现代法治国家中，给付行政的地位逐渐提升，并成为国家重要任务之一。"[2]

"基本上，给付行政与前述干涉行政的区别，在于行政作用对人民所

1　翁岳生主编：《行政法》（第 4 版），台北，元照出版有限公司 2020 年版，第 28 页。
2　翁岳生主编：《行政法》（第 4 版），台北，元照出版有限公司 2020 年版，第 28 页。

生效果的不同。故行政法学界通常以此区分为基础，认为干涉行政因系直接干预人民的权利，故应受法律较为严格的羁束，除不得与法律相抵触外，并须有明确的法律授权依据始得为之，其活动空间受到较大的限制。反之，给付行政因系给与人民一定利益，故受法律保留原则拘束的程度较为宽松，亦即，只要在行政组织法律规定的权限范围内，且有通过的预算为依据，纵使缺乏行为法上的根据，仍可为给付性的行为，但倘若涉及公共利益之重大事项者，仍应有法律或法律授权之命令为依据。此外，在给付主体的组织形态上，以及在给付或利用关系的法律方式上，行政亦享有较大的选择自由。”[1]

政府信息公开之给付行政、授益行政的特点，并未被人们所普遍了解。最高人民法院（2016）最高法行申3007号行政裁定书对此作了充分阐述：

> 按照行政诉讼法第一条的规定，人民法院审理行政案件的首要目的是保护公民、法人或者其他组织的合法权益。该法第二条因此规定，公民、法人或者其他组织认为行政机关和行政机关工作人员的行政行为侵犯其合法权益的，有权向人民法院提起行政诉讼。据此可知，行政诉讼法首先是一种权利损害法律救济，提起行政诉讼的前提，是存在被诉行政行为侵害原告合法权益的可能。具体到政府信息公开诉讼，则是通过审查政府信息是否存在以及行政机关是否应当依法公开，来保障公民、法人或者其他组织依法获取政府信息的权利。本案中，再审申请人已经依申请获取了“2015年3月11日（周三）区领导接待日排班接待领导为区委副书记、区长吴桂英”的信息，因此并不存在合法权益因政府信息公开行为遭受侵害的可能。针对这样一个授益性的政府信息公开答复提起诉讼，既没有将其撤销的权利基础，也没有

1 翁岳生主编：《行政法》（第4版），台北，元照出版有限公司2020年版，第29页。

责令行政机关重新作出答复的任何必要。再审申请人之所以提起本案诉讼，核心理由是对信访办公室作出政府信息公开答复的职权提出质疑。再审申请人主张，信访办公室是内设机构，不具有行政主体资格，以自己名义作出的《答复告知书》超越职权，应予撤销。本院认为，行政诉讼法第七十条确实规定，“超越职权的”行政行为构成违法，应予撤销。而且通常认为，没有直接对外管理职能的内设机构不能直接实施影响行政相对人合法权益的行政行为。但这是针对损益性行政行为而言，属于授益性行政行为的政府信息公开未必完全适用。有些行政机关的内设机构因其具有独立性，也会制作政府信息，因而被赋予公开政府信息的义务。而且，内设机构在向申请人提供政府信息时，其行为的性质是授益而非损益，是提供服务而非限制权利。损益性行政行为“法无明文授权即属超越职权”，授益性行政行为不能一概适用这一标准。同时，针对一个本来是满足其申请的授益性行政行为起诉，也因缺乏权利受侵害的事由从而缺乏可保护的合法权益而不具备诉的利益。

但是，因为忽视政府信息公开“给付行政”的特点而作出“匪夷所思”的判决的情况仍时有所见。有一个裁判，因为某市政府在《政府信息公开条例》修订实施后，仍以自己名义作出政府信息公开告知书，而不是以政府信息公开工作主管部门的名义，从而撤销了该告知书，就是一个例子。殊不知，政府与主管部门实同一体，无论以谁的名义作出，都不会对申请人信息获取的权利有所增减。对于损益行政而言，法律保留、职权法定必须严格执行，对于政府信息公开这样的授益行政而言，标准则可以相对宽松。纠结于这些“名义”问题，而对政府信息公开的实质问题始终不予涉及，事实上就是一种“程序空转”。

2. 判决方式的创新

政府信息公开是一种全新的行政活动方式，政府信息公开诉讼也对传统的行政诉讼模式和格局造成一定冲击。以撤销诉讼和合法性审查为主干的《行政诉讼法》，面对政府信息公开这个“天外来客”，就显得有些不够实用。最高人民法院在起草原司法解释时，着眼于政府信息公开与传统行政活动方式的不同、政府信息公开诉讼与传统行政诉讼的不同，在判决方式方面作出一系列创新，某种程度上成为嗣后《行政诉讼法》全面修改的探路者和先行军。现在回过头来再看这部司法解释，会发现它在判诉对应、诉讼类型化、判决方式、暂时权利保护等方面所作的探索，很多都已为现行《行政诉讼法》所吸收。

（1）回归依诉择判、诉判同一的基本诉讼原则

“判与诉是相对应的，判决是对诉讼请求的回应”[1]，行政诉讼也概莫能外。但是，由于《行政诉讼法》在起草之时过分放大了行政案件与民事案件的不同，过分凸显了“维护行政机关依法行使行政职权”[2]，形成了一系列有违诉讼基本规律的制度建构。其中，尤以维持判决的“独树一帜”和驳回诉讼请求判决的“付诸阙如”最具代表性，直接导致诉判关系在行政诉讼中的严重扭曲。但是，行政诉讼作为一种诉讼，必须遵循诉讼的一

1 马怀德主编：《行政诉讼原理》，法律出版社 2003 年版，第 430 页。

2 顾昂然：《行政诉讼法起草情况和主要精神》，载最高人民法院《行政诉讼法》培训班主编：《行政诉讼法专题讲座》，人民法院出版社 1989 年版，第 10 页以下。

般规律。行政诉讼在秉持固有特色的基础上，于法技术层面与民事诉讼适度趋同，不仅有利于弥补行政诉讼体制存在的构造性缺陷，也有利于解决现代型行政纷争。政府信息公开诉讼无疑属于现代型行政纷争的典型代表。正是基于案件类型的特点和“当前的需要”，美国联邦法院在政府信息公开诉讼中罕见地采用了类似于民事诉讼的“重新审理”方式，达成了由“司法审查”的古典模式向“以权利为根据”“直接涉及是非曲直”的新型模式的转变。[1] 基于上述立场，《最高人民法院关于审理政府信息公开行政案件若干问题的规定》在判决方式的设计上，形成了这样一个诉讼路线图：根据原告不同的诉讼请求，在各种相应的诉讼类型中对号入座——诉讼理由成立的，作出各种不同形式的胜诉判决；诉讼理由不成立的，全部以驳回诉讼请求（而非维持被诉具体行政行为）的方式结案。

（2）合理界定司法权与行政权的疆界

论者尝言：“行政诉讼判决突出展现了法院在案件结果处理方面的权力和对当事人权利救济的程度。”[2] 但是，行政诉讼的判决方式，无论是纠纷解决能力还是权利救济程度，都堪称先天不足。核心问题就在于，无论是在立法之初，还是在司法过程之中，我们对司法权与行政权的关系的认识和处理确实存在一些偏差。翻阅《行政诉讼法》立法前后的资料可以发现，“正确处理好司法权与行政权的关系”是一个被反复提及、着重强调的重

1 英国行政法学家卡罗尔·哈洛和理查德·罗林斯将司法审查的古典模式比喻为“排水管”，“狭窄、不容改变长度的管道由僵硬的安装环连接而成”，并关注到传统模式正“向更宽泛更敏锐的司法审查变化”。阿伦则针对“人们通常认为法院只关注行政行为的合法性，而不能涉及其是非曲直”，指出：“法院的管辖权可以以司法审查申请人的权利为根据进行合理的界定，法院对其利益的主要关注——与更宽泛的公共当局的目标相对——构成司法功能的核心。”伍尔夫勋爵将这些变化描述为“剧烈的”，法院有权力改变其干预的程度以反映当前的需要，并通过此种方式（有助于）维护作为普通法制度力量之一的民主社会的微妙平衡。参见［英］卡罗尔·哈洛、理查德·罗林斯：《法律与行政》，杨伟东、李凌波、石红心、晏坤译，商务印书馆2004年版，第1063、1069页。

2 杨伟东：《行政行为司法审查强度研究》，中国人民大学出版社2003年版，第236页。

大问题。比如，“法院对政府的具体行政行为是否合法进行审查，至于政府在法律法规范围内当与不当的问题，法院原则上不管，法院更不直接代替行政机关行使行政管理职权”，“行政机关不履行或者拖延履行法定职责的，法院可以判决其在一定期间履行，而不是代替行政机关作出决定”，“法院审理行政案件，对具体行政行为原则上不直接判决变更”等。[1]在这种理念指导下所设计的判决形式只能是隔靴搔痒。不仅如此，在实践层面，还长期存在对本已有限的判决资源的限缩性解读，更使行政诉讼这条羊肠小道越走越窄。

在较多的误读当中，最重要的问题莫过于重作判决和履行判决能否包含特定内容。许多人对具体判决持否定态度，“认为法院在履行判决中应尽量少涉及行政机关所应履行职责的具体内容。依此推演，在行政机关未予答复的情况下，法院更不能直接要求行政机关履行特定内容的法定职责，因为这样，司法权侵犯了行政权的首次判断权”[2]。不可否认，“司法审查虽然能够发挥重要的作用，但是这是一个有限的作用”[3]。这一有限性体现在两个方面：其一，“司法权并非可以审判一切案件，其本身存在着一定的界限”[4]；其二，“司法审查只能监督行政机关行使权力，不能代替行政机关行使权力”[5]。这是由分权原则和司法权、行政权各自的性质或功能所决定的。但是，上述“司法权界限论”在晚近出现了明显松动或者发展。这种松动或者发展主要体现为两个“区分”：

一是羁束裁量与便宜裁量的区分。传统“司法权界限论”主张的司法权的有限性，主要针对的是自由裁量，其认为自由裁量被排除于司法审查

1　参见顾昂然：《行政诉讼法起草情况和主要精神》，载最高人民法院《行政诉讼法》培训班主编：《行政诉讼法专题讲座》，人民法院出版社 1989 年版，第 31 页。

2　参见杨伟东：《行政行为司法审查强度研究》，中国人民大学出版社 2003 年版，第 244 页。

3　王名扬：《美国行政法》，中国法制出版社 1995 年版，第 567 页。

4　江利红：《日本行政诉讼法》，知识产权出版社 2008 年版，第 74 页。

5　王名扬：《美国行政法》，中国法制出版社 1995 年版，第 567 页。

的对象范围之外，但忽略了自由裁量还有羁束裁量与便宜裁量之分。“在公法中没有不受约束的自由裁量权。”[1]“对于羁束裁量可以进行司法审查，即使对于便宜裁量也可以进行司法审查，只不过审查的强度不同”[2]而已。当裁量缩减为零时，“只存在唯一一种行动可能性，因为每一种其他的决定都会是违法的”[3]。因为裁量性质与羁束行政没有什么实质上的不同，都属于合法性而不是合理性问题。以此推演，当只存在“唯一一种行动可能性”的时候，法院判决行政机关作出该特定行为，就不能认为法院是在代替行政机关作出决定，法院只不过是传达了法律本身的要求。更何况，这种特定行为的实际作出者终究还是行政机关自己。

二是形式法治主义与实质法治主义的区分。“法治主义是行政法赖以存在的基础，也是行政法的基本原理。但随着社会历史的发展，法治主义也呈现现代化的趋势”——由形式法治主义向实质法治主义转变。“形式法治主义要求行政机关严格地依法行政，而不问法律的内容是否公正，此时，法治主义对行政诉讼的要求就是符合法律，而不论行政诉讼制度是否能够充分救济国民的权利利益。而在实质法治主义中，不仅要求行政诉讼符合法律，而且，要求行政诉讼制度必须能够充分救济国民的权利利益。”这种“充分救济”，包括救济的实效性在内。例如，日本“在法院就是否应当作出或不作出某种行政行为的要件明确时，可以作出课予义务判决或停止判决”。尽管曾几何时，“首次判断权理论对于行政诉讼的影响在于从理论上否定了设置课予义务诉讼或停止诉讼等给付诉讼的可能性”。[4]再如，美国虽在三权分立体制之下格外强调法院“不能代替行政机关行使权力”，“对于需要重新作出决定的行为，只能发回行政机关重新处理”，

1 ［英］威廉·韦德：《行政法》，徐炳等译，中国大百科全书出版社1997年版，第68页。
2 江利红：《日本行政诉讼法》，知识产权出版社2008年版，第74页。
3 ［德］弗里德赫尔穆·胡芬：《行政诉讼法》，莫光华译，法律出版社2003年版，第445页。
4 江利红：《日本行政诉讼法》，知识产权出版社2008年版，第68、80页。

但在政府信息公开诉讼中却一反常态，当“行政机关不能证明公众要求的文件受到该法规定的免除公开的保护时，法院必须判决命令行政机关提供请求人所要求的文件”。[1] 在政府信息公开诉讼中，“主要的争论是某项文件是否具有免除公开的法律地位，很少涉及事实问题”，对这样一个非此即彼的法律问题，留给行政机关的裁量余地并不多。而且，要求行政机关公开政府信息，属于典型的课予义务诉讼；在这类诉讼中，如果裁判时机成熟，直接判决行政机关公开原告申请公开的政府信息，正是课予义务判决之所以成为课予义务判决的必由之路。

从实质法治主义出发，在借鉴其他国家和地区处理同类问题经验的基础上，原司法解释规定，被告对依法应当公开的政府信息拒绝或者部分拒绝公开的，人民法院应当判决被告在一定期限内公开，而非像以往那样只能判决撤销，同时原则责令行政机关重新作出具体行政行为，不服再诉，导致诉讼循环往复，尘埃久难落定。原司法解释还规定：即使被告逾期没有作出任何答复，只要原告一并请求判决被告公开或者更正政府信息且理由成立，人民法院就可以直接判决其对政府信息予以公开或者更正，而非只判决行政机关作出答复。另外，人民法院经审理认为被告不予公开的政府信息内容可以做区分处理的，应当判决被告限期公开可以公开的内容。凡此种种，使行政判决内容变得明确、具体、直接，纠纷解决的功能得到强化，权利救济的实用性更能保障。还有，原司法解释对行政机关的首次判断权保持了必要的尊重，规定：“尚需被告调查、裁量的，判决其在一定期限内重新答复。”

（3）寻求救济领域无欠缺和各救济领域完全

“无漏洞且有效的权利保护”中所说的“无漏洞”，一方面指救济领

1 王名扬：《美国行政法》，中国法制出版社 1995 年版，第 567、1013 页。

域无欠缺，另一方面指各救济领域完全。所谓救济领域无欠缺，是对所有救济途径的整体性要求，而各救济领域完全，则是对具体救济途径自身之完全性的要求。对于行政诉讼而言，“行政诉讼方式对国民的权利利益所提供的救济必须完全”[1]。从比较法的视角看，权利救济是否完全，“除了行政审判权限的范围、原告适格的条件以及诉讼中的暂时性权利保护措施外，最主要的就属诉讼类型数量的多寡及其适法性要件的设计了”[2]。德国为保障行政诉讼所提供的法律保护与宪法所要求的实施有效法律保护的精神相吻合，摒弃了传统的列举原则，转而采用具有开放性的诉讼种类。“对于侵犯公民权利的每一种国家权利行为，都必须有一个适当的诉讼种类可供利用。”[3] 在日本，行政诉讼法制的整备过程，也曾经是诉讼类型整备的过程。”[4] 日本于 1962 年制定了《行政案件诉讼法》，该法的第一项任务即是“将诉讼的种类类型化，明确所适用的法规范”。2004 年，该法在以“为了谋求国民的权利利益的更加有效的救济，而整备其程序”为目的进行修改的过程中，又增加了义务赋课诉讼和中止诉讼，从而“揭示了与民事诉讼不同的诉讼类型，并采取了将关于诉讼类型的适用法规范予以明确的主义，这是该法的特色所在”[5]。我国《行政诉讼法》对诉讼类型并未“明定”，最多“存在若干诉讼类型的雏形”，而“停止作为之诉、预防性不作为之诉和预防性确认之诉等在权利保护要求上较高的诉讼类型”更是难见端倪。[6] 这样，在现代型行政纷争不断涌现的今天，就很难对权利救济提供全面、适切的诉讼手段。以反信息公开诉讼为例，一些国家针对涉及商业秘密、个人隐私的政府信息一旦公开就会造成不可逆转的权利侵害，事

1 江利红：《日本行政诉讼法》，知识产权出版社 2008 年版，第 66 页。
2 赵清林：《行政诉讼类型研究》，法律出版社 2008 年版，第 68 页。
3 ［德］弗里德赫尔穆·胡芬：《行政诉讼法》，莫光华译，法律出版社 2003 年版，第 211 页。
4 ［日］盐野宏：《行政救济法》，杨建顺译，北京大学出版社 2008 年版，第 55 页。
5 ［日］盐野宏：《行政救济法》，杨建顺译，北京大学出版社 2008 年版，第 48、51、55 页。
6 参见赵清林：《行政诉讼类型研究》，法律出版社 2008 年版，第 75 页以下。

后再行救济显然“缓不济急”的特点，通常为之提供预防性权利救济（在诉讼类型上称作停止诉讼、中止诉讼、不作为诉讼等）。但是，我国的行政诉讼制度基本上属于事后救济，一般情况下，只有在具体行政行为已经作出，权利损害已成事实的情况下才能提供法律保护，在这种新型权利救济需求之下，救济手段难称完全。为了体现“无漏洞且有效的权利保护”，原司法解释在探索引入预防性权利救济方面作出一些尝试，规定：被告公开政府信息涉及原告商业秘密、个人隐私且不存在公共利益等法定事由的，人民法院应当判决确认公开政府信息的行为违法，并可以责令被告采取相应的补救措施；造成损害的，根据原告请求依法判决被告承担赔偿责任。政府信息尚未公开的，应当判决行政机关不得公开。同时，原司法解释还对暂时权利保护作出明确：诉讼期间，原告申请停止公开涉及其商业秘密、个人隐私的政府信息，人民法院经审查认为公开该政府信息会造成难以弥补的损失，并且停止公开不损害公共利益的，可以依照《行政诉讼法》第四十四条的规定，裁定暂时停止公开。

（4）新司法解释的新发展

对于原司法解释的这些亮点，新司法解释均予以承继，并且有新的发展。例如，本条删去了原司法解释第九条第一款“人民法院应当撤销或者部分撤销被诉不予公开决定”的表述，使政府信息公开诉讼与撤销之诉之间的界限更为明晰，给付诉讼的特点更为突出。该条规定的四项判决方式，全部是直接判决公开，而且还明确了具体的公开期限，这就使得判决的实效性大大增强。正如最高人民法院相关部门负责人所说：

> 第十一条是关于判决给付的规定。在《解释》制定修改过程中，我们从政府信息公开诉讼属于给付诉讼、要实质性回应和支持当事人

依法获取政府信息诉求出发，作出本条规定。根据政府信息公开条例第三十三条的规定，行政机关收到政府信息公开申请，能够当面答复的，应当当场予以答复。不能当场答复的，应当自收到申请之日起二十个工作日内予以答复。因此，经过人民法院审理，认为政府信息依法属于应当公开的范畴，则判决二十个工作日内将政府信息给付给原告。本条第一项、第二项和第三项区分了被告拒绝或者部分拒绝公开、被告无正当理由逾期不予答复以及政府信息内容可以作区分处理这三种情形分别进行规定。我们认为，经过人民法院审理，原告申请公开的政府信息属于依法应当公开的，根据行政诉讼法第七十三条的规定，判决被告在政府信息公开条例规定的二十个工作日内予以公开，这样可以更加有效地保障原告依法获取政府信息的权利，进一步做实定分止争。[1]

1 参见王丽丽：《实质性回应与支持当事人依法获取政府信息诉求——最高法相关部门负责人就政府信息公开司法解释答记者问》，载《人民法院报》2025 年 5 月 21 日，第 4 版。

3. 履行判决

本条规定："有下列情形之一的，人民法院判决被告履行政府信息公开职责……"这在诉讼类型上属于履行职责之诉，在判决种类上属于履行判决。为了更好地理解适用本条各项规定，我们首先对诉讼类型特别是义务之诉的基本原理做一些介绍。

（1）诉讼类型

所谓诉讼类型，又称诉讼种类。简言之，就是诉讼方式或形态之格式化。[1]"亦即，诉讼类型系就当事人间各式各样之纷争性质、原告之请求以及法院裁判之方式，依其共通性予以整合、分类，并在考量诉讼救济与其他救济途径之关系后，所为之整理分类。"[2]在民事诉讼中，根据原告诉讼标的之性质和内容，通常将诉分为给付之诉、确认之诉和形成之诉，分别对应实体法上的请求权、支配权和形成权。这三种诉的最终确立，是民事诉讼制度漫长发展史中的一大终点。[3]行政诉讼的类型化，是20世纪以来行政诉讼制度发展的趋势之一。对诉讼进行分类，在行政诉讼制度中占有

1 如我国台湾地区行政法学者蔡志方认为，行政诉讼"习惯上仍循一定之方式、形式或类型（Forms; Formen），原告始得就其所受侵害，请求行政法院提供救济，而行政法院亦仅能就法定之诉讼种类所相应得以救济之方法为裁判。此种诉讼方式或形态之格式化，谓之'行政诉讼之种类'（Klaearten des Verwaltungsprozesses）"。参见蔡志方：《行政救济法新论》，台北，元照出版公司2000年版。转引自马怀德、吴华：《对我国行政诉讼类型的反思与重构》，载《政法论坛》2001年第5期。

2 翁岳生主编：《行政法》（第4版），台北，元照出版有限公司2020年版，第397页。

3 参见江伟主编：《民事诉讼法专论》，中国人民大学出版社2005年版，第171页。

重要地位。“简言之，行政诉讼之诉讼类型具有‘提供适当权利保护模式’、‘统一处理及筛检适当诉讼方式’，以及‘调整行政权与司法权关系’等功能。”[1]

从比较法的角度看，美国法律没有明确规定行政诉讼的类型，这可能与美国司法审查制度并非典型之行政诉讼不无关联。相应地，其在分类方面，似乎更习惯于以不同的审查对象作区分，如事实裁定的审查、法律结论的审查、行政法规的审查。[2]而英、法两国则均有行政诉讼类型划分之滥觞。比如，英国行政诉讼分为普通救济诉讼和特别救济诉讼两种最基本类型。以诉讼请求为标准，普通救济诉讼又分为禁止令之诉、宣告令之诉和损害赔偿之诉，特别救济诉讼又分为人身保护令之诉、调卷令之诉、禁令之诉和强制令之诉。[3]在法国，要向行政法院起诉，起诉人的诉讼标的须同各具特色的起诉方式相符，否则法庭将拒绝受理。起诉状必须采取的这些起诉方式，就是各种行政诉讼。法国行政诉讼的传统分类源于19世纪爱德华·拉弗里埃尔在其名著《行政裁判概论》中的阐述，共有四种：撤销法规诉讼、全权裁判诉讼、解释诉讼、处罚诉讼。[4]

相较之下，对诉的类型的研究，向来是德国行政诉讼法学的重点，并且已经形成了比较成熟的体系。可以说，对诉的类型的规范在德国《行政法院法》中是核心内容。[5]该法第四十条规定：“针对侵犯公民权利的每一种国家权力行为，都必须有一个适当的诉讼种类可供利用。”在德国，诉的类型的形成是依据一定标准对不同的诉进行划分的结果，通常有两种分类方法：一种是根据原告在起诉时要求法院提供的法律保护的方式，将各种类型的诉划分到给付之诉、确认之诉和形成之诉三大基本类型中。此三

1 翁岳生主编：《行政法》（第4版），台北，元照出版有限公司2020年版，第397页。
2 参见王名扬：《美国行政法》，中国法制出版社1995年版，第679页以下。
3 参见季新生、薛刚凌：《行政法理论与实践关系研究》，载《诉讼法学研究》2002年第1期。
4 参见［法］让·里韦罗、让·瓦利纳：《法国行政法》，鲁仁译，商务印书馆2008年版，第782页。
5 参见刘飞：《行政诉讼类型制度探析——德国法的视角》，载《法学》2004年第3期。

分法源自德国《民事诉讼法》，也是行政法院法划分诉的类型的根本依据。另一种是根据诉的标的将诉分类为针对行政行为之诉、针对事实行为之诉和针对法律以下的法规之诉三大类别。一般认为，德国行政诉讼中有如下类型的诉：①撤销之诉，指原告要求撤销（已作出的）行政行为的诉。②义务之诉，指原告要求法院判决被告作出其拒绝作出或停止作出的（通常是授益性的）行政行为的诉。义务之诉是给付之诉中特别针对行政行为的诉种，也称为特别给付之诉。义务之诉可分为对行政机关拒绝作出某行政行为的（否定性）决定提起的否定决定之诉、对行政机关的不作为提起的不作为之诉和旨在要求法院判决行政机关根据法院的法律观点对原告作出答复的答复之诉。③确认之诉，指原告要求法院判决确认某法律关系的存在与否或确认行政行为自始无效的诉。确认之诉的亚类较多，有旨在确认某法律关系存在（积极确认）或不存在（消极确认）的一般确认之诉、涉及对未来法律关系进行确认的预防性确认之诉、要求确认行政行为自始无效的无效性确认之诉、要求确认已经不再产生法律效果的行政行为的违法性的继续确认之诉、要求确认在诉讼过程中某一有争议的法律关系存在与否的中间确认之诉等。④一般给付之诉，指公民要求公共行政主体作出、容忍或停止作出除行政行为以外的其他所有行为或公共行政主体要求公民依公法规范作出、容忍或停止作出某行为的诉。一般给付之诉适用的范围非常广泛，其要求的给付通常可以是除行政行为以外的任何一种给付。⑤规范审查程序，是指法院经申请对有关行政机关制定的规范进行审查的程序，也可被认为是确认之诉的一种特别的亚类。⑥行政诉讼中的机构之诉，涉及的是同一法人或法定主体内部不同机构之间的公法争议。严格而言，机构之诉并不是诉的一种类型，而是有关内部机构争议的各种程序的总称。在机构之诉中通常采用的诉的类型有一般给付之诉、一般确认之诉和规范审查等。⑦其他形成之诉。[1]

也许是受到德国法的一些影响，日本《行政案件诉讼法》比较注重清晰地划分行政诉讼的类型。在日本，行政诉讼中的诉讼种类脱胎于民事诉讼的痕迹比较明显。正如盐野宏所言，“行政案件诉讼的诉讼类型可以归属于民事诉讼的某种类型”，因为“民事诉讼的分类和行政案件诉讼的分类只是观点不同，它们并不是相互排他的”。[2]但是，毕竟“行政案件诉讼与民事诉讼的性质不同，在历史性沿革上，其源于行政诉愿；在目的上，行政诉讼除了国民的权利救济外，还要谋求对行政进行法的统制。并且，鉴于司法权和行政权分立的旨趣（作用分担），也不能不考虑对行政权的行使进行司法审查存在制约。因此，《行政案件诉讼法》对诉讼类型的规定自有其鲜明特色。具体而言，该法以对行政厅的公权力的行使不服的诉讼（抗告诉讼）为中心，在承认了各种各样的特殊性的同时，规定了抗告诉讼、当事人诉讼、民众诉讼和机关诉讼共四种诉讼类型。”对于抗告诉讼，《行政案件诉讼法》则进一步规定了六种诉讼形式（法定抗告诉讼），即处分的撤销诉讼、裁决的撤销诉讼、无效等确认诉讼、不作为的违法确认诉讼、义务赋课诉讼、中止诉讼。[3]

行政诉讼类型化日益成为各国（地区）行政诉讼制度之中心课题，且“诉讼类型在客观上表现出多样化、细密化的发展趋势”[4]，皆与社会法治国时代行政任务的急剧变化息息相关，“传统自由主义法治国时代受限于国家

---

1 参见［德］弗里德赫尔穆·胡芬：《行政诉讼法》，莫光华译，法律出版社 2003 年版，“第三编、第四编”；刘飞：《行政诉讼类型制度探析——德国法的视角》，载《法学》2004 年第 3 期。

2 ［日］盐野宏：《行政救济法》，杨建顺译，北京大学出版社 2008 年版，第 55 页。无独有偶，德国学者弗里德赫尔穆·胡芬也称：“仔细审视便会发现，行政诉讼中诉讼种类体系之‘开放性’的意义，其实也并不像乍看时那么大。在多数情况下，那些被称为‘特别的’诉种或者‘特殊的’诉种的诉讼类型，其实最终也可以被归入某个司空见惯的‘类型’中，也就是形成之诉、给付之诉、确认之诉。”参见［德］弗里德赫尔穆·胡芬：《行政诉讼法》，莫光华译，法律出版社 2003 年版，第 211 页。

3 参见［日］南博方：《行政法》（第 6 版），杨建顺译，中国人民大学出版社 2009 年版，第 178 页。

4 章志远：《行政诉讼类型构造研究》，法律出版社 2007 年版，第 28 页。

目的之单纯性而产生之行政行为‘单样化’——即只依靠行政处分，已不符合时代的需要”[1]。与此相应，“传统的撤销诉讼一体主义的行政诉讼旧格局”[2]亦被打破。

我国1989年《行政诉讼法》深受行政行为形式论的影响，在以撤销诉讼为中心的立法模式之下，“几乎将行政诉讼全部等同于以具体行政行为为适用对象的撤销诉讼”，“也就是说，整部《行政诉讼法》的条文设计几乎全部是专门为撤销诉讼所精心准备的”。因此，“从严格意义上来说，我国并不存在实质上的类型化的行政诉讼，充其量只能说存在几种类型诉讼的萌芽”。“在这种情况下，即使出现了若干新类型的行政诉讼，现行《行政诉讼法》也无法为其提供起码的诉讼规则，甚至可以说新型诉讼根本就难以融入现行行政诉讼的制度框架之中。”[3]政府信息公开诉讼无疑就属于这种新型诉讼，倘若不借助于诉讼类型化，即便可以在诉讼中“登堂入室”，恐怕也难以体面地“出得门去”。因此，《最高人民法院关于审理政府信息公开行政案件若干问题的规定》在探索我国行政诉讼类型化方面作出了首次尝试。几年之后，《行政诉讼法》迎来全面修改，虽然限于修法体例无法进行彻底的类型化改造，但通过具有类型化样态的判决方式的设计，还是使得这部法律在诉讼类型上基本具备规模，所欠缺的只是一些不同于撤销诉讼但为各个诉讼类型所必需的特殊规则。

我国台湾地区“行政诉讼法”也已经采用了诉讼类型化设计。其以德国法与日本法为蓝本，在诉讼类型上列举七大类，即撤销之诉、怠为处分之诉、拒绝申请之诉、确认行政处分无效或违法之诉、确认法律关系存否之诉、一般给付之诉、合并请求财产上给付之诉。此外，我国台湾地区“行政诉讼法”第九条规定：“人民为维护公益，就无关自己权利及法律上利

1 陈新民：《公法学札记》，中国政法大学出版社2001年版，第105~106页。
2 章志远：《行政诉讼类型构造研究》，法律出版社2007年版，第28页。
3 章志远：《行政诉讼类型构造研究》，法律出版社2007年版，第74页以下。

益之事项，对于行政机关之违法行为，得提起行政诉讼。但以法律有特别规定者为限。”第十条规定：“选举罢免之争议，除法律别有规定外，得依本法提起行政诉讼。”[1]

（2）义务之诉

政府信息公开申请人不服行政机关作出的不予公开政府信息的决定，是认为行政机关没有履行法律设定的公开政府信息的义务，其提起诉讼的核心并不在于法院将该决定撤销，而在于让法院判决其履行应当履行的政府信息公开义务。这种诉讼更适宜被确定为义务之诉（更准确地讲，是义务之诉的亚类否定决定之诉），而不是撤销之诉。关于义务之诉与撤销之诉这种“貌合神离”的关系，弗里德赫尔穆·胡芬曾有著名论断：“撤销之诉（Andfechtungsklage）旨在撤销至此为止有效的行政行为，也就是试图通过法院直接形成权利”，而“义务之诉的诉讼目的，就是要求作出特定行政行为。其准确的诉讼标的（Streitgegenstand），就是原告基于一个具体的事实状况提出的如下主张：他的权利由于所请求的行政行为被拒绝或未作出而受到了侵害”。[2]

义务之诉又可分为否定决定之诉、不作为之诉和答复之诉。“如果行政机关已经通过否定性决定拒绝作出行政行为，那就涉及一种否定决定之诉”，“如果有管辖权的行政机关既没有拒绝，也没有作出被申请的行政行为，当事人就可以提起不作为之诉”。与德国法如出一辙的是，在我国台湾地区“行政诉讼法”中，课予义务诉讼也有拒绝申请之诉（否准之诉）与怠为处分之诉之分，二者的区别只在于起诉前该行政机关有无处分行为而已，其余之要件并无不同。[3]在否定决定之诉中，有可能适

1 吴庚：《行政法之理论与实用》，中国人民大学出版社 2005 年版，第 404 页以下。

2 ［德］弗里德赫尔穆·胡芬：《行政诉讼法》，莫光华译，法律出版社 2003 年版，第 283 页。

3 参见吴庚：《行政法之理论与实用》，中国人民大学出版社 2005 年版，第 404 页以下。

用撤销判决，也就是首先将行政机关的处分行为予以撤销，而怠为处分之诉中并没有处分行为可供撤销。但是，并不能因为作出撤销判决，就改变否定决定之诉的“给付”性质。正如弗里德赫尔穆·胡芬所言：对于行政机关否定决定提起的诉讼，“从根本上看针对的也不是否定决定本身，而是要求履行某一种给付义务。也就是说，否定决定之诉并不包含任何（对否定决定本身的）撤销，因为这种诉讼纯粹是义务之诉，尽管在义务之诉的判决中宣布的，通常都是对否定决定或者复议决定的撤销”[1]。

我国《最高人民法院关于审理政府信息公开行政案件若干问题的规定》第九条第一款规定，“被告对依法应当公开的政府信息拒绝或者部分拒绝公开的，人民法院应当撤销或者部分撤销被诉不予公开决定，并判决被告在一定期限内公开”。新司法解释第十一条第一项基本承继了这一规定：“被告对依法应当公开的政府信息拒绝或者部分拒绝公开的，人民法院判决撤销或者部分撤销被诉不予公开决定，并判决被告在二十个工作日内公开。”这里要求首先撤销被诉不予公开决定，是为了在法律关系上更为清晰，不能理解为属于撤销之诉。其实，如果判决行政机关公开政府信息，那么是否撤销被诉不予公开决定都是无关紧要的；如果只判决撤销被诉不予公开决定，而不判决行政机关公开政府信息，那么权利保障依旧没有到位。

值得指出的是，在诉讼类型上，另有一般给付之诉，其与义务之诉极易混淆。细究之下，恐怕二者最主要之区别在于，义务之诉在实际给付之前，需要进行一次对前提的要式审查，并就给付作出（裁量）决定；如果原告只想获得不含有调整内容的实际给付（很多情况下是事实行为），则适当的诉讼种类就应当是一般给付之诉。德国教科书所列举的一般给付之诉的

1 ［德］弗里德赫尔穆·胡芬：《行政诉讼法》，莫光华译，法律出版社 2003 年版，第 205、282 页以下。

常见案件种类，包括获得信息的诉讼，这可能是因为德国行政诉讼理论倾向于将信息行为视为一种事实行为。[1]但政府信息公开行为究竟是否属于事实行为尚存在争议，一般倾向于将其归入义务之诉，而非一般给付之诉。[2]

1 参见［德］弗里德赫尔穆·胡芬：《行政诉讼法》，莫光华译，法律出版社 2003 年版，第 306 页。我国亦有学者持相同观点，如章志远认为："与传统行政诉讼消极功能相比，信息公开诉讼在诉讼目标上更具积极意义，即旨在敦促行政机关进行积极给付。因此，信息公开诉讼在法律性质上应当归属一般给付诉讼。"参见章志远：《行政诉讼法前沿问题研究》，山东人民出版社 2008 年版，第 137 页。

2 例如，汤德宗认为，"北高行前揭意见殆受德国传统学说影响，以为现制下人民依法并未有'请求政府提供资讯及更正错误资讯登载之一般性权利'，其说殆与德（联邦）迟 2005 年 9 月始制定政府资讯公开法，有密切关系……法律既已明定人民有向政府机关请求公开政府资讯之一般性权利，并明定于发现政府资讯中关于其个人之资料有错误或不完整之记载时，有请求更正、补充之权；其请求'公开'或'更正'遭政府机关拒绝者，并得'依法提起行政救济'，是此后'政府资讯公开请求权'及其衍生之（政府资讯中）'个人资料记载错误更正请求权'应被定性为独立之'实体权利'（而非附属之'程序权利'），并为'法律行为'（而非'事实行为'）！政府机关对于此等请求所为之决定（准许或否准）乃典型之'行政处分'，非'一般给付诉讼'要件所谓（请求行政机关做成）'行政处分以外之其他非财产上之给付'"。汤德宗进而主张，"人民因'请求公开'政府资讯，或'请求更正'（含补充、封锁、删除或销毁）政府资讯中所含'个人资料'（之错误或不完整记载），而遭到拒绝时，应循（课与义务）'诉愿'及'课与义务诉讼'（拒绝申请诉讼）寻求救济，不得迳为'一般给付诉讼'"。转引自章志远：《行政诉讼法前沿问题研究》，山东人民出版社 2008 年版，第 137 页。

4. 本条各项判决的具体适用

本条共有四项，分别规定了应当判决被告公开政府信息的四种情形。

（1）被告对依法应当公开的政府信息拒绝或者部分拒绝公开的

本条第一项规定，“被告对依法应当公开的政府信息拒绝或者部分拒绝公开的，人民法院判决撤销或者部分撤销被诉不予公开决定，并判决被告在二十个工作日内公开”。

a. 本项判决的适用条件

①被告依法应当公开

所谓被告依法应当公开，包括两个方面要求。

一是政府信息依法属于被告公开。这属于“被告被动适格”的问题。[1] 根据《政府信息公开条例》第三十六条第五项的规定，“所申请公开信息不属于本行政机关负责公开的”，行政机关没有公开的义务，只需要“告知申请人并说明理由；能够确定负责公开该政府信息的行政机关的，告知申请人该行政机关的名称、联系方式”。而对于何为“属于本行政机关公开”，该条例第十条第一款则规定了“制作”和“保存”的标准，也就是“行政机关制作的政府信息，由制作该政府信息的行政机关负责公开。行政机关从公民、法人或者其他组织获取的政府信息，由保存该政府信息的行政

1 所谓“被动适格”，是指“该机关拒绝作出行政行为，但是这个未作出的行政行为必须由它作出”。参见［德］弗里德赫尔穆·胡芬：《行政诉讼法》，莫光华译，法律出版社2003年版，第205、438页。

机关负责公开。行政机关获取的其他行政机关的政府信息，由制作或者最初获取该政府信息的行政机关负责公开。法律、法规对政府信息公开的权限另有规定的，从其规定。”第十条第三款还规定：“两个以上行政机关共同制作的政府信息，由牵头制作的行政机关负责公开。”如果政府信息既不属被告制作，又不由其保存，显然就不能对其课予公开的义务。

二是政府信息依法应当公开。《政府信息公开条例》第五条规定，“行政机关公开政府信息，应当坚持以公开为常态、不公开为例外”。第十三条第一款规定：“除本条例第十四条、第十五条、第十六条规定的政府信息外，政府信息应当公开。”因此，行政机关拒绝或者部分拒绝公开，必须符合第十四条、第十五条、第十六条规定的情形，人民法院应当重点对此进行审查。

②被告拒绝或者部分拒绝公开

既然政府信息属于被告公开，又依法应当公开，其作出拒绝或者部分拒绝公开的行为当然就是没有履行《政府信息公开条例》为其设定的政府信息公开义务，构成违法。[1]因为依法获取政府信息是《政府信息公开条例》赋予公民、法人或者其他组织的权利，“法律必须强制权力机构以及时而又合理的方式为获取公共部门所产生的信息提供方便”[2]。“如果原告对其所追求的行政行为具有请求权，行政机关对原告所申请的拒绝或者停止作为就是违法的”，违反作为义务本身已有违法之意。[3]

有必要指出的是，义务之诉的“理由具备性”通常还包括：原告对行政行为具有请求权；原告的权利因行政机关的拒绝受到侵害。司法解释并没有规定这些条件，这主要是考虑到，《政府信息公开条例》将政府信息

1　参见［德］弗里德赫尔穆·胡芬：《行政诉讼法》，莫光华译，法律出版社 2003 年版，第 439 页。
2　参见《查普特佩克宣言》。转引自托比·曼德尔：《信息自由：多国法律比较》（第 2 版修订本），龚文庠等译，社会科学文献出版社 2011 年版，第 11 页。
3　参见吴庚：《行政法之理论与实用》，中国人民大学出版社 2005 年版，第 406 页。

公开请求权广泛地赋予公民、法人和其他组织，而不是只赋予特定人群。因此可以说，政府信息公开请求权主体与行政诉讼的原告主体资格是重合的，没有必要再行审查。另外，“与撤销之诉不同的是，在义务之诉中，违法性的客观和主观方面通常是重合的。如果对行政行为的拒绝，违反了某个支持请求权的规范，这就是违法的”[1]。在政府信息公开行政法律关系中，违法拒绝政府信息公开申请即是对政府信息请求权的侵害，并不要求除此之外再附加对人身权、财产权造成损害等条件，一如前述。因此，违法性在客观和主观方面上的重合决定了没有必要再对权利侵害问题进行单独确认。

b. 判决方式

本项规定了两种判决方式：“判决撤销或者部分撤销被诉不予公开决定”；“判决被告在二十个工作日内公开”。与原司法解释第九条第一款比较，本项主要在以下两方面作出了修改：一是明确了公开的具体期限；二是取消了“尚需被告调查、裁量的，判决其在一定期限内重新答复”的规定。

①判决撤销或者部分撤销被诉不予公开决定

如果人民法院经审查，认定被告对依法应当公开的政府信息拒绝或者部分拒绝公开违法，当然首先要判决撤销或者部分撤销被诉不予公开决定。不过，撤销本身“却不是必要的，因为它已包含于对职权行为的履行之中。但对于澄清事实而言，撤销在实践中却是很常见的”[2]。这正是义务之诉的特性所决定的，正如最高人民法院（2016）最高法行申 2621 号行政裁定书所指出：

义务之诉与撤销之诉的趣旨有所不同。撤销之诉旨在撤销一个对原告不利的行政行为，一经撤销，该行政行为的法律效力就会随之消

1　［德］弗里德赫尔穆·胡芬：《行政诉讼法》，莫光华译，法律出版社 2003 年版，第 443 页。
2　［德］弗里德赫尔穆·胡芬：《行政诉讼法》，莫光华译，法律出版社 2003 年版，第 590 页。

除，原告所寻求的权利救济也就不待执行即已实现。义务之诉却不像撤销之诉那样源于经典的干预行政，而是产生于给付行政。义务之诉的原告，总是希望通过他的请求获得授益，总是希望通过判决达到一种较之于初始状态更佳的境况。义务之诉中也可能有一个撤销行政决定的请求，但撤销行政决定本身不是目的，也不是必须，原告的终极目的是要求法院判决行政机关履行他所期待的某项义务。正因为如此，法院在义务之诉中并非只是对行政机关已经作出的决定进行合法性审查并一撤了之，而要进一步对行政机关的义务进行裁判。只要原告对所申请的行政行为有请求权，法院就应当直接宣布行政机关的义务。

②判决被告在二十个工作日内公开

这是判决的核心和实质部分，因为原告的诉讼目的就是要得到政府信息。既然被告依法应当公开政府信息，就应当直接判决被告公开。这充分体现了义务之诉所具有的“彻底裁判”的特点，正如最高人民法院（2016）最高法行申2496号行政裁定书所指出：

履行法定职责之诉具有“彻底裁判”的特点，只要所有事实和法律上的前提条件皆已具备，人民法院就可以直接判决行政机关履行原告所请求的法定职责。

本项规定的亮点是，不仅直接规定了判决被告公开政府信息，而且明确限定了公开的期限。至于将公开期限限定为二十个工作日内，则是参照了《政府信息公开条例》第三十三条第二款所规定的答复期限。

③答复判决与裁判时机成熟

在义务之诉中有一种判决方式叫作答复判决，其仅判决行政机关重新作出答复，而不是判决其履行具体的法定职责。这是因为，“如果在违法性和权利侵害得到确认之后，行政机关仍然保有独立的裁判余地，那么，裁判时机就是不成熟的，或者出于法律上的原因无法被创造。这时候，倘若法院还要全面满足诉讼请求，那就违背了权力分配原则”[1]。原司法解释第九条第一款曾经规定，“尚需被告调查、裁量的，判决其在一定期限内重新答复”。新司法解释取消了这一规定，可能是考虑到政府信息是否应当公开是法定的，或者应当公开，或者不应当公开，既不涉及事实问题需要调查，也几乎没有裁量余地。这种情形即是所谓“裁量缩减为零”，亦即，“即使在裁量决定中，此时也只存在唯一一种行动可能性，因为每一种其他决定都会是违法的”。[2]

（2）无正当理由逾期不予答复

本条第二项规定，“被告对原告要求公开的申请无正当理由逾期不予答复，原告请求判决被告公开理由成立的，人民法院判决被告在二十个工作日内公开”。

因原告向行政机关提出要求公开政府信息的申请，被告无正当理由逾期不予答复而引发的诉讼，就是所谓的不作为之诉。“不作为之诉并非一个独立的诉讼种类。它通常是义务之诉的一个亚类。”[3]不作为之诉与否定决定之诉、答复之诉共同构成义务之诉，而不作为之诉和否定决定之诉区别只在于起诉前该行政机关有无明确拒绝的处分行为而已，其余之要件并无不同。[4]所以，在不作为之诉中无须首先撤销不予公开决定，因为事实上根本不存在这样一个决定。

---

1 ［德］弗里德赫尔穆·胡芬：《行政诉讼法》，莫光华译，法律出版社 2003 年版，第 444 页。
2 ［德］弗里德赫尔穆·胡芬：《行政诉讼法》，莫光华译，法律出版社 2003 年版，第 445 页。
3 ［德］弗里德赫尔穆·胡芬：《行政诉讼法》，莫光华译，法律出版社 2003 年版，第 283 页。
4 参见吴庚：《行政法之理论与实用》，中国人民大学出版社 2005 年版，第 404 页以下。

按照本项规定，“无正当理由逾期不予答复”也是要件之一。提起不作为之诉的前提必须是逾期不予答复，如果尚在法定的答复期内，就属于过早地请求法律救济。最高人民法院（2017）最高法行申307号行政裁定书对此曾经指出：

> 法谚云：“法律不保护权利上的睡眠者。”所以，过于迟延地请求法律救济将不受到法律的保护。但在有些情况下，过早地请求法律救济，同样不被法律所允许。就行政诉讼来说，通常都是针对一个行政处理提起诉讼，这就存在一个起诉时机问题。按照成熟原则，行政程序必须发展到适宜由法院处理的阶段才算成熟，才能允许进行司法审查。
>
> 行政机关履行法定职责通常需要一个过程，因此有些法律、法规对行政机关履行职责的期限作出了专门规定。法律、法规对行政机关履行职责的期限未作专门规定的，《中华人民共和国行政诉讼法》第四十七条则统一设置了两个月的期限。如果行政机关超过法定期限未履行职责，公民、法人或者其他组织即可以提起诉讼；反之，如果法定履行职责的期限未届满就提起诉讼，就属于起诉时机不成熟，人民法院应当不予立案或者裁定驳回起诉。当然，如果行政机关在履行职责期限之内就作出拒绝决定，则不受履行职责期限的限制，公民、法人或者其他组织可以即时针对拒绝决定提起诉讼。

值得讨论的是本项所规定的判决方式。针对不作为之诉，过去的传统做法更倾向于作出一个答复判决，这主要是考虑到以下因素：第一，在起诉前被告尚未针对原告的申请作出任何处理，法院过早介入实体处理，有不尊重行政机关的首次判断权之嫌。第二，行政机关作出答复后，相对人如对此不满意，仍然享有诉权，可再次提起行政诉讼。第三，如果原告仅要求判决行政机关作出答复，人民法院不宜超出原告诉讼请求作出判决。原司法解释第十条首选的就是答复判决，只有在“原告一并请求判决被告公开或者更正政府信息且理由成立”的情况下才“参照第九条的规定处理”，也就是作出一个直接判决被告公开政府信息的判决。新司法解释在本项并没有规定答复判决，只是规定“原告请求判决被告公开理由成立的，人民法院判决被告在二十个工作日内公开”。这恐怕也是考虑到是否公开并不过多涉及事实问题，也无须行政机关裁量，直接判决公开可以避免循环诉讼，使原告获取政府信息的目的能够更早实现。

（3）区分处理

本条第三项规定，“被告不予公开的政府信息内容能够作区分处理的，人民法院判决被告在二十个工作日内公开能够公开的内容”。

区分处理也称信息的可分割性。作为政府信息公开领域的一个重要原则，区分处理原则（信息的可分割性原则）确立于美国《信息自由法》的“1974 年修正案”。该修正案要求，“行政机关对可以公开的信息和免除公开的信息同时规定在一个文件中时，在删除不公开的部分以后，应公开其余部分”[1]。确立这一原则的目的是在保证其他利益不受影响的前提下，缩小不予公开的范围，以充分保证公众知情权的实现。此后，许多国家的信息公开立法都对这一原则有所体现。例如，日本《行政机关信息公开法》第六条第一款规定，被请求公开的行政文件中记录有不公开信息时，记录有该不公开信息的部分容易被区分和除去的，行政机关的首长应将已除去该部分内容后的其他部分向公开请求人公开。但是，除去该部分内容后的其他部分未记录有意义的信息的，不受此限制。第二款规定，被申请公开

1　王名扬：《美国行政法》，中国法制出版社 1995 年版，第 958 页。

的行政文件中记录有前述所规定的信息（仅限于可以识别特定个人的信息）时，该信息除去姓名、生日及其他可以识别特定个人的内容等部分后，即使被公开也不可能侵害个人的权利利益的，除去该部分内容后的其他部分被视为不属于该项所规定的信息，适用前款规定。南非《信息公开促进法》28.（1）规定，如果请求获知的记录中包含有公共机构根据本编第4章的有关条款应当或可以拒绝获知的信息，那么（a）不包含这些信息的每一部分记录；以及（b）可以从包含这些信息的记录中分割出来的每一部分记录；不论本法有其他何种规定，均应当公开。《欧盟第1049/2001号规章》第四条第六款规定，被申请的文件如果只有部分内容属于例外的范围，其余的部分应予公开。

《政府信息公开条例》也采用了区分处理原则。该条例第三十七条规定："申请公开的信息中含有不应当公开或者不属于政府信息的内容，但是能够作区分处理的，行政机关应当向申请人提供可以公开的政府信息内容，并对不予公开的内容说明理由。"

适用本项规定，应当注意以下问题：

a. 区分处理的审查职责

在美国，传统观点认为，对于可分性问题，只有在原告提出后，法院才有义务审理。但是，美国哥伦比亚特区巡回上诉法院在 Trans-Pacific Policing Agreement v. United States Customs Service 中认为，联邦地区法院有义务主动考虑可分性问题。由此可见，行政机关应当在证言（宣誓证明书）中说明可分性问题，如果仅有结论性语言而不提供原因，就有可能被联邦地区法院认为理由不够充分。如果行政机关的证言中没有对可分性问题进行充足的分析，法院也可以作出自己的可分性认定。[1]

按照《政府信息公开条例》的规定精神，确定政府信息是否属于公开

1 参见赵正群、宫雁：《美国的信息公开诉讼制度及其对我国的启示》，载《法学评论》2009年第1期。

的例外，并不是以一个文件的整体为单位，一个文件本身的内容亦可以划分为可以公开的政府信息内容与不应当公开或者不属于政府信息的内容。既然政府信息是否属于法定的公开例外情形是一个法律问题，区分处理又是行政机关的法定义务，那么就不应当排除司法审查。人民法院既可以审查行政机关是否履行了区分处理义务，也可以审查区分处理的具体方法是否合法。上述审查职责既可以在原告的明确请求之下行使，也可以在原告并未提出明确请求时由人民法院主动行使。司法解释在本项规定，对于行政机关“能够作区分处理的”政府信息，人民法院应当直接判决“公开能够公开的内容”，而不是作出一个原则的答复判决，恰恰印证了这一点。

b. 区分处理的适用范围

从国外的司法实践来看，区分处理更多地用于涉及个人隐私的场合，如文件中涉及某一具体个人，则删除其中“表明个人身份的细节”之后予以公开，既避免了个人隐私的不当侵犯，又保证了政府信息的最大限度公开。例如，行政机关公布恶劣气候造成公共救济费用增加的文件，无须指明被救济人的姓名，文件中的记载能够推知被救济人身份的部分也应当删除，以保障被救济人私生活的安全。美国联邦最高法院于 1976 年裁决的空军某部诉罗斯案，就是运用区分处理原则的典型判例。此案的原告是《纽约大学法律评论》杂志的一位见习编辑，他为了撰写一篇反映军事院校纪律整顿情况的稿件，要求空军某部门提供一份空军院校查处违纪学员的总结报告，他在遭到拒绝后向地方法院起诉。法院判令空军部门向原告提供相应的信息，被告为此提出上诉。威廉·布伦南法官在本案的判决意见书中写道：豁免条款中的任何一项条文都不应被当作禁止信息公开的万能的屏障；每一项豁免规范的实施，都应该在公众的知情权与机构或个人的信息保密需要之间保持平衡。就本案而言，了解军事院校中的违纪行为，正是公众利益之所在；况且总结报告的基本内容，并未超出军校生活区通知栏中已经公开张贴披露的事项。因此，空军方面应向申请人提供报告的复印件，但可以删除其中的当事人姓名。

区分处理原则不仅适用于涉及个人隐私、商业秘密的场合，还可在涉及国家秘密时适用。例如，《国务院办公厅关于施行〈中华人民共和国政府信息公开条例〉若干问题的意见》（国办发〔2008〕36号）第三条第七项就规定："对主要内容需要公众广泛知晓或参与，但其中部分内容涉及国家秘密的政府信息，应经法定程序解密并删除涉密内容后，予以公开。"不过，由于国家秘密的解密以及部分内容涉及国家秘密时的删除，属于保密行政主管机关的职权和专长，人民法院对此应当保持必要的克制和尊重。

c. 区分处理的技术手段

根据《政府信息公开条例》第三十七条的规定，"能够作区分处理"是判断政府信息能否分割的技术标准。"区分"，是指该部分信息内容可以区别于其他部分的信息内容；"处理"，是指在技术方面两种信息可以相互分离。"能够作"，则意味着上述区分和处理的技术性难易程度。区分处理的方式是多种多样的。如果文件中仅援引或引用了不予公开的信息，可以对信息进行重新处理或遮盖；如果申请人申请公开的只是一个文件中可以公开的部分，可以选择提供该部分内容。如果某一不应公开的政府信息在内容上无法区分，提供任何一部分都有可能使当事人获知整个信息的内容，则不能适用区分处理原则。如果删除不得公开的内容后，行政文件中所剩余的只是无意义的文字、数字或已经被公开了的信息，则没有必要进行区分处理。值得指出的是，在删除内容不多的情况下（譬如只涉及一个人名、一个电话号码），国外同行习惯采取"涂黑"的方法，尽量将文件原貌展示给申请人，这就比重新打印等做法更容易获得申请人的信任。

《政府信息公开条例》没有对区分处理的技术手段作出具体规定。实践中，行政机关采用的技术手段主要有两种，一是"涂黑"，二是重新制作删减版。其中，重新制作删减版主要适用于需要区分处理的内容较多的情况。但研究者认为，这一技术手段“实际上是以新制作政府信息的方式”落实《政府信息公开条例》第三十七条的规定，有利有弊，“主要弊端是申请人不知道具体的删减情况，时间一长，行政机关自己都可能不清楚具体的删减情况”。[1]对于区分处理的限度，有研究者指出：区分处理不得影响申请人对政府信息的准确理解。政府信息不完整，就难以谈准确。行政机关不能在公开前进行影响政府信息准确性的加工处理。如果没有上述两项限制，任意加工政府信息，将会使得政府信息公开制度没有任何意义。[2]

d. 区分处理的动机判断

区分处理原则的立法目的是尽量缩小政府信息不予公开的范围。如果行政机关在提供政府信息时，为了缩小政府信息公开的范围而主动进行区分处理，则与法律的目的背道而驰，是不能得到支持的。美国《信息自由法》为了防止这种区分的滥用，专门作出规定：为了防止对个人隐私的明显的不当侵犯，行政机关在提供和公布意见、政策说明、解释、行政人员手册或指示以及（D）分节规定信息的副本时，可以删除那些表明个人身份的细节，但是每次都必须以书面形式充分说明删除的理由。并且还要在提供和公布的部分记录上简要说明删除的内容，除非对依据第二节作出删除的说明将有害于第二分节所保护的利益。假如技术可行的话，对删除内容的说明将显示在删除内容的地方。我国《政府信息公开条例》第三十七条要求“对不予公开的内容说明理由”，也是对区分的滥用的一种预防和制约。人民法院在审理涉及区分处理的案件时，也应当审查行政机关是否“对不予公开的内容说明理由”，这种说明以及相应的区分行为是否合乎

1 后向东：《中华人民共和国政府信息公开条例（2019）理解与适用》，中国法制出版社 2019 年版，第 207 页。

2 参见杨寅、韩磊：《政府信息公开中的可分割性原则及其司法运用——对赵某不服不予信息公开案的法律分析》，载《行政法学研究》2010 年第 1 期。

法律的目的。此外，《政府信息公开条例》第三十八条还规定："行政机关向申请人提供的信息，应当是已制作或者获取的政府信息。除依照本条例第三十七条的规定能够作区分处理的外，需要行政机关对现有政府信息进行加工、分析的，行政机关可以不予提供。"这一规定实际上明确了区分处理不属于"对现有政府信息进行加工、分析"，如果行政机关以需要"对现有政府信息进行加工、分析"为由拒绝对政府信息进行区分处理，人民法院不予支持。

（4）第三方在诉讼程序中同意公开

本条第四项规定，"被告以政府信息公开会损害第三方合法权益为由不予公开，但第三方在诉讼程序中同意公开且人民法院经审理认为可以公开的，判决被告在二十个工作日内公开"。

出于行政管理的需要，行政机关除了自己制作起草政府文件，还需要不断地向公民、法人或者其他组织获取某些资料，这就使得政府信息中往往包含涉及商业秘密、个人隐私的内容。因此，行政机关公开政府信息，一方面满足了公众或者个体申请人"知"的需求，另一方面也有不当泄露涉及第三方商业秘密、个人隐私之虞。从利益平衡的立场出发，世界各国普遍认为，最大限度公开政府信息固然是信息权的核心意义，但信息权的行使亦应尊重他人的权利或名誉。因为，充分照顾所有合法的、必须以保密的方式来保护的利益显然是重要的。

a. 政府信息公开立法中对第三方权益的保护

各国政府信息公开立法在为信息权行使提供各方面便利程序的同时，也普遍重视对申请人之外的第三方权利的保障。考察各国立法例，对第三方权益的保护主要体现在以下几个方面：

①法律将需要保密的第三方利益明确规定为公开的例外。由最大限度

公开原则可以推导出这样一个假定：所有的政府信息都可以被获取，除了法律严格规定的例外情况之外。换言之，对信息权的限定必须是例外的，是已经被法律事先进行严密界定的。因此，将涉及第三方私人利益的信息规定在例外条款中无疑是非常重要的。世界各国对私人利益信息的保护主要集中于商业秘密和个人隐私。我国《政府信息公开条例》也在第十五条规定，“涉及商业秘密、个人隐私等公开会对第三方合法权益造成损害的政府信息，行政机关不得公开”。

②将公开信息的意向以书面形式通知第三方并为其提供陈述意见的机会。虽然第三方并非依申请公开政府信息行政程序中的直接当事人，但由于政府信息的公开有可能对其合法权益造成侵害，作为这种不利益处分的利害关系人，其应当享有与当事人同等的陈述意见的机会。我国《政府信息公开条例》第三十二条规定，“依申请公开的政府信息公开会损害第三方合法权益的，行政机关应当书面征求第三方的意见。第三方应当自收到征求意见书之日起 15 个工作日内提出意见。第三方逾期未提出意见的，由行政机关依照本条例的规定决定是否公开”。

③除非涉及重大公共利益，否则一般应当尊重权利人的信息自决权。信息自决权系指每个人基本上有权自行决定是否将其个人信息交付与供利用。简言之，个人信息非经本人许诺，不得任意搜集、储存、运用、传递，如果基于公共利益而必须限制信息自决权，亦需基于公共利益而决定公开。基于此，我国《政府信息公开条例》第三十二条规定，“第三方不同意公开且有合理理由的，行政机关不予公开。行政机关认为不公开可能对公共利益造成重大影响的，可以决定予以公开，并将决定公开的政府信息内容和理由书面告知第三方”。

④即便政府信息必须公开，也应尽量对敏感部分予以区分、删除。尽管信息自决权因公共利益得以限制，但这种限制必须符合比例原则，即对

信息自决权应当采取最轻微的侵害手段，而区分处理正是在信息处理方面体现比例原则的合适手段。我国《政府信息公开条例》第三十七条规定："申请公开的信息中含有不应当公开或者不属于政府信息的内容，但是能够作区分处理的，行政机关应当向申请人提供可以公开的政府信息内容，并对不予公开的内容说明理由。"其中，不应当公开的内容就包括"公开会损害第三方合法权益"的内容。

⑤将最后决定通知第三方并说明理由。将最后决定通知第三方，一方面体现出对个人信息自决权的尊重，另一方面也能够让第三方在"知其然"之后及时决定是否采取救济行动。而说明理由，则是行政机关对不利益处分的当事人或者利害关系人应尽的正当程序义务，意在使其"知其所以然"，从而于行政救济时，得为有效之权利防御。我国《政府信息公开条例》第三十二条就要求，"将决定公开的政府信息内容和理由书面告知第三方"。

⑥在作出决定和实施公开之间留出适当的"犹豫期"，以便第三方在"既成事实"之前寻求预防性救济。一般情况下，权利救济均具有事后救济之特性，应当于行政决定作出且已穷尽行政救济手段之后方可诉之于司法机构。但对于政府信息公开这一特殊的行政行为种类来说，按部就班的事后救济显然存在缓不济急之虞。因为涉及第三方商业秘密、个人隐私的政府信息一旦公开，即如覆水难收，救济再公正也属亡羊补牢，难救第三方不可恢复之重大损失于万一。正是为了实现权利救济的有效、及时、无漏洞，一些国家的信息公开立法不惜抛却"最后决定""穷尽行政救济"等铁律，转而设定利于第三方寻求事前救济的相关制度，主要有二：其一，在作出决定和实施公开之间留出适当的"犹豫期"；其二，允许第三方救济提前。

b. 第三方在诉讼程序中同意公开

既然《政府信息公开条例》第十五条规定，"涉及商业秘密、个人隐私等公开会对第三方合法权益造成损害的政府信息，行政机关不得公开"，那为什么本项还要规定“第三方在诉讼程序中同意公开且人民法院经审理认为可以公开的，判决被告在二十个工作日内公开”呢？这是由涉及商业秘密、个人隐私等公开会对第三方合法权益造成损害的政府信息属于非强制豁免所决定的。此类信息是否公开原则上取决于第三方意志，除非涉及公共利益。

本项规定中，“第三方同意”是审查的关键。如果第三方明确表示同意公开，“且人民法院经审理认为可以公开”，就可以“判决被告在二十个工作日内公开”。当然，如果第三方同意公开，通常情况下行政机关也不会坚持不予公开，而公开正是原告也就是政府信息申请人的愿望，在三方意思一致的情况下是否还要用判决的方式结案，在实践中可以具体把握。如果以调解或者原告撤诉方式结案，司法效率当会更高。

第十二条　［确认违法判决］

第十二条　有下列情形之一的，人民法院判决确认违法：

（一）被告公开政府信息行为违法，但不具有可撤销内容的；

（二）被告在诉讼程序中公开政府信息，原告仍然要求确认原不予公开或者逾期不予答复行为违法的；

（三）被告不予公开或者不予答复行为违法，但判决公开没有意义的。

1. 确认判决

本条规定的是确认违法判决，共有三项内容。第一项属于不具有可撤销内容所以作出确认违法判决，第二项属于继续确认判决，第三项属于义务之诉终结后的继续确认判决。

与给付之诉自罗马法以来就获得认可不同，确认之诉“是从十九世纪中叶才开始被认可的”。[1]“在德国普通法末期，作为扩大强化司法权之一环而登场的一八七七年德国民诉法首先对此作出明文规定。”[2]“从历史上看，这一诉讼类型的出现是以‘实体法规定的权利内容获得明确化’，以及宣扬‘一旦法院宣告权利人享有这种权利，人们则必须遵从这种权利’之守法精神为必要条件的。”[3]由此也能推导出，确认之诉的目的“不在于满足原告之请求权，而是对于已经存在之请求权，提供一种特别形式之权利保护，其效力仅限于以判决为宣示性、具有法律确定力之确认，并未具有命令给付之内容，亦不能发生法律关系变动之形成力”[4]。

与其他判决形式相比，确认判决具有如下特征：其一，宣示性。撤销判决或者变更判决系使原有的法律关系发生变化，以消除违法行政行为造成的损害；履行判决对被告课予义务，如果被告不履行或不完全履行，原告可以申请法院强制执行。而确认判决与这两者都不同，既不赋予权利也

1 ［日］高桥宏志：《民事诉讼法：制度与理论的深层分析》，林剑锋译，法律出版社2003年版，第60页。
2 ［日］中村英郎：《新民事诉讼法讲义》，陈刚等译，法律出版社2001年版，第105页。
3 ［日］高桥宏志：《民事诉讼法：制度与理论的深层分析》，林剑锋译，法律出版社2003年版，第60页。
4 徐瑞晃：《行政诉讼法》，台北，五南图书出版股份有限公司2012年版，第106页。

不课予义务，既不创设法律关系也不消灭事实，它只是确认、宣告一种有约束力的法律状况。其二，对世性。“如果确认之诉适法且具备理由，法院就通过判决具有约束力地确认某种法律关系存在与否。行政机关随后不得对所争议的法律关系，作出偏离法院之确认的调整，或者撤回授益。尽管这种判决直接约束的也仅仅是参加人，但实际上却‘对所有人’产生效力。”[1] 其三，中间性。确认判决没有可执行的内容，不能借司法强制力予以实现，常常与其他诉讼形式结合起来以获得所需要的利益。正如高桥宏志所分析的那样，“由于没有相对应的强制执行，因此确认判决在这一方面的解决纠纷及实现权利的实际能力是较弱的。从这一点来看不得不说，确认判决是一种中间性的纠纷解决方式”[2]。其四，预防性。确认判决以其确认之既判力为解决争议之方法，故确认之诉具有预防性之权利救济功能，当事人争执之法律关系因确认判决而获得解决。例如，确认已消灭之行政处分为违法，就为请求国家赔偿预先打下基础。[3] 其五，补充性。确认判决具有补充性之功能，“仅当原告不能，或者未能通过某个其他诉讼种类，在相同范围内并以相同效力实现其法律保护时”，始得提起确认诉讼。例如，“倘若一个法律关系恰好存在于一个许可或者禁令中，原告就可以通过撤销或者义务之诉，更好而且更直接地实现其预期目的”。[4]

从各国的立法例来看，确认判决在行政诉讼中也一直得到广泛的应用。作为其他判决形式的重要补充，确认判决发挥着其他判决形式所难以发挥的作用。在德国，确认之诉可分为一般确认之诉、预防性确认之诉、无效性确认之诉、继续确认之诉、中间确认之诉等。[5] 在我国台湾地区，“行政诉讼法”亦规定了确认诉讼，可分为确认行政处分无效之诉讼、确认公法

1 ［德］弗里德赫尔穆·胡芬：《行政诉讼法》，莫光华译，法律出版社 2003 年版，第 592 页。
2 ［日］高桥宏志:《民事诉讼法: 制度与理论的深层分析》，林剑锋译，法律出版社 2003 年版，第 60 页。
3 参见徐瑞晃：《行政诉讼法》，台北，五南图书出版股份有限公司 2012 年版，第 107 页。
4 ［德］弗里德赫尔穆·胡芬：《行政诉讼法》，莫光华译，法律出版社 2003 年版，第 313 页。
5 参见［德］弗里德赫尔穆·胡芬：《行政诉讼法》，莫光华译，法律出版社 2003 年版，第 311 页。

上法律关系成立或不成立之诉讼、确认已消灭之行政处分为违法之诉，另有“行政诉讼法”没有明确规定的不作为违法确认诉讼、预防性之确认诉讼。[1] 在日本，《行政案件诉讼法》规定了无效的确认诉讼和不作为的违法确认诉讼。也有人认为，停止诉讼亦属一种确认诉讼：“确认诉讼是指请求确认是否存在某种法律关系的诉讼，而停止诉讼其实与确认义务不存在的确认诉讼并无差异。”[2] 总之，确认之诉是一个亚类繁多的诉讼种类，德国法上甚至将确认之诉（Feststegsklage）这一概念以复数形式使用。[3]

确认判决的形式并未规定于我国1989年《行政诉讼法》。“司法实践中，为了应对一些被诉行政行为违法但不宜或者不能适用撤销、履行职责等判决的情形，创设了确认违法判决。”[4] 最高人民法院于2000年公布的《关于执行〈中华人民共和国行政诉讼法〉若干问题的解释》（已失效）通过增加确认判决弥补了法律的这一不足。2014年修正的《行政诉讼法》比较完善地对确认判决作出了规定，几乎涵盖了常见的确认判决种类。

1 参见徐瑞晃：《行政诉讼法》，台北，五南图书出版股份有限公司2012年版，第107页。

2 江利红：《日本行政诉讼法》，知识产权出版社2008年版，第561页。

3 参见［德］弗里德赫尔穆·胡芬：《行政诉讼法》，莫光华译，法律出版社2003年版，第311页。

4 信春鹰主编：《中华人民共和国行政诉讼法释义》，法律出版社2014年版，第195页。

2. 不具有可撤销内容

本条第一项规定的判决确认违法的情形是，“被告公开政府信息行为违法，但不具有可撤销内容”。

行政行为违法但不具有可撤销内容，因而只能判决违法，这种情形主要针对事实行为。所谓事实行为，“是指以某种事实结果而不是法律后果为目的的所有行政措施”。德国学者哈特穆特·毛雷尔指出：“行政实践发现了大量的、各种各样的事实行为。学理上有时区分认知表示行为（答复、警告、通知、申请等）和纯业务行为（支付金钱、驾驶公务车辆、注射预防针、清扫街道、修建办公楼等）。”[1] 我国台湾地区学者吴庚则将事实行为分为以下三种：单纯的高权行为、实施行为和强制措施。[2]

无拘束力的公开信息的行为也被认为是一种新型的事实行为。翁岳生主编《行政法》一书指出：“提供资讯可以是行政法上之行为（如行政处分），亦可为事实行为，为事实行为的前提是它未发展成有法律上拘束效力者。至于是否有法律上拘束力的判断，则由相关提供资讯的规范解释决之，若无判断线索则为事实行为。如兵役科之提供资讯、青辅会提供就业讯息等。尽管提供资讯的事实行为不具拘束力，但行政机关仍有义务使所提供的资讯内容准确与安全，否则当对于重要的法律事实所提供的资讯与将发布的行政处分相抵触，或当事人基于主管机关错误的资讯而造成法定期限的错

1 ［德］哈特穆特·毛雷尔：《行政法学总论》，高家伟译，法律出版社 2000 年版，第 391 页。

2 参见吴庚：《行政法之理论与实用》，台北，三民书局股份有限公司 2014 年版，第 442 页。

过等情况，事实行为将产生间接的拘束力。”[1]

事实行为是与法律行为相对的一个概念，其“与法律行为有所差异之处在于，其不产生任何法律效果，亦即不会对当事人的权利义务产生创设、变更或消灭”[2]。“由于事实行为就其本质来说不以引起特定的法律后果为目的，行政行为和其他法律行为所面临的首要问题，即违法对法律效果的影响（无效、可撤销、违法时仍然有效），对事实行为不适用。”[3]

司法解释本项所规定的确认违法判决，来自《行政诉讼法》第七十四条第二款的规定:“行政行为有下列情形之一，不需要撤销或者判决履行的，人民法院判决确认违法:（一）行政行为违法，但不具有可撤销内容的……”立法机关在进行释义时，特别提到其适用对象是事实行为，特别是政府信息公开行为：“这主要是针对违法的事实行为。事实行为实际影响当事人的利益却不为当事人设定权利义务，如殴打行为或者执行行为，不具有可撤销内容。在政府信息公开领域中，被告公开了政府信息，但该信息涉及原告商业秘密、个人隐私且不存在公共利益等法定理由的，属于公开行为违法，这时也只能判决确认公开信息行为违法，并无撤销内容。”[4]

司法解释本项规定主要适用于第三方提起的反信息公开诉讼。在被告已经公开政府信息的情况下，其违法性要件应当包括以下几个方面：被告公开了涉及原告商业秘密、个人隐私等公开后会对原告合法权益造成损害的政府信息；没有征得原告的同意；不存在不公开会对公共利益造成重大影响的事由。至于权利侵害要件，只要构成违法公开，即已具备理由。

值得讨论的是，违法公开涉及原告商业秘密、个人隐私的政府信息，固然没有可撤销的内容，但仅仅确认违法，是否就是权利救济的最佳方案？

1 翁岳生主编：《行政法》（第4版），台北，元照出版有限公司2020年版，第1、7页。
2 陈慈阳：《行政法总论：基本原理、行政程序及行政行为》（第2版），2005年自版发行，第607页。
3 ［德］哈特穆特·毛雷尔：《行政法学总论》，高家伟译，法律出版社2000年版，第392页。
4 信春鹰主编：《中华人民共和国行政诉讼法释义》，法律出版社2014年版，第197页。

在德国实务中，“这种拘束力有视为基于结果除去请求权或回复原状请求权，而错误的资讯提供更可能构成国家赔偿”。在我国，《个人信息保护法》规定的“删除个人信息”“立即采取补救措施”等手段，就提供了这方面的实体法法律依据。《行政诉讼法》第七十六条也提供了判决依据：“人民法院判决确认违法或者无效的，可以同时判决责令被告采取补救措施；给原告造成损失的，依法判决被告承担赔偿责任。”

3. 继续确认判决

本条第二项规定的判决确认违法的情形是，“被告在诉讼程序中公开政府信息，原告仍然要求确认原不予公开或者逾期不予答复行为违法的”。这种判决方式通常称为“继续确认判决”。

梳理德国学者弗里德赫尔穆·胡芬的论述，[1] 所谓继续确认之诉，应当具有以下特点：

①事后性。“继续确认之诉也被称为‘事后确认之诉’”。所谓“事后”，一是针对那个往往要求撤销一个违法的行政行为的“初始诉讼”而言，二是针对“在对于判决具有决定意义的那一刻之前，已经终结”的行政行为而言。撤销诉讼的本质是要达到“消除行政行为之效力的目的”，但面对一个已经终结的、（再也）不会产生效果的行政行为，撤销之诉就失去了标的，此刻也就只能宣布诉讼终结，并作出有关费用的决定了。“但是，此时还有一种诉讼可供使用——一旦存在某种特殊的确认利益，采用这种诉讼，就能使诉讼在终结之后继续进行，以便引发对于那些随诉讼终结被弃置不顾的法律问题的继续澄清。”

②利益性。使一个本来应当终结的诉讼得以“继续”下去，必须要有继续下去的利益，也就是说，“仅当原告能够主张一种特殊的确认利益时，才是适法的”。一般而言，确认利益在下列情形中都会得到肯定：第一，

1 参见［德］弗里德赫尔穆·胡芬：《行政诉讼法》，莫光华译，法律出版社 2003 年版，第 326 页以下、第 469 页以下。

重复危险。显然存在确认利益的是，当已经终结的措施存在着重复出现的威胁时。如果没有继续确认之诉，原告就必须等待一个相应的措施作出。不过，仅主张一个未来行为的抽象可能性是不够的，原告必须提出具体的依据表明，在一个具有可比性的和可预见的事实格局中，某一个负担将会再次出现。第二，恢复名誉之利益。在此类情况中，初始措施产生了一种歧视性的影响，此影响在措施终结之后还继续存在。第三，对一个职务责任或赔偿诉讼的准备。如果涉及的是一个违法的措施，它可能会引发对赔偿或者职务责任的请求权。

③继续性。所谓继续性，不仅在于继续确认之诉是初始的撤销之诉的时间上的继续，更在于初始诉讼的适法条件“原则上也就是继续确认之诉适法的标准”。“‘诉之继续’的前提是，初始之诉在终结之前本身是适当的，而且诉讼标的已经终结。”换一种更为清晰的表达，就是继续确认之诉“其判决仅在主文中是确认判决，实质上大都涉及对撤销之诉的理由具备性审查”。

④违法性。继续确认之诉“只在涉及已经终结的不利行政行为时，才是可以直接运用的”，“继续确认之诉具备理由的前提，就是在起诉后已终结的行政行为之违法性”。“倘若继续确认之诉只是继续进行一个曾经开始的诉讼，则正确的结论就是：应当溯及既往地审查，违法的行政行为是否也曾侵害了原告的权利。”“如果一个不利行政行为违法，而且原告的权利因此受到侵害，法院就可以对此予以确认。”

在德国的继续确认之诉中，关于行政行为终结的各种情形，弗里德赫尔穆·胡芬也有非常详细的列举。所谓行政行为已经终结，“关键始终在行政行为的内容。如果一个行政行为不再是可执行的，而且由于缺乏对象，对它的撤回也已变得没有意义，那么它就是已经终结的”。具体来讲，“一个行政行为可以被视为在法律上已经终结，例如通过撤回、废止或者其他形式撤销，或者行政行为在某个解除条件出现之后，合法地自动消失，或者通过被内容相同的另一个行政行为取代，或者通过其他措施得到处理。所有参加人都认为已经过时的某个行政行为，在此意义上也可以被视为‘已经终结’”。“由于事实原因的终结，可能有如下情形：由于一个措施的实际结束，由于期限届满，由于某一事件已经过去，或者由于一个法定义务的结束，但有可能——例如在高度个人化的行政行为中——由于某个参加人死亡，由于某一调整项目的取消，或者发生了其他事实上的改变。”胡芬还指出，可以考虑继续确认之诉的还有：由于某一程序瑕疵得到补正，或者由于程序瑕疵不显著。

《最高人民法院关于执行〈中华人民共和国行政诉讼法〉若干问题的解释》（已失效）第五十条第三款曾经作过类似继续确认之诉的判决，该款规定：“被告改变原具体行政行为，原告不撤诉，人民法院经审查认为原具体行政行为违法的，应当作出确认其违法的判决；认为原具体行政行为合法的，应当判决驳回原告的诉讼请求。”作出该款规定的考虑是，“行政机关在一审期间已经撤销了被诉的具体行政行为，而人民法院继续审理原具体行政行为，如果再作出撤销原具体行政行为的判决，实际上撤销的是一个已被撤销的具体行政行为，毫无意义；如果作出维持判决，实际上维持的又是一个被撤销的具体行政行为，也是不可取的”。[1]2014 年《行政诉讼法》修正时，在第七十四条第二款规定：“行政行为有下列情形之一，不需要撤销或者判决履行的，人民法院判决确认违法：……（二）被告改变原违法行政行为，原告仍要求确认原行政行为违法的……”这也是本项规定的法律依据。按照《行政诉讼法》第七十四条第二款的规定，“被告改变原违法行政行为”，既可能是在提起诉讼前，也可能是在诉讼过程中。

1 最高人民法院行政审判庭编：《〈关于执行《中华人民共和国行政诉讼法》若干问题的解释〉释义》，中国城市出版社 2000 年版，第 107 页。

而本项则明确为"被告在诉讼程序中公开政府信息"，这可能是考虑在原告不撤诉的情况下如何将诉讼进行下去。相关的一个问题是：在提起诉讼前被告公开了原告所申请的政府信息，可不可以提起继续确认之诉？这就要看是否存在继续确认的利益了。通常情况下，继续确认的利益可能存在于针对一个法律行为的撤销之诉中，对于涉及履行法定职责的诉讼，特别是政府信息公开诉讼而言，如果行政机关在诉讼前或者诉讼过程中提供了申请人希望获取的信息，那么申请人未必有提起继续确认之诉的利益或者必要性。最高人民法院（2017）最高法行申 2290 号行政裁定书就曾论述过继续确认的利益问题：

> 行政机关在起诉前自行改变行政行为，原行政行为尽管再也不会产生法律效果，当事人仍可以就原行政行为提起确认违法之诉；如果是在诉讼进行中行政机关改变被诉行政行为，当事人则可以要求继续初始的诉讼，只是将原来的撤销请求转换为确认违法。正因如此，这种诉讼才被称为继续确认之诉。之所以允许对一个已经终结的、再也不会产生效果的行政行为继续进行确认，是因为在有些情况下仍然存在确认的利益。比如，确认原行政行为违法，有利于当事人后续主张国家赔偿等权利；再如，有利于完成对于那些随诉讼终结被弃置不顾的法律问题的继续澄清。但是，这种继续确认的利益，通常只有在被改变的行政行为属于对原告不利的负担行政行为时才会存在，因为该行政行为尽管已经终结，但其违法性曾经存在，违法的后果未必会随着行政行为的终结而自行终结。对于一个授益行政行为而言，由于该行政行为自始就不曾对当事人施与过任何负担，就不会存在确认原行政行为违法的利益。有时，即使法院应当事人的要求继续初始的诉讼，也未必都会对行政机关业已改变的原行政行为作出违法确认。如果原

行政行为本身并不违法，作出改变只是因为作为其根据的事实或者法律状态发生变化；如果原行政行为的违法性被及时治愈或转换，例如通过一个内容相同的另一行政行为取代，或者通过其他措施得到处理，行政行为的违法性即不存在。

4. 义务之诉终结后的继续确认判决

本条第三项规定的判决确认违法的情形是，“被告不予公开或者不予答复行为违法，但判决公开没有意义的”。这其实是《行政诉讼法》第七十四条第二款第三项规定的判决方式的具体化，该项这样规定：“被告不履行或者拖延履行法定职责，判决履行没有意义的。”这一判决方式被称为“义务之诉终结后的继续确认判决”。

弗里德赫尔穆·胡芬曾经指出：“不仅一个不利行政行为可以终结，而且对一个适当的，但却已经终结的义务之诉，也可以考虑诉讼的继续。”“因为，一个负担是由于一个已经终结的行政行为，还是一个最初就被拒绝的，或者停止给付的优待产生的，在此处都毫无区别。”“因为许可来得太迟，或者因为要求已经得到满足”，也会使得义务之诉“没有标的”，“此时，原告也可以要求确认起初的拒绝或者不作为的违法性，前提是，他曾经申请过该行政行为，并且拥有相应的确认利益”。[1]

在《行政诉讼法》修正之前，《最高人民法院关于执行〈中华人民共和国行政诉讼法〉若干问题的解释》第五十七条第二款第一项也曾就不作为终结后的继续确认作过类似规定。该解释的起草者指出：“在一些诉行政不作为的案件中，由于原告请求的时效性很强，或者时过境迁，使得请求的事项对于原告而言已经没有实际意义，在这种情况下，行政诉讼法第五十四条第三项规定的限期强制履行判决就难付实用，因为，这种判决对

1 ［德］弗里德赫尔穆·胡芬：《行政诉讼法》，莫光华译，法律出版社 2003 年版，第 330 页。

原告非但起不到实际的救济作用，甚至可能造成当事人更大的负担。其实，原告提起诉讼的目的不外是请求赔偿或者‘讨个说法’，而这两个目的都是正当合法的，法律应当给予支持。”[1]

1 最高人民法院行政审判庭编：《〈关于执行《中华人民共和国行政诉讼法》若干问题的解释〉释义》，中国城市出版社 2000 年版，第 122 页。

第十三条　［反信息公开诉讼判决］

第十三条　政府信息尚未公开前，原告起诉要求被告不得公开政府信息的，人民法院经审理认为政府信息涉及原告商业秘密、个人隐私且不存在不公开会对公共利益造成重大影响的，应当判决被告不得公开政府信息。

诉讼期间，原告申请停止公开涉及其商业秘密、个人隐私的政府信息，人民法院经审理认为符合行政诉讼法第五十六条规定的，裁定暂时停止公开。

1. 反信息公开诉讼

本条规定的是反信息公开诉讼的判决方式以及暂时性权利保护（裁定暂时停止公开）。

所谓反信息公开诉讼，有人将其定义为：政府信息原始提供人阻止行政机关依申请而为信息公开之诉也。[1]政府信息公开制度的核心是最大限度公开政府信息，以提高政府工作的透明度，保障公民、法人和其他组织依法获取政府信息；而反信息公开诉讼的目的与此相反，即阻止政府信息的公开，此类诉讼正是因此而有反信息公开诉讼之称。

为什么允许提起反信息公开诉讼？这是因为，最大限度公开政府信息固然是知情权的核心意义，但知情权的行使亦应尊重他人的权利和名誉，不能以牺牲其他合法权益为代价。出于行政管理的需要，行政机关除了自己制作起草政府文件，还需要不断地向公民、法人和其他组织获取某些资料，这就使得政府信息中往往包含涉及商业秘密、个人隐私等需要保密的内容。因此，行政机关公开政府信息，一方面满足了公众或者个体申请人“知”的需求，另一方面也有不当泄露涉及第三方商业秘密或者个人隐私信息之虞。

从政府信息公开制度实践较早的美国来看，政府信息公开既是政府实现政策目标的手段，也是商业组织为商业竞争目的取得他人信息的重要途径。在政府利用信息公开手段实施管理或商业组织以信息公开为由要求政

1　参见汤德宗：《政府资讯公开法之比较评析》，载《台湾大学法学论丛》第35卷。

府提供他人资料时，如果不适当地公开或提供，私人所拥有的商业秘密以及其他机密的商业信息往往首当其冲成为被危及的对象。美国审计总署的一项调查显示，在所提出的获取政府信息的请求中，有 4/5 是为获取竞争者资料的商业操作。工商企业寻求得到政府掌握的信息，可以用不太多的花费得到对其有经济效益的资料，从而判断其竞争对手的情况决定自己应当采取的商业措施。因此，如何处理政府信息公开的利益与私人拥有的商业秘密的利益之间的关系，就成为一个不容忽视的问题。1979 年，克莱斯勒汽车制造公司提起诉讼，请求法院禁止美国国防部公开其向美国国防部提出的报告中的信息，因为报告中的信息具有财产价值。但是，原告根据什么法律提起禁止公开政府信息的诉讼却成为一个问题。美国联邦最高法院认为，美国《信息自由法》是一部实施行政公开的法律，该法只规定行政机关必须公开政府文件的义务，没有规定行政机关必须不公开政府文件的义务。最后，法院还是在美国《行政程序法》中找到依据。该法第 702 节规定，任何人因行政机关的行为而受到不法侵害或不利影响时，均有权请求法院对该行为进行审查。同时，《美国法典》第十八编第 1905 节成为反信息自由法诉讼中最主要适用的法律，因为该法规定行政机关对贸易秘密和商业或金融信息的秘密具有普遍性的保密义务。

2. 判决被告不得公开政府信息

我国的政府信息公开立法从一开始就注重政府信息公开与其他需要保护的合法权益之间的利益平衡，不仅规定了“公正、公平、合法、便民”的原则，更明确规定“涉及商业秘密、个人隐私等公开会对第三方合法权益造成损害的政府信息，行政机关不得公开”，还对第三方合法权益的程序保障作出了具体规定。同时，无论是《政府信息公开条例》还是《行政诉讼法》，都明确规定了公民、法人或者其他组织提起政府信息公开诉讼的权利。

《最高人民法院关于审理政府信息公开行政案件若干问题的规定》第十一条第一款规定了反政府信息公开诉讼判决，“政府信息尚未公开的，应当判决行政机关不得公开”。这种判决方式属于预防性权利保护的范畴，其宗旨在于对一个尚未作出的行政措施判决禁止作出，以防止权利侵害的发生。这一规定不仅在引入预防性权利保护诉讼方面作出了有益尝试，也在丰富我国行政诉讼裁判手段方面作出了积极贡献。本条第一款继受了这一条款，规定：“政府信息尚未公开前，原告起诉要求被告不得公开政府信息的，人民法院经审理认为政府信息涉及原告商业秘密、个人隐私且不存在不公开会对公共利益造成重大影响的，应当判决被告不得公开政府信息。”

（1）预防性权利保护

司法的职能在于裁决已经发生的争议。相应地，原告主张的诉之利益中的利益也应该是已经产生的、现时的利益，仅仅有某种可能的利益，不足以得到司法保护。正因如此，行政诉讼的权利保护体系乃以“事后的或压制式的权利保护”为规范重心，并辅以停止执行、暂时命令等制度以提供“暂时性权利保护”。但人们发现，这种权利保护体系尚难履践“无漏洞且有效的权利保护”。比如，在既有制度下，对于有即将发生侵害之虞的行政行为，人民在侵害发生之前，还不能预防性地启动行政诉讼程序，以制止该行政行为的作成。于是，着手探寻在前述两种权利保护形态之外，纳入所谓预防性权利保护的新形态，就成为行政诉讼制度的一个重要课题。在德国，1960 年颁布的《行政法院法》，已经将停止作为之诉作为一般给付之诉的亚类，“而当今对它的承认，则是不言而喻的”。“停止作为之诉的诉讼标的（Streitgenstand）是原告的如下主张：他的权利受到即将发生的，或正在持续的权力行为的侵害。停止作为之诉实质上涉及的是对一种并非行政行为的干扰之停止作为或结束的请求权。”值得注意的是，“停止作为之诉的第一类情形涉及‘信息行为’（Informationshandlungen），也就是：声明、警告、评价、提出或传播数据、发表一个报告或公布一份名单等。由于行政机关常常不采用要式决定，而是运用（非正式的）信息途径解决现存问题，这类情形在实践中就显得尤其重要”。当然，“如果停止作为之诉针对行政的一个未来行为，那么一般而言，原告必须说明，存在着进行预防性（vorbeugend）法律保护的特殊需要。因为行政法院法提供的一般都是事后的法律保护，故预防性法律保护的前提是极其严格的”。预防性法律保护要求存在法律保护需要，“法律保护的特殊需要”包括，是否存在“一旦作出就不可挽回的决定”和“很可能产生不可逆转的既成事实”，以至于“事后的保护都无助于原告实现其目的”。[1]

（2）起诉时机

依照政府信息公开的流程，第三方权利人可以选择多个时间节点提起预防性权利保护诉讼。以下试以预防性权利保护原理，逐一分析其适法性：

①行政机关受理政府信息公开申请时。如果第三方得知申请人要求行政机关提供的政府信息涉及其商业秘密或者个人隐私，在行政机关受理政府信息公开申请时立即提起行政诉讼，请求法院阻止行政机关作出公开行为，起诉时机是否成熟？这一问题的答案是否定的。虽然预防性权利保护的一个重要特征是定位于行政行为作出前，但必须限于在行政机关确实准备作为的情况下；也就是说，能够提起这种诉讼的时机是在行政机关不应当作出一定的处分却准备作出时。行政机关受理政府信息公开申请，并不代表行政机关就准备允准这一申请，此时的行政机关并不存在作出行政行为的盖然性或确实性。

②行政机关书面征求第三方意见时。按照《政府信息公开条例》第三十二条的规定，依申请公开的政府信息公开会损害第三方合法权益的，行政机关应当书面征求第三方的意见。如果第三方收到行政机关的征求意见书，就立即提起行政诉讼，请求法院阻止行政机关作出公开行为，起诉时机是否成熟？有学者主张：“在政府信息公开的申请提出时或行政机关征询利害关系人意见时便可提起诉讼，更突出预防性行政诉讼的特点。”[2]但另有意见指出：“在行政机关未为最终之‘一定处分’前提下请求法院命令禁止行政机关为公开处分，显然在‘事件成熟性上’亦有疑问。更何况如此诉讼是否使法院不当限制行政机关之裁量权，及被滥用为阻碍资讯

1 ［德］弗里德赫尔穆·胡芬：《行政诉讼法》，莫光华译，法律出版社 2003 年版，第 295 页以下。

2 陈伏发：《预防性行政诉讼的构建与规范》，载万鄂湘主编：《审判权运行与行政法适用问题研究》（下），人民法院出版社 2011 年版，第 767 页。

公开之手段，均为应予慎重考虑之事项，恐不应轻易认可此种诉讼之提起。”[1] 通常情况下，只有等行政机关将决定公开的政府信息内容和理由书面通知第三方，才是时机成熟之时。但是，另一种情况也不能忽视：由于《政府信息公开条例》并没有在通知公开决定与实施公开行为之间设定必要的“犹豫期”，所以不能绝对排除在征求意见阶段提起政府信息公开诉讼，但要严格限制条件，起诉人必须有非常充分的证据证明政府信息即将被公开。

③行政机关将决定公开的政府信息内容和理由书面通知第三方时。当这种通知与实际公开政府信息的行为相分离，属于提起预防性行政诉讼的最佳时机。

（3）审查要件

a. 期待可能性

期待可能性的概念来自德国，也称作特别的权利保护必要。这一概念的意思是：如果停止作为之诉针对行政机关的一个未来行为，那么一般而言，原告必须说明，存在进行预防性法律保护的特殊需要。换言之，倘若行政行为的实际前期效力显著，以至于不应苛求原告，那么必须等待被告最终作出相应决定之后，再采取防卫手段。这是因为：第一，法律提供的一般都是事后的法律保护，针对未来的行政行为的预防性停止作为之诉，只有在例外情形中才有可能考虑。第二，如果通过现行暂时法律保护制度就可以令人信赖地避免向原告施加负担的全部事实发生，启动预防性法律保护就实属多余，它会构成对行政机关尚未终结的决定过程的过早干预。[2] 具体到反信息公开诉讼来说，预防性法律保护对于第三方而言显然属于必要，因为“虽然受害人可以请求损害赔偿等事后救济，但是，个人私生活

1 范姜真媺：《日本资讯公开法救济程序之探讨》，载《东吴法律学报》第 17 卷第 1 期。
2 参见［德］弗里德赫尔穆·胡芬：《行政诉讼法》，莫光华译，法律出版社 2003 年版，第 295 页以下。

上的秘密事项已不成其为秘密，即因侵害隐私权而给受害人造成的损害往往是不可恢复的”[1]。至于是否存在通过暂时法律保护制度即诉讼中的停止执行制度予以充分保护的可能性，事实上也已经有了答案。既然撤销之诉和可能撤销的标的尚不存在，即使在诉讼中借由停止执行手段暂时延缓了信息的披露，在最终作出判决时也会因为通过撤销判决无法实现彻底消灭威胁的效果，则这种暂时权利保护充其量只是“暂时”而已。

b. 重大损害

在日本，停止作为之诉称为停止诉讼。日本《行政案件诉讼法》第三十七条之四第一款规定：“停止诉讼仅限于由于作出一定的处分或裁决可能产生重大损害的情况下，才可以提起。”至于何为“重大损害”，该法第三十七条之四第二款规定：“法院在判断是否产生前款规定的重大损害时，应当考虑损害恢复的困难程度，也应当考虑损害的性质、程度以及处分或裁决的内容、性质。”有学者认为，由于停止诉讼是在通过撤销诉讼与停止执行的方式不能充分救济的情况下而设置的诉讼类型，因此，通过这些方式可以充分救济的损害不属于重大损害。通说认为，应防止严格地解释“损害的重大性要件”，以免造成停止诉讼的范围过于狭窄。损害恢复的困难程度正是判断是否属于重大损害的重要因素。[2]在反信息公开诉讼中，“第三人因违法或不当之资讯公开处分将使其权利、利益受重大损害之点应较无争议，得以被认定”[3]。因此，一般的反信息公开诉讼均可认为符合重大损害要件。作为起诉条件，应当毋庸细论个案的商业秘密或者个人隐私价值几何；但在作出实体判决之时，还应具体甄别一般非秘密商业信息与商业秘密、一般非敏感个人信息与敏感个人信息之间程度的不同，

1 吕艳滨：《日本的个人信息保护法制》，载周汉华主编：《个人信息保护前沿问题研究》，法律出版社 2006 年版，第 153 页。

2 参见江利红：《日本行政诉讼法》，知识产权出版社 2008 年版，第 566 页。

3 范姜真媺：《日本资讯公开法救济程序之探讨》，载《东吴法律学报》第 17 卷第 1 期。

并在保护强度上作出区别对待。[1]

c. 行政机关不应当作出公开决定

在停止作为之诉中，作出原告胜诉的判决，不只限于“行政机关准备作出”，还须限于“行政机关不应当作出”。按照《政府信息公开条例》的规定，涉及商业秘密或者个人隐私的政府信息属于公开的例外，但这种例外与属于强制例外的国家秘密不同，属于自由裁量例外。该条例虽然规定行政机关不得公开此类信息，但同时还规定了例外情形，即“第三方同意公开或者行政机关认为不公开会对公共利益造成重大影响的，予以公开”，其中的“行政机关认为”就属于自由裁量权的授予。依此理解，涉及商业秘密或者个人隐私的政府信息只有在两种情形下可以作为“例外的例外”得以公开：一是基于权利人的个人信息自决权（权利人同意公开）；二是基于行政机关的自由裁量。但这种自由裁量的空间是非常有限的，其实只限于一种情况：“不公开会对公共利益造成重大影响”。因此，在反信息公开诉讼中，认定“行政机关不应当作出”，须满足下列条件：其一，政府信息涉及第三方的商业秘密、个人隐私；其二，不存在“不公开会对公共利益造成重大影响”的情形。

1 敏感个人信息保护是个人信息保护的一个重点。《个人信息保护法》第二十八条规定：“敏感个人信息是一旦泄露或者非法使用，容易导致自然人的人格尊严受到侵害或者人身、财产安全受到危害的个人信息，包括生物识别、宗教信仰、特定身份、医疗健康、金融账户、行踪轨迹等信息，以及不满十四周岁未成年人的个人信息。只有在具有特定的目的和充分的必要性，并采取严格保护措施的情形下，个人信息处理者方可处理敏感个人信息。”

3. 暂时停止公开

本条第二款规定："诉讼期间，原告申请停止公开涉及其商业秘密、个人隐私的政府信息，人民法院经审理认为符合行政诉讼法第五十六条规定的，裁定暂时停止公开。"这规定的是反信息公开诉讼中的暂时法律保护。又因为暂时法律保护包括财产保全、先予执行、停止执行等具体制度，本款涉及的其实只是暂时停止执行（公开）问题，故可称其为暂时停止公开条款。

（1）暂时法律保护

所谓暂时法律保护，又称暂时权利保护、临时权利保护、临时救济等。德国行政诉讼法教科书将其定义为："暂时法律保护保护公民在某一程序进行期间，免受一个决定的执行或其后果的影响，或者保障公民——在一个诉讼具有既判力的终结之前——所具有的某一特定权利或某一事实状态。"[1] 设立暂时法律保护制度的目的，在于防止行政机关那些不可逆转的行政决定在法院审查其合法性之前成为对人民权利造成不利影响的难以消除的某种既成事实。据此我们可知，暂时法律保护具有以下特征：①暂时性。它本身并非诉讼终结时具有既判力的最终裁判结果，只是在司法最终裁判之前暂时性地为公民提供某一特定权利保护。②延缓性。"行政具有这样一种可能性，亦即：行政机关可以对公民作出即时生效的单方面调整，但

1　［德］弗里德赫尔穆·胡芬：《行政诉讼法》，莫光华译，法律出版社 2003 年版，第 487 页。

这种调整却可能受到特定法律救济的延缓效力之缓和。法律救济手段至少在时间上可以阻止执行的发生，直到法院对诉讼标的作出裁判。”[1]③及时性。在最终判决作出之前，先行提供一种暂时法律保护，意在实现法律保护的效率。“效率也意味着及时性。如果法律保护来得太迟，譬如，由于单方面有效的调整，已经得到不可逆转的执行，或者被申请的许可已经失去意义……即使随后能够确认行政决定是违法的”[2]，也只是一种于事无补的“迟来的正义”。④必要性。并不是每一个诉讼都有提供暂时法律保护的必要。以暂时法律保护中之重要种类暂时停止执行为例，其被认为原则上仅适用于撤销诉讼，因为“一般给付诉讼之诉讼对象并非行政处分，自无行政处分可为停止执行；一般确认诉讼之诉讼对象亦非行政处分，亦无行政处分可为停止执行；至于确认已执行完毕或已消灭之行政处分为违法之诉讼，因为系争行政处分已执行完毕或已消灭，更不发生停止执行之问题”[3]。必要性还体现在是否存在“紧急必要”，即不停止执行是否会产生不能弥补的损害。[4]而且，是否具有时间上的紧迫性。⑤例外性。暂时法律保护固然保证了权利受侵害者有立即防卫侵害的可能性，不过此种可能性不能导致国家重要职能的瘫痪，故仅得以例外情形为之。即便在有必要考虑提供暂时权利保护的场合，也应当注意私人利益的保护是否构成对公共利益的损害。

（2）暂时停止公开条款之必要性

讨论这一问题，首先应讨论起诉不停止执行原则；而讨论起诉不停止

---

1 ［德］弗里德赫尔穆·胡芬：《行政诉讼法》，莫光华译，法律出版社 2003 年版，第 488 页。

2 ［德］弗里德赫尔穆·胡芬：《行政诉讼法》，莫光华译，法律出版社 2003 年版，第 487 页以下。

3 翁岳生编：《行政法》（第 2 版），中国法制出版社 2009 年版，第 1582 页。

4 例如日本《行政事件诉讼法》第三十七条之五第二款规定：“在提起停止诉讼的情况下，为避免由于作出有关该停止诉讼的处分或裁决而产生不能弥补的损害存在紧急必要，而且，可以认为在本案中存在理由时，法院可以依据申请，以决定形式命令行政机关暂时不得作出该处分或裁决。”

执行原则，又必然要涉及行政行为效力理论。德国行政行为理论认为：①就行政行为的法律属性而言，行政行为通知关系人后即生效，无论其是否合法。②如果没有按照法定期限或者成功地要求撤销，行政行为的法律效果就强化为存续力，即从临时的法律效果转变为最终确定的法律效力。③行政行为可以由作出该行为的行政机关执行。公民只能借助诉讼中赢得的判决实现自己对他人或行政机关的要求，而行政机关则不然，行政机关可以自行执行其通过行政行为确认的“请求权”。[1] 在日本，传统理论主张，行政行为的效力主要包括：公定力、不可争力、不可变更力和执行力。[2] 其中，尤以公定力和执行力与我们正在讨论的问题关系密切。所谓行政行为的公定力，是指“行政行为即使违法，至有撤销权限者予以撤销为止，无论是私人、法院，还是行政厅，任何人都不能否定其效力”。所谓行政行为的执行力，是指“违反相对人的意思，行政权以其自身的力量能够实现行政行为内容的效力”。“在行政行为中，公定力通过和执行力相结合，使之相对于私人的特权更加明确。”[3] 公定力通过和执行力相结合，还产生了行政诉讼法上的一个原则——起诉不停止执行原则。该原则是指诉讼期间，不停止行政行为的执行，这意味着诉讼的提起对行政行为的效果不产生影响。

但是，伴随法治国理念之滥觞，起诉不停止执行原则带来的形式正义与实质正义两相背离的问题引发普遍反思，重视填补权利保护漏洞已成为当代行政诉讼总的趋势。在日本，“不停止执行原则是根据行政行为的公定力理论推导出的，而现在一般认为行政行为的公定力理论并不是绝对的。现代行政行为效力理论认为，公定力是法律上合法性的推定，这种推定只是一种假定，而非实质意义的合法性之推定”，因此，“是否采用诉讼不

---

1 ［德］哈特穆特·毛雷尔：《行政法学总论》，高家伟译，法律出版社 2000 年版，第 204~205 页。

2 江利红：《日本行政法学基础理论》，知识产权出版社 2008 年版，第 436 页。

3 ［日］盐野宏：《行政法总论》，杨建顺译，北京大学出版社 2008 年版，第 93 页以下。

停止执行原则仅仅是个立法政策的问题”。[1] 相较之下，法国的变化更是革命性的。传统上，法国行政诉讼坚持继续执行原则，亦即，“行政诉讼原则上不妨碍受指控行政决定的执行力；尽管法官已经受理，但行政机关仍可以继续执行。这条基本准则构成了公权力的一项特权，而这种特权是行政诉讼的一个特征”。虽然前有所谓的“紧急审理”，但事实上其意义有限。据 D. 拉贝图尔的观察，“行政法官许久以来就认为，紧急诉讼程序必须罕用、慎用”。因为行政法官不承认自己有权向政府部门下达命令，既定的诉讼程序也存在许多限制条件。经过长达 15 年的反思，2000 年 6 月 30 日的法律推出了一系列重要改革，其中引人瞩目的就是“紧急审理—暂停执行”制度的确立。紧急审理法官接到紧急要求后，可以下令暂停一个行政决定。[2]

与法国早前的制度类似，“起诉不停止执行”亦是我国《行政诉讼法》确立的基本审判原则之一。在《行政诉讼法》修订过程中，诉讼期间是否停止行政行为的执行是一个热点问题。“新法延续了原法的思路，继续采用行政诉讼不停止执行原则。”这主要基于以下几点考虑：一是行政行为的公定力理论；二是行政效率的需要；三是保护社会公共利益的需要；四是对行政行为错误矫正机制的信任。[3] 在基本延续原规定的同时，新法也作了几处修改和完善。例如，增加利害关系人申请停止执行的权利，允许法院在必要时依职权裁定停止执行。修正后的《行政诉讼法》第五十六条第一款规定：“诉讼期间，不停止行政行为的执行。但有下列情形之一的，裁定停止执行：（一）被告认为需要停止执行的；（二）原告或者利害关系人申请停止执行，人民法院认为该行政行为的执行会造成难以弥补的损失，并且停止执行不损害国家利益、社会公共利益的；（三）人民法

1　江利红：《日本行政诉讼法》，知识产权出版社 2008 年版，第 417~418 页。

2　［法］让·里韦罗、让·瓦利纳：《法国行政法》，鲁仁译，商务印书馆 2008 年版，第 839 页以下。

3　参见信春鹰主编：《中华人民共和国行政诉讼法释义》，法律出版社 2014 年版，第 147 页。

院认为该行政行为的执行会给国家利益、社会公共利益造成重大损害的；（四）法律、法规规定停止执行的。”

在最高人民法院起草《关于审理政府信息公开行政案件若干问题的规定》时，在反信息公开诉讼条款原本只规定了“判决不得公开”，并没有涉及“暂时停止公开”。当时的考虑是，如果实践中确有需要，《行政诉讼法》可以提供现成的依据。但在征求意见过程中，有的研究机构认为：这样规定仅解决了如何判决的问题，尚未涉及先行保护的问题。经过认真考量，决定增加规定暂时停止公开条款。增设该条款主要基于以下理由：①原告提起反信息公开诉讼时，行政机关已经就公开涉及第三方商业秘密、个人隐私的政府信息作出决定，并且随时都会付诸实施。尤其是在《政府信息公开条例》没有明确规定“犹豫期”的情况下，更是存在行政行为足够严重地、立即地损害原告利益的紧急情形。即便设定了“犹豫期”，从国际惯例来看，这一期限一般也不会超过两个星期，指望最终裁判能够在如此短的时间内作出，显然不太现实。因此，期冀通过正式“判决不得公开”的既判力拘束行政机关，仍属缓不济急。②一般情况下，行政机关尚且可以在诉讼期间自行执行行政行为确认的内容，更何况政府信息就掌握在行政机关手中。这种“执行”可以随时进行并且无须付出任何努力即可实现，而政府信息一旦公开，原告的损失将会不可逆转。③国外的实践亦对这种必要性作出印证。例如，在美国涉及反信息自由法的诉讼中，“由于诉讼的判决需要经过一定的时间，而行政机关对要求提供文件的人必须在 10 日以内作出答复，所以反信息自由法的原告在提起诉讼以后，往往请求法院在判决前，发出预先禁止的命令。命令行政机关在诉讼进行期间，暂时不提交第三者要求的文件”[1]。④虽然《行政诉讼法》以规定“不停止执行原则”例外情形的方式提供了暂时权利保护的依据，但由于法官并不习惯采

1　王名扬：《美国行政法》，中国法制出版社 1995 年版，第 1020 页。

用，导致例外条款出现类似“空置”的实际效果，因此仍有必要以专门规定加以强调。

原司法解释只对原告申请停止公开作出规定，并没有采《行政诉讼法》的模式先行规定“被告认为需要停止执行”这一情形，意在淡化行政权优位观念和明显向被告倾斜的色彩。而且，假如被告真的认为存在停止公开的必要，其完全可以自主决定，未必需要借助诉讼中的暂时权利保护机制。曾有基层行政审判法官建议规定这样的内容：若信息的公开对公共利益有重大利益时，行政机关或第三人可以申请先予执行，至于不得公开抑或先行公开，由法院权衡利弊后作出裁判。[1] 这一建议没有被采纳。一方面，行政行为的执行力以及政府信息为行政机关实际控制的状况，决定了行政机关申请先予执行为没有必要。另一方面，允许第三人申请先予公开存在如下障碍：如果第三人以满足自己的知情权为由申请先予公开，这一权利恐难以对抗他人的个人信息自决权（更何况行政机关裁量公开涉及商业秘密、个人隐私的信息，只能以公共利益为唯一合法理由）；如果第三人以公共利益为由申请先予公开，则第三人是否具有代表“公共利益”的资格，亦是一个问题。总之，暂时停止公开条款的设立，与第一款的“判决不得公开”一起，共同构成了完整的预防性权利保护制度。新司法解释承继了原司法解释的暂时停止公开条款。

（3）暂时停止公开的要件

结合《行政诉讼法》《政府信息公开条例》的相关规定以及反信息公开诉讼的特点，暂时停止公开应当包括以下要件。

1　参见陈伏发：《预防性行政诉讼的构建与规范——以政府信息公开诉讼为视角》，载万鄂湘主编：《审判权运行与行政法适用问题研究》（下），人民法院出版社 2011 年版，第 768 页。

a. 积极要件

积极要件，是指对暂时停止公开发挥积极作用的要件。

①涉及原告的商业秘密、个人隐私

与提起诉讼时原告需要有诉的利益的原理相同，申请停止执行同样要求原告有意欲维护的利益存在，这种利益是指法律上的利益。具体到反信息公开诉讼，《政府信息公开条例》所要保护的信息公开第三方的法律上的利益就是政府信息涉及的商业秘密、个人隐私。所以，当原告提出暂时停止公开政府信息，法院首先要审查该政府信息是否涉及其商业秘密、个人隐私。在美国的反信息自由法诉讼中，法院是否发出预先禁止公开的命令，首先取决于这样一个因素，即“原告提出的理由是否有很大的胜诉希望”[1]。如果政府信息涉及原告的商业秘密、个人隐私，原告就有很大的胜诉希望，因为一般情况下，这种信息的公开为条例所禁止。涉及原告的商业秘密、个人隐私，亦是认定政府信息公开行为违法的重要因素之一。在具体审查中，由于时间紧急，法院对于这一要件的审查只能是初步的和宽泛的（例如，行政机关向原告发出的征求意见函或者书面通知就可以成为判断的依据），并不要求对商业秘密、个人隐私的实质构成要件作出严格审查认定，那是实体审理阶段的要求。从比较法的角度，亦可以提供借鉴。例如，法国的行政诉讼“在旧程序中必须有可靠的理由证明行政决定违法，方可暂停执行；如今仅仅以某个理由可能会在预审中引起对被诉决定之合法性的严重怀疑作为中止条件。”[2]

②造成难以弥补的损失

仅有意欲维护的利益存在，尚不足以使暂时停止公开成为必要，法院还要审查原告是否因法院不裁定暂时停止公开而可能受到难以弥补的损

1　王名扬：《美国行政法》，中国法制出版社 1995 年版，第 1020 页。

2　［法］让 · 里韦罗、让 · 瓦利纳：《法国行政法》，鲁仁译，商务印书馆 2008 年版，第 843 页。

失。这一要件存在的理由是：如果等待法院作出最终判决完全可以避免损害的发生，就不必启动暂时法律保护；如果这种损害事后完全可以得到弥补，也不必启动暂时法律保护。对于这一要件，美国将其定位为“不可弥补的损害”[1]。法国的情况是，“在旧程序中，只有继续执行被起诉决定会造成不可弥补的、至少是难以弥补的损害时，方可暂停执行；如今只以出现‘紧急情况’为中止条件。”至于何为紧急情况，法国最高行政法院将其界定为“足以危害起诉人的处境及其意欲维护的利益”。[2]在日本，2004年修改之前的《行政案件诉讼法》规定的是“难以恢复的损害”，2004年则修改为“重大损害”，这被认为“是从注重损害的‘性质’转变为注重损害的‘程度’或‘量’的改变。就范围而言，‘重大损害’的范围比‘难以恢复的损害’广泛，因此，这种修改被认为是对停止执行要件的缓和”。此外，日本《行政案件诉讼法》还规定了判断是否属于“重大损害”，必须考虑损害的性质和程度。由于非财产损害往往难以利用金钱补偿等事后救济方式弥补，因此往往需要利用事前的停止执行等措施进行救济。对于财产损害，一般情况下可以通过金钱补偿等事后救济方式，只有在财产损害重大或者具有不可替代性时，才适用停止执行制度予以救济。[3]可见，各国一般都设立了损害标准，并且对损害的性质、程度趋向缓和、宽松的态度，同时考虑了紧急的必要性。

本条第二款规定，“认为符合行政诉讼法第五十六条规定的，裁定暂时停止公开”，而《行政诉讼法》第五十六条第一款第二项所规定的标准是“难以弥补的损失”。具体而言，涉及原告商业秘密、个人隐私，一般

1 王名扬：《美国行政法》，中国法制出版社 1995 年版，第 1020 页。
2 ［法］让·里韦罗、让·瓦利纳：《法国行政法》，鲁仁译，商务印书馆 2008 年版，第 843 页。
3 参见江利红：《日本行政诉讼法》，知识产权出版社 2008 年版，第 420~421 页。

情况下都可以认定构成“难以弥补的损失”，[1]这是由权利损害的性质、行政行为涉及的信息传输的特性所决定的。至于紧急的必要性，《行政诉讼法》和本司法解释均未加以强调，言外之意是——“难以弥补的损失”就意味着紧急必要性。[2]

b. 消极要件

消极要件，是指对停止执行发挥不利作用的要件。根据《行政诉讼法》和本司法解释的规定，消极要件只有“损害国家利益、社会公共利益”一个。也就是说，停止公开政府信息不应当损害国家利益、社会公共利益。在对该消极要件进行审查时，应当把握以下几点：

①由于国家利益、社会公共利益是一个不确定的法律概念，对概念的解释以及对“损害可能性”的评估都应当立足于政府信息公开的具体语境之下进行。具体而言，重点要考察的是原告所要申请暂时停止公开的政府信息是否“涉及公共利益调整、需要公众广泛知晓”，并且不及时公开“可能对公共利益造成重大影响”。

②在反信息公开诉讼中，被诉行政行为都是行政机关不顾原告明确反对仍然决定将涉及其商业秘密、个人隐私的政府信息公开给第三方申请人。作出这一决定的法定理由独一无二，只能是行政机关认为“不公开可能对公共利益造成重大影响”。这是行政机关作出行政决定时要重点考虑的内容。基于审查对象的一致性，与在实体审理中一样，法院在作出暂时停止公开决定时，也可以根据行政机关进行公共利益衡量的行政记录作出判断。美国法院的做法就是如此，只有在行政记录非常不完备时，才适用重新审

1 关于“难以弥补的损失”，2004 年修改之前的日本《行政案件诉讼法》表述为“难以恢复的损害”，是指不能恢复原状的或不能利用金钱赔偿方式解决的损害。参见江利红：《日本行政诉讼法》，知识产权出版社 2008 年版，第 421 页。

2 在日本，虽然“紧急必要”与“重大损害”是两个不同的要件，但一般认为在产生或有可能产生重大损害时都承认停止执行的紧急必要性。因此，可以将两者作为整体来判断。在判例中，法院一般在存在重大损害时都承认停止执行的紧急必要性。参见江利红：《日本行政诉讼法》，知识产权出版社 2008 年版，第 422 页。

理的证据标准，也就是以法院的判断代替行政机关的判断。[1]日本法院采同样做法，“在停止执行的审理与案件的审理同时进行时，案件审理的资料可以作为停止执行审理的资料使用”[2]。

③暂时停止公开裁定与最终的案件判决应当采用不同的证明方法。在日本，停止执行的决定必须基于疏明[3]作出，疏明必须根据能够即时调查取证的证据进行。[4]

④“按照利益权衡规则，对任何与权衡有关的利益应当根据法律规定和现实状况客观地进行轻重缓急方面的斟酌。”[5]一般情况下，个人利益（包括商业秘密、个人隐私）无疑应当让位于公共利益，这是由权利性质的“轻重”所决定的。但在我们正在讨论的这种场合下，未必应该简单照此处理，因为还存在一个“缓急”问题。鉴于政府信息一旦公开即无法回转，在涉及商业秘密、个人隐私的情况下暂时停止公开，可以起到以“缓”救“急”的功效，以免私人利益产生“无法弥补的损失”。即使公开该政府信息符合公共利益，倘若该公共利益并不必然要求立即将政府信息公开，是可以允许暂时让位于较小但更急的利益的。正如日本学者盐野宏所言：“一般地说，可以视为本案无理由的程度较大的情况下，即使损害的程度稍轻微也可以，并且，损害的程度较大的情况下，消极要件的认定稍微宽松一些也可以。”[6]

---

1 参见王名扬：《美国行政法》，中国法制出版社 1995 年版，第 1020 页。

2 江利红：《日本行政诉讼法》，知识产权出版社 2008 年版，第 426 页。

3 日本学者认为，疏明是指让法官就当事人主张的事实形成心证，或以此为目的的诉讼行为。疏明是诉讼程序进行时用于比较轻微事项的一种简易证明方法。疏明的特点在于即时性。参见［日］中村英郎：《新民事诉讼法讲义》，陈刚等译，法律出版社 2001 年版，第 198 页。

4 参见江利红：《日本行政诉讼法》，知识产权出版社 2008 年版，第 426 页。

5 ［德］汉斯·J. 沃尔夫、奥托·巴霍夫、罗尔夫·施托贝尔：《行政法》（第 2 卷），高家伟译，商务印书馆 2002 年版，第 264 页。

6 ［日］盐野宏：《行政救济法》，杨建顺译，北京大学出版社 2008 年版，第 140 页。

c. 程序要件

程序要件，是指在向法院申请停止公开政府信息时必须满足的程序性要件。具体包括以下两个方面。

①原告申请

本条第二款规定，请求停止公开政府信息必须由原告申请，法院不得依职权作出暂缓公开的决定。由于反信息公开诉讼的原告都是认为行政机关公开的政府信息涉及其商业秘密、个人隐私的权利人，因此都有申请停止公开政府信息的资格。

②在诉讼期间申请

按照本条第二款的规定，提出停止公开政府信息申请的时间是诉讼期间，也就是在立案受理后、宣告判决裁定前。在实践中，原告一般可以在提起诉讼的同时提出暂时停止公开申请，但是，法院作出暂时停止公开政府信息的裁定应当是在诉讼的审理过程中。

（4）作出裁定

按照《行政诉讼法》第五十六条和司法解释本条第二款的规定，暂时停止公开或者不停止公开均以裁定作出。当事人对暂时停止公开或者不停止公开的裁定不服的，不可以上诉，可以申请复议一次。

第十四条　［驳回诉讼请求判决］

第十四条　有下列情形之一的，人民法院判决驳回原告的诉讼请求：

（一）被告作出的公开、不予公开的决定或者无法提供、不予处理的告知合法的；

（二）申请公开的政府信息内容已经向公众公开，被告告知申请人获取该政府信息的方式、途径和时间的；

（三）被告收到同一申请人的不同申请或者不同申请人内容相同的申请后，在同一个政府信息公开答复中一并予以答复且答复内容合法的；

（四）原告起诉被告逾期不予答复理由不成立的；

（五）原告以政府信息侵犯其商业秘密、个人隐私为由请求不公开，理由不成立的；

（六）其他应当判决驳回诉讼请求的情形。

1. 判决驳回原告的诉讼请求

本条规定的是驳回诉讼请求判决, 共有六项, 分别是: 被告作出的公开、不予公开的决定或者无法提供、不予处理的告知合法的; 申请公开的政府信息内容已经向公众公开, 被告告知申请人获取该政府信息的方式、途径和时间的; 被告收到同一申请人的不同申请或者不同申请人内容相同的申请后, 在同一个政府信息公开答复中一并予以答复且答复内容合法的; 原告起诉被告逾期不予答复理由不成立的; 原告以政府信息侵犯其商业秘密、个人隐私为由请求不公开, 理由不成立的; 其他应当判决驳回诉讼请求的情形。

判决驳回原告的诉讼请求是 2014 年《行政诉讼法》第六十九条新增加的判决方式, 其取代了 1989 年《行政诉讼法》第五十四条第一项规定的维持判决。这不是一对一的简单替代, 而是回归诉讼本原的正本清源之举。相比维持判决, 驳回诉讼请求判决具有更为广阔的适用空间, 也更加符合诉讼的一般规律。

《行政诉讼法》原第五十四条第一项规定: "具体行政行为证据确凿, 适用法律、法规正确, 符合法定程序的, 判决维持。"这就是所谓的维持判决。"维持判决一说, 是中国特色。在与中国相似的欧洲大陆法系国家以及日本的行政诉讼制度中, 没有维持判决形式。在英美法系国家, 更没有维持判决形式。" [1] 在《行政诉讼法》修订过程中, 乃至回溯到《行政诉讼法》

1 甘文:《行政诉讼法司法解释之评论——理由、观点与问题》, 中国法制出版社 2000 年版, 第 159 页。

施行之初，维持判决的必要性与合理性就一直受到广泛质疑。其中，比较有代表性的观点主要集中在以下几个方面：其一，超出了司法权的范围。学说见解认为，“司法权是一种中立性、被动性的权力，因而，司法实行不告不理原则。由司法权的性质所决定，判决要与原告的诉讼请求相衔接。判与诉是相对应的，判决是对诉讼请求的回应。任何超出诉讼请求的问题，法院都不应主动去裁判，否则超出了司法权的范围”[1]。其二，维持判决影响行政权的灵活运用。实务见解认为，“经法院判决维持的行政行为，行政机关不能轻易变更。这不是维持判决的优点，而是其缺点。因为，这限制了行政机关根据条件的变化和行政管理的需要作出应变的主动性”[2]。而驳回诉讼请求判决就不会产生这种效果。日本学者高桥宏志认为：“在驳回请求的场合中，给付之诉与形成之诉并不产生执行力或形成力，换言之，在驳回请求的状况下，无论是给付之诉，还是确认之诉，或是形成之诉，作为判决效而言，产生的仅仅是基于‘法律要件不存在’之确认判断的既判力”。[3] 其三，维持判决缺乏必要性。“根据行政法的一般原理，有效的行政行为一经作出，在被有权机关撤销或者变更之前，应当一直视为有效而具有约束力。法院判决维持一个有效的具有约束力的具体行政行为，实属没有必要。”[4]

当然，主张保留维持判决的也有人在，但其理由似乎很难成立。例如，有学者认为，维持判决为贯彻《行政诉讼法》维护行政机关依法行使行政职权的立法宗旨所必需。对合法的具体行政行为判决维持，就是对行政机关合法行使行政职权的一种保障或维护。[5] 但也有学者不认为维持判决能够

1 马怀德主编：《行政诉讼原理》，法律出版社 2003 年版，第 430 页。

2 甘文:《行政诉讼法司法解释之评论——理由、观点与问题》, 中国法制出版社 2000 年版, 第 159 页。

3 参见［日］高桥宏志：《民事诉讼法：制度与理论的深层分析》，林剑锋译，法律出版社 2003 年版，第 70 页。

4 甘文:《行政诉讼法司法解释之评论——理由、观点与问题》, 中国法制出版社 2000 年版, 第 159 页。

5 参见胡康生《〈行政诉讼法〉立法过程中的若干问题》，载最高人民法院《行政诉讼法》培训班主编：《行政诉讼法专题讲座》，人民法院出版社 1989 年版，第 36 页。

起到支持行政机关依法行使行政职权的作用。“或许是因为起草《行政诉讼法》时，立法机关所遭受的阻力过大，而凭空想出来的一个‘支持’行政机关依法行政的判决形式”。[1]在2014年修正的《行政诉讼法》已经将立法目的中的“维护”二字予以删除的情况下，这种观点也就失去了最根本、最基础性的理由。还有学者认为，“行政诉讼与民事诉讼最本质的区别在于，除了要解决纠纷之外，还要考量公共利益的平衡问题”，“因此对合法的行政行为予以维持恰好体现了司法对公共利益的关切和维护”。这一观点试图以德国为例说明行政诉讼审理模式包含更多的职权探知主义色彩，[2]但其忽视了这样一个事实：德国非但不设维持判决，反而最为强调“诉的理由具备性”，认为这是“从行政诉讼法通往实体行政法的最重要的桥梁”。弗里德赫尔穆·胡芬举例认为，撤销之诉的理由具备性审查的基本结构是被告被动适格、行政行为违法、原告的权利因此受到侵害，“只要其中一个条件缺失，诉就不具备理由，法院必须将其驳回”。[3]可见，在行政诉讼中对公共利益予以关切和维护，并不需要非得以维持被诉行政行为的方式实现，而是可以通过针对原告诉的理由具备性的审查实现对案件的最终裁判。

正是由于废除维持判决的意见已成主流，《行政诉讼法》的有关修改几乎没有引发任何争议。这可能也得益于早在2000年最高人民法院就已通过《关于执行〈中华人民共和国行政诉讼法〉若干问题的解释》引入了驳回诉讼请求的判决方式，使维持判决的适用空间事实上已经变得非常狭小。但是，该司法解释第五十六条引入的驳回诉讼请求判决，本质上只是对维持判决所作的一种补充，适用情形非常有限。除兜底条款外，驳回诉讼请求判决其实只限于三种情形：起诉被告不作为理由不能成立的；被诉具体

1　甘文：《行政诉讼法司法解释之评论——理由、观点与问题》，中国法制出版社2000年版，第160页。
2　参见胡建淼主编：《行政诉讼法修改研究》，浙江大学出版社2007年版，第393页。
3　［德］弗里德赫尔穆·胡芬：《行政诉讼法》，莫光华译，法律出版社2003年版，第397页。

行政行为合法但存在合理性问题的；被诉具体行政行为合法，但因法律、政策变化需要变更或者废止的。因此，驳回诉讼请求判决实质上只是对维持判决的帮衬而非替代，也不具有针对每一种诉讼类型的普适效力。

而在《行政诉讼法》修改前，真正实现以驳回诉讼请求判决替代维持判决的，是《最高人民法院关于审理政府信息公开行政案件若干问题的规定》。从政府信息公开案件的特点看，维持判决的不适应性更为凸显。第一，维持判决主要针对的是撤销之诉，撤销之诉中尚有被诉行政行为可以被维持，而政府信息公开诉讼属于给付之诉，原告的诉讼请求一般都是明确要求给付，或者反对某项政府信息的公开，并非仅仅要求法院对被诉行政行为的合法性进行审查。第二，有些政府信息公开行为属于事实行为，通过判决维持一种事实行为的效力，在行政行为理论上也是说不通的。第三，政府信息最终能否公开，具有因时而异的特点。某项政府信息在申请公开时系国家秘密而不予公开，若后续解密了，不予公开的理由就不再成立。因此，不宜用维持判决对政府信息的公开性施以羁束效果。综上，在《行政诉讼法》取消维持判决之前，《最高人民法院关于审理政府信息公开行政案件若干问题的规定》就已弃用维持判决，原告诉讼请求不成立的一律以判决驳回，实际上成为《行政诉讼法》修改的先行实验者。新司法解释沿袭了原司法解释判决驳回原告的诉讼请求的判决模式，又根据《政府信息公开条例》的修订，特别是第三十六条“处理决定类型化”的新动向，对应当判决驳回诉讼请求的具体情形进行了增删，体系更为完善。

2. 公开、不予公开的决定或者无法提供、不予处理的告知合法

根据《政府信息公开条例》第三十三条第一款、第二款的规定，“行政机关收到政府信息公开申请，能够当场答复的，应当当场予以答复”，“行政机关不能当场答复的，应当自收到申请之日起20个工作日内予以答复”。至于如何答复，该条例第三十六条作出了类型化规定。“这一条包含七项具体条文，实际上确立的是四种基本处理决定类型，分别是予以公开、不予公开、无法提供、不予处理。”[1] 本条第一项，主要对应原告起诉这四类决定理由不成立的情况。

（1）被告作出的公开决定合法

《政府信息公开条例》第三十六条第一项规定，“所申请公开信息已经主动公开的，告知申请人获取该政府信息的方式、途径”，第二项规定，“所申请公开信息可以公开的，向申请人提供该政府信息，或者告知申请人获取该政府信息的方式、途径和时间”。这两种答复都是予以公开的决定，只不过因为第一种情形属于政府信息已经主动公开，在性质上还涉及行政机关没有重复公开义务问题，所以本条将其在随后的第二项中单独规定。

根据《政府信息公开条例》的规定，所申请公开信息可以公开的，行

1　后向东：《中华人民共和国政府信息公开条例（2019）理解与适用》，中国法制出版社 2019 年版，第 76 页。

政机关应当向申请人提供。能够当场提供的，当场提供；不能当场提供的，应当告知申请人获取该政府信息的方式、途径和时间。既然政府信息可以公开，那么判断行政机关是否履行法定职责的标准就是申请人是否能够确实获取信息。如果通过行政机关的告知能够获取信息，就应当认定行政机关作出的公开决定合法，从而驳回原告的诉讼请求。

在行政机关作出公开决定的情况下，申请人为什么还要提起行政诉讼？可能的情形或许有：①行政机关虽然公开了政府信息，但并不是申请人所申请的内容，或者行政机关由于区分处理不当损害了政府信息的完整性。在这种情况下，人民法院应当审查行政机关提供的政府信息是否准确、完整。②行政机关虽然公开了政府信息，但并不是申请人所要求的形式。在这种情况下，人民法院应当审查是否存在《政府信息公开条例》第四十条所规定的不能按照申请人要求的形式提供政府信息的法定事由。③行政机关虽然提供了政府信息，但申请人认为在程序、收费等方面存在违法。在这种情况下，人民法院应当对程序、收费等问题进行审查，如果违法程度轻微，并不足以确认违法，或者判决行政机关重新处理没有实际必要，也可以驳回原告的诉讼请求。

（2）被告作出的不予公开决定合法

《政府信息公开条例》第三十六条第三项规定，“行政机关依据本条例的规定决定不予公开的，告知申请人不予公开并说明理由”。按照“公开为常态，不公开为例外”的原则，行政机关作出不予公开决定必须有明确的法律依据。“依据本条例的规定决定不予公开”，说的就是这个意思。至于“本条例的规定”，则是指《政府信息公开条例》第十四条、第十五条、第十六条的规定。具体有以下几种情形：

a. 国家秘密

政府信息公开的例外有强制性例外与非限制性例外之区别。从各国立法来看，国家秘密几乎没有例外地被视为强制性例外，这是维护国家安全与利益所必需的。《政府信息公开条例》第十四条规定，“依法确定为国家秘密的政府信息……不予公开”，这是排在首位的不予公开的情形。《政府信息公开条例》第十七条第二款还规定：“行政机关应当依照《中华人民共和国保守国家秘密法》以及其他法律、法规和国家有关规定对拟公开的政府信息进行审查。”可见，《保守国家秘密法》属于特别法，依特别法优于普通法之法则，自应优先适用。

行政机关主张政府信息“依法确定为国家秘密”而“不予公开”的，人民法院只进行有限形式审查，应当主要集中在行政机关主张政府信息属于国家秘密是否有确实充分的证据支持。例如，行政机关提供的承载国家秘密的纸介质、光介质、电磁介质等载体是否具有国家秘密标志；国家秘密的密级、保密期限和知悉范围是否已经变更；国家秘密的保密期限是否已满并自行解密；在保密期限内的国家秘密是否已经提前解密。

另外要注意的是，是否“依法确定为国家秘密”，裁判基准时应当确定在人民法院作出裁判之前。所以，在判决作出前的补定密也是应当允许的，行政机关在答复时说明理由错误的，也应当允许替换。不能因为行政机关作出答复时尚未定密而判决其公开，也不能因为行政机关说明理由错误而判决其公开，这是由行政诉讼的客观法秩序维护功能所决定的。

b. 法律、行政法规禁止公开

“法律、行政法规禁止公开的政府信息……不予公开”，这是《政府信息公开条例》第十四条规定的第二种情形。“法律、行政法规”相较于《政府信息公开条例》，也具有特别法的优先适用地位。适用这一规定应当把握两点：第一，在法律位阶方面，仅限于“法律、行政法规”，不包括地方性法规、规章及以下。二是所禁止公开的政府信息，内容必须具体明确。[1]

c. 公开后可能危及国家安全、公共安全、经济安全、社会稳定

“公开后可能危及国家安全、公共安全、经济安全、社会稳定的政府信息，不予公开”，这是《政府信息公开条例》第十四条规定的第三种情形。所谓“三安全一稳定”，《政府信息公开条例》在修订前的将其列为总则性条款，在修订后将其明确为正式的例外条款。实务见解认为，“涉及国家安全的豁免情形，主要适用于中央层面的行政机关，这是由行政机关职权所决定的”。通常情况下，既然涉及国家安全，都应当确定为国家秘密。[2]至于公共安全和社会稳定，由于属于“不确定法律条款”，适用时应当慎重。“立足于我国实际，在适用公共安全和社会稳定条款时，可以考虑引入必要的程序控制，即行政机关认为特定信息公开后可能对公共安全和社会稳定造成不利影响的，应当将这一问题提交给同级政府研究决定，同级政府经研究后确认的，可以适用公共安全和社会稳定条款。”[3]人民法院审理涉及公共安全和社会稳定条款的案件，也可以要求行政机关提交同级政府的确认意见。关于“经济安全”，修订后的《行政复议法》和本司法解释已经将其并入“国家安全”。

d. 商业秘密、个人隐私

《政府信息公开条例》第十五条规定：“涉及商业秘密、个人隐私等公开会对第三方合法权益造成损害的政府信息，行政机关不得公开。但是，第三方同意公开或者行政机关认为不公开会对公共利益造成重大影响的，予以公开。”

---

1 参见后向东：《中华人民共和国政府信息公开条例（2019）理解与适用》，中国法制出版社 2019 年版，第 39 页。

2 参见后向东：《中华人民共和国政府信息公开条例（2019）理解与适用》，中国法制出版社 2019 年版，第 40 页。

3 参见后向东：《中华人民共和国政府信息公开条例（2019）理解与适用》，中国法制出版社 2019 年版，第 40 页。

①商业秘密

与国家秘密不同，对政府信息是否涉及商业秘密的司法审查是完全的、实质的审查。这种审查主要应当集中在以下几个方面：第一，是否构成商业秘密。对于这一问题的审查，固然可以参照《反不正当竞争法》等法律对商业秘密的构成、内涵和范围的界定，但是还应当注意在政府信息公开语境下界定商业秘密。基于不同立法的宗旨各异，政府信息公开案件与普通商业秘密案件有所不同。一般来说，普通商业秘密案件侧重保护的是私益，不涉及知情权问题；而信息公开法侧重规定的是政府信息公开，对商业秘密的保护不能扩大化，更不能一涉及商业企业就认为涉及商业秘密，否则将危及信息公开制度本身。第二，是否征求第三方意见。按照《政府信息公开条例》的规定，只有在“公开会对第三方合法权益造成损害”的情况下，涉及商业秘密的政府信息才不得公开。而且，如果第三方同意公开，即使涉及商业秘密也可以公开；所以《政府信息公开条例》规定了征求第三方意见程序，这一程序既是对第三方权益的尊重和保护，也是确保政府信息最大限度公开的制度保证。人民法院应当对此进行审查，并确认第三方的意见。第三，是否进行公共利益衡量。对于涉及商业秘密的政府信息，《政府信息公开条例》第十五条还规定，“行政机关认为不公开会对公共利益造成重大影响的，予以公开”。这种公共利益衡量，既是行政机关的权利，也是行政机关的义务。从其他国家的实践看，行政机关在决定是否免除商业秘密信息的公开时，往往首先考虑公共利益，而不是企业的私人利益，公益目标始终是法院审理此类案件时的基本价值取向。特别是涉及公众“知道”的利益以及公共健康或环境保护利益方面，信息公开已经成为广泛使用并具有很高价值的工具。

②个人隐私

与商业秘密相同，个人隐私亦作为非强制性例外而为《政府信息公开条例》所规定。涉及个人隐私的政府信息不得公开，同样考虑的是此权利与彼权利也就是个人隐私权与知情权的平衡问题。隐私权正在日益成为一项为国际社会和各国法律广泛承认与保护的公民的基本权利。为保护隐私权，各国在制定信息公开法时，普遍把个人隐私作为信息公开的例外。从一些国家的立法例来看，信息公开法律制度对个人隐私的保护，多通过保护个人信息来实现。我国也于 2021 年制定了《个人信息保护法》，该法也应成为处理政府信息公开领域个人隐私的法律依据。根据该法第四条第一款的规定，“个人信息是以电子或者其他方式记录的与已识别或者可识别的自然人有关的各种信息，不包括匿名化处理后的信息”。

在政府信息公开语境中，个人隐私问题需要把握以下几个方面：第一，并非所有的个人信息都构成个人隐私，个人隐私是指行政机关所掌握的个人信息中涉及个人隐私权的内容。在这方面，《个人信息保护法》第二十八条第一款规定的“敏感个人信息”可以被理解为政府信息公开中需要保护的“个人隐私”。具体而言，“敏感个人信息是一旦泄露或者非法使用，容易导致自然人的人格尊严受到侵害或者人身、财产安全受到危害的个人信息，包括生物识别、宗教信仰、特定身份、医疗健康、金融账户、行踪轨迹等信息，以及不满十四周岁未成年人的个人信息”。第二，个人对涉及其个人隐私的政府信息拥有决定其是否公开的权利。行政机关认为申请公开的政府信息涉及个人隐私，公开会对第三方合法权益造成损害的，应当依照《政府信息公开条例》第二十三条的规定，书面征求第三方的意见。在这种情况下，第三方对放弃自己的某些隐私利益拥有支配权。第三，个人隐私权存在可克减性，也就是说，如果与隐私权相对的公共利益足够重要，则允许隐私权为公共利益让步。[1] 这就是《政府信息公开条例》第十五条规定的但书，即“行政机关认为不公开会对公共利益造成重大影响的，

1　参见王丽萍、步雷等：《信息时代隐私权保护研究》，山东人民出版社 2008 年版，第 65~66 页。

予以公开”。实践中，行政机关更乐于以涉及个人隐私、第三方不同意公开为由拒绝公开，而怠于进行公共利益衡量。这种裁量的懈怠固然是对个人隐私利益的尊重，但也可能损及更为重要的公共利益。在这种情况下，即使行政机关没有作出这种利益裁量，人民法院也可以责令行政机关作出，或者由法院直接作出。

e. 内部事务信息

《政府信息公开条例》第十六条第一款规定：“行政机关的内部事务信息，包括人事管理、后勤管理、内部工作流程等方面的信息，可以不予公开。”内部事务信息是《政府信息公开条例》修订时增加的一种公开的例外情形。此前，《国务院办公厅关于做好政府信息依申请公开工作的意见》（国办发〔2010〕5号）曾经规定：“行政机关在日常工作中制作或者获取的内部管理信息以及处于讨论、研究或者审查中的过程性信息，一般不属于《条例》所指应公开的政府信息。”

在一些国家，行政机关的内部事务信息也被列入可以免除公开的情形。例如，在美国，1946年《行政程序法》曾规定机关内部管理文件不在公开范围之内，1966年制定《信息自由法》时，认为“内部管理”一词范围太广，将其改为“机关内部人员的规则和习惯”。[1] 此类信息之所以不公开，有两个理由：“一是对外不直接发生法律效力，不公开也不会对当事人的合法权益造成实际影响；二是一旦公开，有可能会给公务活动的正常运转造成障碍或负担。”[2]

内部事务信息并非一个确定性概念，也不属于强制性豁免公开，所以在审查标准上通常比较严格。美国联邦最高法院认为，法院遇到这类案件，必须衡量政府的保密利益和公众了解的利益。对公开的规定必须给予广义

1 参见王名扬：《美国行政法》，中国法制出版社1995年版，第979页。
2 赵锋：《政府信息公开诉讼原理及判例注解》，法律出版社2024年版，第288页。

的解释，对免除公开的规定必须采取严格的解释，以达到《信息自由法》的主要目的。[1]我国实务见解对此认为：第一，不能对内部事务信息作扩大化理解。“只有人事管理、后勤管理、内部工作流程三类信息，才属于内部事务信息。其他信息，原则上不能纳入这类豁免范围。”[2]第二，采用“内容＋效力”标准进行判断。“一方面，需要从信息的制作主体、工作流程和具体内容来判断其是否具有‘内部性’的特征，如纯粹的人事考核、奖惩任免、日常考勤、机关食堂规则等就属于内部事务信息；另一方面，如果内容性质不好判断，可进一步考察其法律效果，如果其能够对外发生法律效力，对于当事人的权利义务产生实际影响，则可将其排除在内部事务信息之外。”[3]第三，进行利益衡量。“当公开造成的损害大于其产生的收益时，可不予公开内部事务信息。”[4]

f. 过程性信息

《政府信息公开条例》第十六条第二款规定：“行政机关在履行行政管理职能过程中形成的讨论记录、过程稿、磋商信函、请示报告等过程性信息以及行政执法案卷信息，可以不予公开。法律、法规、规章规定上述信息应当公开的，从其规定。”过程性信息亦是《政府信息公开条例》修订时增加的一种公开的例外情形。此前，《国务院办公厅关于做好政府信息依申请公开工作的意见》（国办发〔2010〕5号）曾经规定：“处于讨论、研究或者审查中的过程性信息，一般不属于《条例》所指应公开的政府信息。”

过程性信息，也叫决策信息，指的是行政机关在作决定之前的准备过程中形成的文件。不少国家将过程性信息列入免予公开范围。例如，在日

1 参见王名扬：《美国行政法》，中国法制出版社1995年版，第980页。
2 后向东：《中华人民共和国政府信息公开条例（2019）理解与适用》，中国法制出版社2019年版，第40页。
3 赵锋：《政府信息公开诉讼原理及判例注解》，法律出版社2024年版，第292页。
4 赵锋：《政府信息公开诉讼原理及判例注解》，法律出版社2024年版，第293页。

本，有关审议、讨论或协议的信息是被列为不公开信息的。《行政机关信息公开法》第五条第五项规定，除外信息包括："国家机关和地方公共团体内部或相互之间有关审议、讨论或协议的信息中，因公开可能对坦率的意见交换、意思决定的中立性造成不当损害、可能产生国民间的混乱、可能不当地给予特定的人利益或不利益的信息。"[1] 在美国，这类例外被称作"讨论程序的特权"，"包括行政机关在作决定以前讨论过程中的各种观点、意见、建议、方案等一系列文件"。"法院承认这类特权出于两个理由：第一，鼓励行政机关在作决定以前尽量交换意见，听取各种观点。如果行政机关把讨论中的意见公开，参与讨论程序的官员恐惧自己的意见受到外界批评，不敢畅所欲言，上级官员得不到下级官员坦白诚恳的建议，必然影响决定的质量。第二，避免过早的公开引起误解，和对程序可能产生的妨碍。因为过早的公开讨论中的观点，可能引起公众的某种期望。如果最后的决定和讨论中的意见不同，有时会引起外界的误解和猜测，对行政机关不利。有时过早地公开讨论中的文件，会限制行政机关以后的决定，妨碍决定程序的进展。"[2]

然而，在许多国家，决策信息并不是绝对的例外，而要取决于根据相关标准的审查。例如，在大多数欧盟国家，对于尚处于讨论、研究或审查阶段的信息，纯粹基于"损害标准"而非文件的形成阶段来决定，是否公开，即并不是将"处于讨论阶段的信息"完全排除在外，而是要求决策者证明信息的公开会造成损害（扰乱社会稳定或决策制定），这也构成这些国家的政府信息公开法案中的"公共利益衡量标准"的一部分：决策者需要衡量公开可能带来的好处（例如，告知公众有一件会对他们产生影响的重要

1　参见［日］盐野宏：《行政法总论》，杨建顺译，北京大学出版社 2008 年版，第 225 页。
2　王名扬：《美国行政法》，中国法制出版社 1995 年版，第 990 页。

议案）与可能造成的损害（因为公众会干扰政府通过该立法的努力）。[1] 在美国，这一例外在实践中的界限也非常难以把握。例如，该例外保护决策过程，但并不适用于与决策过程有关的纯事实信息。除事实与决策过程不可分辨以外，事实信息必须公开。而且保护决策过程只适用于决定作出过程期间，一旦决定作出，公众就有权了解决定的过程。[2]

相比内部事务信息，过程性信息这个概念的不确定性似乎更为突出。为把握其内涵外延，实务见解通过对《政府信息公开条例》第十六条第二款的解读，试图从信息类型方面进行限制："过程性信息，包括以下四类：一是讨论记录，二是过程稿，三是磋商信函，四是请示报告。除此之外，其他信息一般不属于过程性信息。"[3] 但也有学者主张应更多关注过程性信息公开后的影响，而不是过程性信息的类型。其认为，应当考虑以下因素：第一，决策和决策过程本身的敏感性。第二，信息披露对决策过程的损害的后果严重性。第三，成熟原则。过程性信息披露的危害可能会因时间变化而减少，信息应在时机成熟时公开。第四，可分割性。即使一个文件满足豁免公开的条件，政府机构也要考虑其中是否存在可公开的信息，并将可公开的信息与豁免公开的信息进行分割后再公开。[4]

g. 行政执法案卷信息

《政府信息公开条例》第十六条第二款在规定了过程性信息可以不予公开的同时，还规定了行政执法案卷信息可以不予公开。行政执法案卷信息"与过程性信息具有高度类似性，因此被并列规定在一起"[5]。

---

1 参见吕艳滨、［英］Megan Patricia Carter:《中欧政府信息公开制度比较研究》，法律出版社 2008 年版，第 130 页。

2 参见周汉华主编：《外国政府信息公开制度比较》，中国法制出版社 2003 年版，第 62 页。

3 后向东：《中华人民共和国政府信息公开条例（2019）理解与适用》，中国法制出版社 2019 年版，第 43 页。

4 参见赵锋：《政府信息公开诉讼原理及判例注解》，法律出版社 2024 年版，第 301 页。

5 后向东：《中华人民共和国政府信息公开条例（2019）理解与适用》，中国法制出版社 2019 年版，第 43 页。

行政执法案卷信息与过程性信息，两者之间如果真的存在类似性，最为相似的一点，可能就是：行政执法也存在“过程性”。王名扬教授在论及美国《信息自由法》免除公开的范围时曾说：“政府为了执行法律必须保持一定的秘密，世界各国都是如此。例如，警察局为了逮捕一个犯人，不能事先让犯人知道警察局的调查和逮捕计划。信息自由法中规定某些执法文件不公开的目的，在于避免过早的公开，以保持对违法行为进行调查和收集信息的秘密。法律不能一方面要求行政机关执行法律，一方面又让违法的人根据信息自由法的规定，而得到行政机关为执法目的收集的信息和制作的记录。”[1]《政府信息公开条例》将行政执法案卷信息规定为可以不予公开的信息，并且将其与过程性信息规定在一起，恐怕也是出于同样的考虑。

值得探讨的是行政执法案卷信息的界定。《政府信息公开条例》对内部事务信息和过程性信息都以列举的方式说明了具体范围，对行政执法案卷信息则没有任何展开。这也引发了对行政执法活动的范围的争论。对于“何为行政执法活动，广义的理解可以指向行政机关的全部履行法定职能的活动，狭义的理解则是侵益性行政行为，最狭义的理解仅指行政处罚。”[2]比较通行的观点是：“对行政执法，应作广义理解，指所有执行法律法规的行为。”[3]也有人援引《国务院关于印发全面推进依法行政实施纲要的通知》（国发〔2004〕10号）关于“行政机关应当建立有关行政处罚、行政许可、行政强制等行政执法的案卷。对公民、法人和其他组织的有关监督检查记录、证据材料、执法文书应当立卷归档”的规定，建议以此界定行政执法案卷的范围。这一规定的界定似乎更为得当，也与其他国家和地区的规定

1 王名扬：《美国行政法》，中国法制出版社1995年版，第997页。

2 赵锋：《政府信息公开诉讼原理及判例注解》，法律出版社2024年版，第309页。

3 后向东：《中华人民共和国政府信息公开条例（2019）理解与适用》，中国法制出版社2019年版，第43页。

大致相当。例如，我国台湾地区“资讯公开法”第十八条条第一项第四款规定，“政府机关为实施监督、管理、检（调）查、取缔等业务，而取得或制作监督、管理、检（调）查、取缔等对象之相关资料，其公开或提供将对实施目的造成困难或妨害者”，亦得豁免公开。[1]

总而言之，“行政执法案卷是一个外延十分宽泛的概念，如果将其全部纳入豁免公开范围，势必会造成大量的政府信息无法公开，对公众的知情权造成重大不利影响，也可能会架空政府信息公开制度”[2]。在这种情况下，采取怎样的司法审查标准就显得非常关键。最高人民法院“法答网精选答问”（第十三批）对于“审判实践中，应当如何把握行政执法案卷信息公开的审查标准”，相关人士进行了现场答疑。兹将答疑意见录入，以资参考：

> 行政执法案卷信息指在行政执法过程中形成的记录在案卷中的信息，包含案件基本信息、当事人信息、调查笔录、询问笔录、行政执法决定等相关材料。行政执法案卷信息通常由负责卷宗制作或者保存的行政机关承担是否公开、如何公开的法定职责。根据《政府信息公开条例》第十六条第二款的规定，行政执法案卷信息如果不属于法律、法规、规章规定应当公开的，行政机关可以不予公开。司法实践中需把握以下三点：
>
> 第一，对可不予公开的行政执法案卷信息要科学判断。此类信息不宜公开，主要考虑到公开后可能会对国家安全、社会公共利益、商业秘密或者个人隐私等造成损害，违反相关法律规定以及公开时机尚不成熟、公开效果不佳等因素。

1 参见翁岳生主编：《行政法》（第4版），台北，元照出版有限公司2020年版，第162页。
2 赵锋：《政府信息公开诉讼原理及判例注解》，法律出版社2024年版，第309页。

第二，行政机关以申请人申请公开的信息为行政执法案卷信息为由决定不予公开的，人民法院审查时应当考虑：一是有无法律、法规、规章对所申请信息应当公开的专门规定；二是相关信息是否与行政执法案件有直接关联；三是行政机关是否已将所申请的信息纳入执法卷宗；四是申请人能否依法通过申请阅览卷宗获取所申请的信息。

第三，要疏通对行政执法案卷信息具有知情权的当事人通过其他法定路径获取信息渠道。如《最高人民法院关于审理政府信息公开行政案件若干问题的规定》第二条第四项规定，行政程序中的当事人、利害关系人以政府信息公开名义申请查阅案卷材料，行政机关可以告知其按照相关法律、法规的规定办理。查阅案卷材料属于卷宗阅览权的行使范畴，是行政执法过程中行政相对人的程序性权利。申请人依法有权知晓相关案卷信息的，可以通过相应的法定路径获取。实践中，行政机关应当拓宽渠道，依法保障当事人在行政执法程序各环节的卷宗阅览权。[1]

正如答疑意见所提到的，行政执法案卷信息公开与卷宗阅览关系密切，《政府信息公开条例》规定“行政执法案卷”问题，也不排除有厘清政府信息公开与卷宗阅览关系的意图。在此对卷宗阅览问题顺带进行讨论。

第一，卷宗阅览的界定。所谓卷宗阅览，也称卷宗阅览请求权，指的是处于特定之行政程序中的当事人或利害关系人，为主张或维护其法律上利益之必要，有向行政机关申请阅览、抄写、复印或拍摄有关资料或卷宗之权利。卷宗阅览制度在德国、奥地利、西班牙、葡萄牙、瑞士、日本、韩国等国家和我国台湾地区都有规定。我国尚没有制定专门的行政程序法，亦无统一的卷宗阅览制度，但已有个别单行法律对此作出规定。例如，《行

1 《法答网精选答问（第十三批）——行政诉讼专题》，载《人民法院报》2024年12月26日，第7版。

政许可法》第四十八条第一款第四项规定，“举行听证时，审查该行政许可申请的工作人员应当提供审查意见的证据、理由，申请人、利害关系人可以提出证据，并进行申辩和质证”。《行政处罚法》第六十四条第七项规定，“举行听证时，调查人员提出当事人违法的事实、证据和行政处罚建议，当事人进行申辩和质证”。《行政复议法》第四十七条规定：“行政复议期间，申请人、第三人及其委托代理人可以按照规定查阅、复制被申请人提出的书面答复、作出行政行为的证据、依据和其他有关材料，除涉及国家秘密、商业秘密、个人隐私或者可能危及国家安全、公共安全、社会稳定的情形外，行政复议机构应当同意。”

第二，政府信息公开与卷宗阅览的区别。政府信息公开与卷宗阅览，前者属于一般性之信息公开，后者属于个案性之信息公开，二者看似相似，但实为两种不同的制度。两者的区别体现在以下几个方面：一是权利目的不同。政府信息公开以保障知情权为目的，提供信息无须申请人事先证明涉及自身的直接利益或与本人有关联；卷宗阅览则是保障行政相对人的防御权，目的在于使当事人达致“武器平等”，且以维护自身权益为必要。二是权利性质不同。信息公开请求权属独立实体权（知悉政府信息本身即是法律所保障之利益），与有无案件并不相关；卷宗阅览权一定是在某个特定的程序中享有的附属程序权。三是权利主体不同。在政府信息公开方面，任何人都可以提出信息公开申请；卷宗阅览则一定限于程序进行中的当事人或者利害关系人。四是权利存续期间不同。信息公开请求权一般没有时间限制，任何时候都可以提出；卷宗阅览权只存在于特定行政程序期间，无论在程序开始前还是程序终结后，这种权利均不存在。五是权利救济方法不同。正是基于以上区别，两种权利遭受侵害时的救济亦循不同之渠道。由于政府信息请求权属独立实体权，行政机关拒绝公开政府信息即属作出一个行政处分，申请人可以单独对其提起拒绝申请之诉。同理，行政机关超过法定期限对政府信息公开申请不予答复，可以对其提起怠为处分之诉。而卷宗阅览权属于附属程序权，当事人或利害关系人不服行政机关在行政程序中所作的决定或处置，只能在对实体决定不服提起诉讼时一并提出。

第三，信息公开请求权与卷宗阅览请求权的竞合。“在数项制度并存的情况下，一般需要明确各项制度的作用，划清各自功能分担的领域。”[1]在我国现有法律制度下，处理信息公开请求权与卷宗阅览请求权的竞合问题，可以适用以下规则：当特别法规定的卷宗阅览权与《政府信息公开条例》规定的信息公开请求权产生竞合时，应当依照“特别法优于一般法”的原则，优先适用卷宗阅览请求权。如果当事人在卷宗阅览请求权存续期间（也就是行政程序正在进行期间），依照《政府信息公开条例》的规定申请公开前述卷宗材料，行政机关告知其应当依照特别法的规定办理，则当事人不能对此答复单独提起诉讼，只能于给予其不利益之处分的行政决定作成之后一并声明救济。作出这种限制的目的有三，一是防止当事人在行政程序进行期间，利用法律漏洞而动辄提起诉讼，从而阻滞行政程序的进行；二是避免不当增加被告的负担，损害诉讼的公平；三是保证卷宗阅览制度不在事实上被废除。

第四，信息公开请求权与卷宗阅览权的竞合的排除。如前所述，卷宗阅览权只存在于特定行政程序期间，无论程序开始前还是程序终结后，这种权利均不存在。卷宗阅览权不存在，与信息公开请求权的竞合也就不存在。那么，此前或此后的任何时间则不发生与一般性的信息公开请求权的竞合，无论是申请人还是利害关系人，也不论是否出于卷宗阅览的目的，均可以普通申请人的身份，依照《政府信息公开条例》的规定，向该行政

1 ［日］室井力、芝池义一、浜川清主编：《日本行政程序法逐条注释》，朱芒译，上海三联书店2009年版，第162页。

机关提出政府信息公开申请。至于该政府信息是否属于可以公开的政府信息，则是另一个层面的问题。

（3）被告作出的无法提供的告知合法

《政府信息公开条例》第三十六条第四项规定，“经检索没有所申请公开信息的，告知申请人该政府信息不存在”，第五项规定，“所申请公开信息不属于本行政机关负责公开的，告知申请人并说明理由；能够确定负责公开该政府信息的行政机关的，告知申请人该行政机关的名称、联系方式”。这两项均属“无法提供的告知”。

a. 政府信息不存在

政府信息不存在，指的是申请人申请的政府信息没有相关的记录。如果政府信息事实上并不存在，肯定是无法公开的，无论其性质上是否属于政府信息，行政机关是否具有制作该政府信息的职权。按照《政府信息公开条例》第二条的定义，“本条例所称政府信息，是指行政机关在履行行政管理职能过程中制作或者获取的，以一定形式记录、保存的信息”。政府信息没有制作、没有获取、没有记录、没有保存，当然就不会存在。根据《政府信息公开条例》第三十六条第四项的规定，如果行政机关经检索没有所申请公开的信息，告知申请人该政府信息不存在，就属履行了法定义务。作出这种规定的原理是，行政机关只提供已经存在的记录，不因为私人的请求而负担制作记录的义务。这是世界所有国家、地区、组织在制定信息公开法时普遍采用的原则。例如，秘鲁《透明化与公共信息获取法》明确规定，公共机构无须创造或生产它们没有或无须拥有的信息，当出现对该种信息的申请时，公共机构必须告知申请人这一事实。[1]

1 参见托比·曼德尔：《信息自由：多国法律比较》（第 2 版修订本），龚文庠等译，社会科学文献出版社 2011 年版，第 121 页。

政府信息不存在是一个世界性通病。例如，在法国，行政机关往往以有关文件已丢失、被销毁或根本不存在等为由主张免除提供义务。[1]在日本，“文书不存在这样的回答太多”，有时“可能是因为档案保管的问题……日本档案文书管理的情况并不好，到政府机关经常可以看到，在公务员桌上堆了许多的卷宗，常常找不到资料。但有时会有种情况是，刚开始说公文已经不在了，在上级长官的压力下，再找一找有时又找到了”。[2]为了遏制这种不良倾向，许多国家都采取了一些针对措施。例如，在法国，根据有关行政诉讼判例确立的原则，行政机关在主张文件不存在时，必须已经尽到所有的勤勉义务，即不得以“不可能”的情形为借口来规避其法定义务。但是，对于法院而言，由于要判定行政机关是否尽到勤勉义务，案件的处理常常是非常棘手的。[3]在美国，政府信息不存在的举证责任由被告承担。行政机关应当证明经过合理充分的查找，仍没有发现被申请的文件。[4]在日本，对于文书不存在的答复，审查会的审查委员可以到现场调查，但是并没有强制性的调查权，也没有到现场调查的时间，因此，对申请人来说，回答文书不存在比回答文书不开示更令人不满。[5]在加拿大，《资讯取得法》第46条规定：纵使其他国会法案或证据法有特别之规定，法院于审理第41条、第42条或第40条声请案件之诉讼程序中，得查扣本法所指由政府机关掌管之记录，该政府机关均不得以任何理由拒绝之。

在我国，政府信息不存在是行政机关乐于采用的一个答复理由。在政

1 参见李滨：《法国信息自由保护的立法与实践》，载《南京大学学报（哲学·人文科学·社会科学版）》2009年第6期。

2 盐野宏：《日本之信息公开法制演讲稿》，载中华硕博网，http://zx.china-b.com/kldx/zixun_64840.Html，最后访问日期：2011年3月7日。

3 参见李滨：《法国信息自由保护的立法与实践》，载《南京大学学报（哲学·人文科学·社会科学版）》2009年第6期。

4 参见赵正群、宫雁：《美国的信息公开诉讼制度及其对我国的启示》，载《法学评论》2009年第1期。

5 参见盐野宏：《日本之信息公开法制演讲稿》，中华硕博网，http://zx.china-b.com/kldx/zixun_64840.Html，最后访问日期：2011年3月7日。

府信息公开诉讼中，以政府信息不存在为争议焦点的案件亦很常见，审理难度也远超其他种类的案件。这类案件最大的难点可能就是如何证明“政府信息不存在”，因为证明责任固然可以分配给行政机关，但“证无”比“证有”更为困难。实践中可以继续摸索这方面的经验，尤其是信息化条件下的“检索”方法。总之，如果行政机关主张政府信息不存在的，那么只要行政机关对其已尽合理检索义务等事实举证或者作出合理说明，原告也举不出反证证明政府信息确实存在，法院就只能驳回原告的诉讼请求。至于行政机关具有制作、获取相关政府信息的法定职责而没有履行，或者行政机关之前制作、获取过相关信息而不慎丢失或毁损，即便能够查明，也无法改变政府信息在现阶段确实不存在的客观事实。

b. 不属于本行政机关负责公开

《政府信息公开条例》第三十六条第五项规定，“所申请公开信息不属于本行政机关负责公开的，告知申请人并说明理由；能够确定负责公开该政府信息的行政机关的，告知申请人该行政机关的名称、联系方式”。这也是一种“无法提供的告知”，无法提供的原因是涉及政府信息的公开义务主体或公开权限问题。

《政府信息公开条例》第十条第一款规定了政府信息公开权限的基本规则:“行政机关制作的政府信息，由制作该政府信息的行政机关负责公开。行政机关从公民、法人和其他组织获取的政府信息，由保存该政府信息的行政机关负责公开；行政机关获取的其他行政机关的政府信息，由制作或者最初获取该政府信息的行政机关负责公开。法律、法规对政府信息公开的权限另有规定的，从其规定。”该条第三款还对共同制作的政府信息的公开权限作出规定：“两个以上行政机关共同制作的政府信息，由牵头制作的行政机关负责公开。”申请人提出政府信息公开申请的，即使受理申请的行政机关保存有该政府信息，只要政府信息根据上述规定不属于本行政机关负责公开，就无须公开，但应当告知申请人并说明理由；能够确定负责公开该政府信息的行政机关的，告知申请人该行政机关的名称、联系方式。这样就属于履行了法定职责，对于原告的诉讼请求，法院应当判决予以驳回。

（4）被告作出的不予处理的告知合法

《政府信息公开条例》第三十六条的七项规定中，有两项属于不予处理的告知，分别是第六项和第七项。该条第六项规定，“行政机关已就申请人提出的政府信息公开申请作出答复、申请人重复申请公开相同政府信息的，告知申请人不予重复处理”。第七项规定，“所申请公开信息属于工商、不动产登记资料等信息，有关法律、行政法规对信息的获取有特别规定的，告知申请人依照有关法律、行政法规的规定办理”。申请人针对这两种告知提起行政诉讼的，本司法解释已经在第十条第二款第四项和第五项明确规定了人民法院相应的处理方式，即“裁定不予立案；已经立案的，裁定驳回起诉”。

3. 申请公开的政府信息内容已经向公众公开

本条第二项规定的判决驳回原告诉讼请求的情形是，“申请公开的政府信息内容已经向公众公开，被告告知申请人获取该政府信息的方式、途径和时间的”。本项规定其实可以合并于第一项，因为这一情形是对应《政府信息公开条例》第三十六条第一项的内容，即“所申请公开信息已经主动公开的，告知申请人获取该政府信息的方式、途径”。《政府信息公开条例》第三十六条第一项和本条第二项都属于行政机关作出公开决定，区别在于前者所申请公开信息已经主动公开，后者尚没有主动公开；在已经主动公开的情况下，告知其获取政府信息的方式和途径就可以，告知获取的时间只有在第二项情形中才有必要。

政府信息已经主动公开的，行政机关没有再向申请人重复提供的义务，这是国际惯例。无论政府信息是属于主动公开范围且已经主动公开，还是属于依申请公开范围且尚未公开，行政机关的答复是以保证申请人能够获取为目的。有所不同的是，对于属于主动公开范围且已经主动公开的政府信息，行政机关没有向特定申请人提供该政府信息的义务，只需告知其获取该政府信息的方式和途径。这是因为，一旦允许这种索取量很大的重复申请，不仅会造成不必要的重复劳动，破坏行政机关履行义务的能力，也会增加巨额公共支出，主动公开政府信息的制度价值也会大打折扣。

但是，行政机关有义务告知申请人获取该政府信息的方式、途径，这也是国际惯例。例如，保加利亚《公共信息获取法》第十二条第四款规定：

如果申请获取已经公布的国家信息，有关机关有义务告知公布信息的期号、日期以及名称。[1]吉尔吉斯斯坦《信息获取权保障与自由法》第十二条规定，如果信息已经被公布，处理申请的官员必须向申请者说明该信息的位置。[2]如果政府信息确实已经主动公开，行政机关也告知了申请人获取该政府信息的方式、途径，就属于履行了政府信息公开法定职责，法院应当判决驳回原告的诉讼请求。

值得讨论的是“已经主动公开”以及“告知获取方式、途径”的判断标准。在法国，获取行政文件委员会在判断有关文件是否已经向公众公开时，坚持严格解释的标准。该委员会认为，所谓“已经向公众公开”，是指行政文件在时间和空间上的公开方式在实现信息自由的效果方面，应与当事人根据1978年的法律行使自由获取行政文件所能取得的效果相同。由于行政机关不负有向当事人提供已经向公众公开的行政文件的义务，如何判断某行政文件是否已经向公众公开，决定着特定当事人请求获取行政文件权利的实现。获取行政文件委员会认为，只有通过下列途径公开的文件，才符合“已经向公众公开”的情形：已经在国家官方公报上登载；提出请求的当事人系某省居民时，被请求获取的行政文件应当已经登载于该省的行政文件汇编之中；有关文件通过法兰西文件出版社（La Documentation française）出版发行的报告而公开；有关文件能够通过有偿的电子或信息化查询服务而获得。获取行政文件委员会特别指出，行政文件的张贴或通过新闻出版物发布不能构成所谓的“已经向公众公开”，因而不免除行政机关根据请求向当事人提供行政文件的法定义务。[3]

我国最高人民法院的裁判则确立了一个“确实可见”的标准。最高人

1 参见周汉华主编：《外国政府信息公开制度比较》，中国法制出版社2003年版，第582页。

2 参见托比·曼德尔：《信息自由：多国法律比较》（第2版修订本），龚文庠等译，社会科学文献出版社，2011年版，第60、102、121、146页。

3 参见李滨：《法国信息自由保护的立法与实践》，载《南京大学学报（哲学·人文科学·社会科学版）》2009年第6期。

民法院（2017）最高法行再93号行政判决书指出：

不向特定申请人提供行政机关已经主动公开的政府信息，仅限于政府信息“确实可见”的情形……是否认定为行政机关已经履行了法定职责，不应仅以是否告知为标准，还应当看申请人通过行政机关告知的方式和途径是否确实能够获取信息。对于信息公告栏、电子信息屏等具有“转瞬即逝”特性的公开载体而言，简单的一个告知未必会满足申请人真正能够获取他所需要的信息的需求。如果申请人对于这类已经主动公开但事后无法查阅的政府信息确有需要，行政机关可以在收取必要的成本费用之后再行提供。

4. 一并予以答复

本条第三项规定的判决驳回原告诉讼请求的情形是，“被告收到同一申请人的不同申请或者不同申请人内容相同的申请后，在同一个政府信息公开答复中一并予以答复且答复内容合法的”。

一并予以答复固然能够在一定程度上起到减少重复劳动、节约行政资源的作用，但毕竟在《政府信息公开条例》中找不到直接依据，因此应当慎重对待。所谓“答复内容合法”，应当至少能够保证行政机关对不同申请人的申请以及同一申请人的不同申请都进行了审查，并对其个性化需求进行了回应，并且不违反答复期限等程序要求。此外，行政机关还要履行说明理由，告知申请行政复议、提起行政诉讼的教示义务。

5. 原告起诉被告逾期不予答复理由不成立

本条第四项规定的判决驳回原告诉讼请求的情形是，“原告起诉被告逾期不予答复理由不成立的”。

《行政诉讼法》第六十九条规定：“行政行为证据确凿，适用法律、法规正确，符合法定程序的，或者原告申请被告履行法定职责或者给付义务理由不成立的，人民法院判决驳回原告的诉讼请求。”该条所说“原告申请被告履行法定职责或者给付义务理由不成立”，既包括被告依原告申请履行了法定职责或者给付义务，也包括被告拒绝原告申请或者逾期不予答复符合法律规定。在政府信息公开中，被告虽然逾期不予答复但符合法律规定的，应当包括以下情形：

①原告没有向被告提出政府信息公开申请，或者没有依照《政府信息公开条例》第二十九条规定的方式提出申请。

②原告提出的政府信息公开申请内容不明确，被告告知原告补正，原告无正当理由逾期不补正，被告依照《政府信息公开条例》第三十条的规定，视为放弃申请，不再处理该政府信息公开申请。

③原告申请公开政府信息的数量、频次明显超过合理范围，被告依照《政府信息公开条例》第三十五条的规定要求原告说明理由后，认为申请理由不合理，告知原告不予处理，或者告知其延迟答复的。

④原告逾期未缴纳信息处理费，被告依照《政府信息公开信息处理费管理办法》第六条的规定，视为放弃申请，不再处理该政府信息公开申请的。

⑤原告起诉被告逾期不予答复理由不成立的其他情形。

如果属于上述情形之一，应当认定原告起诉被告逾期不予答复理由不成立，判决驳回原告的诉讼请求。

6. 请求不公开理由不成立

司法解释本条第五项规定的判决驳回原告诉讼请求的情形是，“原告以政府信息侵犯其商业秘密、个人隐私为由请求不公开，理由不成立的”。这是反信息公开诉讼中原告诉讼请求不能支持的判决方式。作出驳回原告诉讼请求判决的可能的理由包括：不涉及原告的商业秘密、个人隐私；公开不会对原告合法权益造成损害；原告在政府信息公开程序中同意公开；不公开会对公共利益造成重大影响。

7. 其他应当判决驳回诉讼请求的情形

本条第七项是兜底条款。本条没有列举到的情形，凡是属于原告败诉，且符合《行政诉讼法》第六十九条的规定，均可以判决驳回原告的诉讼请求。

第十五条　［施行时间与司法解释效力］

第十五条　本解释自 2025 年 6 月 1 日起施行。

本解释施行后，《最高人民法院关于审理政府信息公开行政案件若干问题的规定》（法释〔2011〕17 号）同时废止。最高人民法院以前发布的司法解释及规范性文件，与本解释不一致的，不再适用。

1. 施行时间

本条规定的是司法解释的施行时间与司法解释效力。共分两款。

本条第一款规定："本解释自 2025 年 6 月 1 日起施行。"这是关于本司法解释施行时间的规定。根据《最高人民法院关于司法解释工作的规定》第二十五条第三款规定，"司法解释自公告发布之日起施行，但司法解释另有规定的除外。"据此，司法解释的施行时间一般有两种情形，一是"自公告发布之日起施行"，一是"司法解释另有规定"。后一种情形通常是为了留出一定时间进行学习、理解和准备。本司法解释就属于后一种情形，另行规定的施行时间是"自 2025 年 6 月 1 日起施行"。

2. 司法解释效力

本条第二款规定："本解释施行后，《最高人民法院关于审理政府信息公开行政案件若干问题的规定》（法释〔2011〕17号）同时废止。最高人民法院以前发布的司法解释及规范性文件，与本解释不一致的，不再适用。"这一规定明确了新旧司法解释的替换关系，即新解释施行后，旧解释同时废止。同时，其他司法解释及规范性文件，与本解释不一致的，也不再适用。当然，这仅限于审理政府信息公开案件。

附录一

政府信息公开行政案件司法解释新旧对照表

（黑体部分为增加或修改，阴影部分为删去）

最高人民法院关于审理政府信息公开行政案件若干问题的规定 法释〔2011〕17号	最高人民法院关于审理政府信息公开行政案件适用法律若干问题的解释 法释〔2025〕8号
最高人民法院《关于审理政府信息公开行政案件若干问题的规定》已于2010年12月13日由最高人民法院审判委员会第1505次会议通过，现予公布，自2011年8月13日起施行。	《最高人民法院关于审理政府信息公开行政案件适用法律若干问题的解释》已于2024年12月24日由最高人民法院审判委员会第1939次会议通过，现予公布，自2025年6月1日起施行。
为正确审理政府信息公开行政案件，根据《中华人民共和国行政诉讼法》、《中华人民共和国政府信息公开条例》等法律、行政法规的规定，结合行政审判实际，制定本规定。	为正确审理政府信息公开行政案件，根据《中华人民共和国行政诉讼法》**（以下简称行政诉讼法）**、《中华人民共和国政府信息公开条例》**（以下简称政府信息公开条例）**等法律、行政法规的规定，结合行政审判**工作**实际，制定本**解释**。
第一条 公民、法人或者其他组织认为下列政府信息公开工作中的具体行政行为侵犯其合法权益，依法提起行政诉讼的，人民法院应当受理： （一）向行政机关申请获取政府信息，行政机关拒绝提供或者逾期不予答复的； （二）认为行政机关提供的政府信息不符合其在申请中要求的内容或者法律、法规规定的适当形式的； （三）认为行政机关主动公开或者依他人申请公开政府信息侵犯其商业秘密、个人隐私的；	**第一条** 公民、法人或者其他组织认为下列**涉政府信息公开行为**侵犯其合法权益，依法提起行政诉讼的，人民法院应当受理： （一）向行政机关申请获取政府信息，**行政机关告知政府信息无法提供或者不予处理的**； **（二）行政复议机关对政府信息公开条例第十四条、第十五条、第十六条规定的不予公开行为作出行政复议决定的**； （三）认为行政机关提供的政府信息不符合**其申请内容**的；

续表

最高人民法院关于审理政府信息公开行政案件若干问题的规定 法释〔2011〕17号	最高人民法院关于审理政府信息公开行政案件适用法律若干问题的解释 法释〔2025〕8号
（四）认为行政机关提供的与其自身相关的政府信息记录不准确，要求该行政机关予以更正，该行政机关拒绝更正、逾期不予答复或者不予转送有权机关处理的； （五）认为行政机关在政府信息公开工作中的其他具体行政行为侵犯其合法权益的。 公民、法人或者其他组织认为政府信息公开行政行为侵犯其合法权益造成损害的，可以一并或单独提起行政赔偿诉讼。	**（四）认为行政机关主动公开或者依他人申请公开政府信息侵犯其商业秘密、个人隐私等合法权益的；** （五）认为行政机关在政府信息公开工作中的其他行为侵犯其合法权益的。
第三条　公民、法人或者其他组织认为行政机关不依法履行主动公开政府信息义务，直接向人民法院提起诉讼的，应当告知其先向行政机关申请获取相关政府信息。对行政机关的答复或者逾期不予答复不服的，可以向人民法院提起诉讼。	**第二条**　公民、法人或者其他组织认为行政机关不依法履行主动公开政府信息**职责**，直接向人民法院提起诉讼的，应当告知其先向行政机关申请获取政府信息。 对行政机关的答复、逾期不予答复**等行为**不服的，可以**依法申请行政复议**或者提起行政诉讼。
	第三条　认为行政机关作出的政府信息公开、不予公开等行为侵害其合法权益提起诉讼的公民、法人或者其他组织，属于行政诉讼法第二十五条第一款规定的“有利害关系的公民、法人或者其他组织”。
第四条　公民、法人或者其他组织对国务院部门、地方各级人民政府及县级以上地方人民政府部门依申请公开政府信息行政行为不服提起诉讼的，以作出答复的机关为被告；逾期未作出答复的，以受理申请的机关为被告。 公民、法人或者其他组织对主动公开政府信息行政行为不服提起诉讼的，以公开该政府信息的机关为被告。 公民、法人或者其他组织对法律、法	**第四条**　公民、法人或者其他组织对主动公开政府信息行为不服提起诉讼的，以公开该政府信息的行政机关为被告。 公民、法人或者其他组织对依申请公开政府信息行为不服提起诉讼的，以作出答复的行政机关为被告；逾期未作答复的，以收到申请的行政机关为被告。 **根据政府信息公开条例第四条的规定，县级以上地方人民政府指定政府信息公开工作机构负责本机关政府信息公开日常工**

续表

最高人民法院关于审理政府信息公开行政案件若干问题的规定 法释〔2011〕17号	最高人民法院关于审理政府信息公开行政案件适用法律若干问题的解释 法释〔2025〕8号
规授权的具有管理公共事务职能的组织公开政府信息的行为不服提起诉讼的，以该组织为被告。 有下列情形之一的，应当以在对外发生法律效力的文书上署名的机关为被告： （一）政府信息公开与否的答复依法报经有权机关批准的； （二）政府信息是否可以公开系由国家保密行政管理部门或者省、自治区、直辖市保密行政管理部门确定的； （三）行政机关在公开政府信息前与有关行政机关进行沟通、确认的。	**作，公民、法人或者其他组织对该机构以自己名义所作的政府信息公开行为不服提起诉讼的，以该机构为被告。**
第五条第一款 被告拒绝向原告提供政府信息的，应当对拒绝的根据以及履行法定告知和说明理由义务的情况举证。 **第二款** 因公共利益决定公开涉及商业秘密、个人隐私政府信息的，被告应当对认定公共利益以及不公开可能对公共利益造成重大影响的理由进行举证和说明。 **第三款** 被告拒绝更正与原告相关的政府信息记录的，应当对拒绝的理由进行举证和说明。 **第五款** 被告主张政府信息不存在，原告能够提供该政府信息系由被告制作或者保存的相关线索的，可以申请人民法院调取证据。 **第六款** 被告以政府信息与申请人自身生产、生活、科研等特殊需要无关为由不予提供的，人民法院可以要求原告对特殊需要事由作出说明。	**第五条 被告对其作出的政府信息公开、不予公开等行为的合法性承担举证责任。** **有下列情形之一的，被告应当承担相应的举证责任：** **（一）被告主张政府信息已经公开的，应当就公开的事实举证，并向人民法院提交其已告知申请人获取该政府信息方式、途径等证据；** （二）被告主张因公共利益决定公开涉及商业秘密、个人隐私的政府信息的，应当就认定公共利益的理由以及不公开可能对公共利益造成重大影响举证； （三）被告主张原告申请公开的信息属于**内部事务信息**不予公开的，应当就该信息属于人事管理、后勤管理或者内部工作流程信息等举证； （四）被告主张原告申请公开的信息属于**过程性信息**不予公开的，应当就该信息系行政机关作出行政处理决定之前形成的内部讨论记录、过程稿、磋商信函、请

续表

最高人民法院关于审理政府信息公开行政案件若干问题的规定 法释〔2011〕17号	最高人民法院关于审理政府信息公开行政案件适用法律若干问题的解释 法释〔2025〕8号
	示报告等举证； （五）被告主张原告申请公开的信息属于**行政执法案卷信息**不予公开的，应当就该信息系行政执法过程中形成并记录于执法案卷的当事人信息、调查笔录、询问笔录等举证； （六）被告主张政府信息**不存在**的，**应当就其已尽合理检索义务等事实举证或者作出合理说明。**
第五条第四款 被告能够证明政府信息涉及国家秘密，请求在诉讼中不予提交的，人民法院应当准许。 **第八条** 政府信息涉及国家秘密、商业秘密、个人隐私的，人民法院应当认定属于不予公开范围。 政府信息涉及商业秘密、个人隐私，但权利人同意公开，或者不公开可能对公共利益造成重大影响的，不受前款规定的限制。	**第六条** 被告主张原告申请公开的信息系国家秘密不予公开，并**提供密级标识、保密期限或者其他证明材料的**，人民法院应予支持。 **被告主张原告申请公开的政府信息公开后可能危及国家安全、公共安全、社会稳定，并提供该信息公开后可能产生不利影响的证据或者作出合理说明的，人民法院应予支持。** **人民法院经审理认为政府信息公开后可能危及国家安全、公共安全、社会稳定的，有权要求当事人提供或者补充证据。**
第五条第七款 原告起诉被告拒绝更正政府信息记录的，应当提供其向被告提出过更正申请以及政府信息与其自身相关且记录不准确的事实根据。	**第七条 原告应当就下列事项承担举证责任：** **（一）起诉要求被告公开政府信息的，应当就其曾向行政机关提出政府信息公开申请举证；** **（二）起诉要求被告不得公开政府信息的，应当就政府信息涉及其商业秘密、个人隐私举证；** **（三）就行政机关公开或者不予公开等行为可能损害其合法权益举证。**

续表

最高人民法院关于审理政府信息公开行政案件若干问题的规定 法释〔2011〕17号	最高人民法院关于审理政府信息公开行政案件适用法律若干问题的解释 法释〔2025〕8号
第六条 人民法院审理政府信息公开行政案件，应当视情采取适当的审理方式，以避免泄露涉及国家秘密、商业秘密、个人隐私或者法律规定的其他应当保密的政府信息。	**第八条 人民法院审理第一审政府信息公开案件，可以适用简易程序。** 人民法院审理政府信息公开案件，应当视情采取适当的审理方式，避免泄露涉及国家秘密、商业秘密、个人隐私或者法律、**法规和国家有关规定中要求**应当保密的政府信息。
第七条 政府信息由被告的档案机构或者档案工作人员保管的，适用《中华人民共和国政府信息公开条例》的规定。 政府信息已经移交各级国家档案馆的，依照有关档案管理的法律、行政法规和国家有关规定执行。	**第九条** 政府信息由被告的档案机构或者档案工作人员保管的，适用**政府信息公开条例的相关**规定。 **涉及政府信息公开事项的档案**已经移交各级国家档案馆的，依照有关档案管理的法律、**法规**和国家有关规定执行。
第二条 公民、法人或者其他组织对下列行为不服提起行政诉讼的，人民法院不予受理： （一）因申请内容不明确，行政机关要求申请人作出更改、补充且对申请人权利义务不产生实际影响的告知行为； （二）要求行政机关提供政府公报、报纸、杂志、书籍等公开出版物，行政机关予以拒绝的； （三）要求行政机关为其制作、搜集政府信息，或者对若干政府信息进行汇总、分析、加工，行政机关予以拒绝的； （四）行政程序中的当事人、利害关系人以政府信息公开名义申请查阅案卷材料，行政机关告知其应当按照相关法律、法规的规定办理的。	**第十条** 公民、法人或者其他组织提起的**涉政府信息公开诉讼明显不符合行政诉讼法规定的起诉条件的，人民法院不予登记立案。** **有下列情形之一的，人民法院裁定不予立案；已经立案的，裁定驳回起诉：** **（一）按照《中华人民共和国行政复议法》第二十三条第一款第四项的规定，应当先向行政复议机关申请行政复议而未申请的；** **（二）行政机关作出延长答复期限或者要求申请人补正等程序性告知行为的；** **（三）单独起诉行政机关收取信息处理费决定的；** **（四）申请人重复申请公开已经予以公开的政府信息，行政机关作出不予重复处理答复的；** **（五）申请行政机关公开的信息属于工商、不动产登记等资料，行政机关告知**

续表

最高人民法院关于审理政府信息公开行政案件若干问题的规定 法释〔2011〕17号	最高人民法院关于审理政府信息公开行政案件适用法律若干问题的解释 法释〔2025〕8号
	其按照法律、行政法规规定查询的； （六）要求行政机关为其制作、加工、分析政府信息，行政机关未予提供的； （七）申请人以政府信息公开申请的形式进行信访、投诉、举报等活动的； （八）要求行政机关提供政府公报、报刊、书籍等公开出版物的； （九）认为公共企事业单位未公开在提供社会公共服务过程中制作、获取的信息的； （十）其他对公民、法人或者其他组织权利义务不产生实际影响的情形。
第九条　被告对依法应当公开的政府信息拒绝或者部分拒绝公开的，人民法院应当撤销或者部分撤销被诉不予公开决定，并判决被告在一定期限内公开。尚需被告调查、裁量的，判决其在一定期限内重新答复。 被告提供的政府信息不符合申请人要求的内容或者法律、法规规定的适当形式的，人民法院应当判决被告按照申请人要求的内容或者法律、法规规定的适当形式提供。 人民法院经审理认为被告不予公开的政府信息内容可以作区分处理的，应当判决被告限期公开可以公开的内容。 被告依法应当更正而不更正与原告相关的政府信息记录的，人民法院应当判决被告在一定期限内更正。尚需被告调查、裁量的，判决其在一定期限内重新答复。被告无权更正的，判决其转送有权更正的行政机关处理。	第十一条　有下列情形之一的，人民法院判决被告履行政府信息公开职责： （一）被告对依法应当公开的政府信息拒绝或者部分拒绝公开的，人民法院判决撤销或者部分撤销被诉不予公开决定，并判决被告在二十个工作日内公开； （二）被告对原告要求公开的申请无正当理由逾期不予答复，原告请求判决被告公开理由成立的，人民法院判决被告在二十个工作日内公开； （三）被告不予公开的政府信息内容能够作区分处理的，人民法院判决被告在二十个工作日内公开能够公开的内容； （四）被告以政府信息公开会损害第三方合法权益为由不予公开，但第三方在诉讼程序中同意公开且人民法院经审理认为可以公开的，判决被告在二十个工作日内公开。

续表

最高人民法院关于审理政府信息公开行政案件若干问题的规定 法释〔2011〕17 号	最高人民法院关于审理政府信息公开行政案件适用法律若干问题的解释 法释〔2025〕8 号
第十条　被告对原告要求公开或者更正政府信息的申请无正当理由逾期不予答复的，人民法院应当判决被告在一定期限内答复。原告一并请求判决被告公开或者更正政府信息且理由成立的，参照第九条的规定处理。	
	第十二条　有下列情形之一的，人民法院判决确认违法： （一）被告公开政府信息行为违法，但不具有可撤销内容的； （二）被告在诉讼程序中公开政府信息，原告仍然要求确认原不予公开或者逾期不予答复行为违法的； （三）被告不予公开或者不予答复行为违法，但判决公开没有意义的。
第十一条　被告公开政府信息涉及原告商业秘密、个人隐私且不存在公共利益等法定事由的，人民法院应当判决确认公开政府信息的行为违法，并可以责令被告采取相应的补救措施；造成损害的，根据原告请求依法判决被告承担赔偿责任。政府信息尚未公开的，应当判决行政机关不得公开。 诉讼期间，原告申请停止公开涉及其商业秘密、个人隐私的政府信息，人民法院经审查认为公开该政府信息会造成难以弥补的损失，并且停止公开不损害公共利益的，可以依照《中华人民共和国行政诉讼法》第四十四条的规定，裁定暂时停止公开。	**第十三条**　政府信息尚未公开前，原告起诉要求被告不得公开政府信息的，人民法院经审理认为政府信息涉及原告商业秘密、个人隐私且不存在不公开会对公共利益造成重大影响的，应当判决被告不得公开政府信息。 诉讼期间，原告申请停止公开涉及其商业秘密、个人隐私的政府信息，人民法院经审理认为符合行政诉讼法第五十六条规定的，裁定暂时停止公开。

续表

最高人民法院关于审理政府信息公开行政案件若干问题的规定 法释〔2011〕17号	最高人民法院关于审理政府信息公开行政案件适用法律若干问题的解释 法释〔2025〕8号
第十二条 有下列情形之一，被告已经履行法定告知或者说明理由义务的，人民法院应当判决驳回原告的诉讼请求： （一）不属于政府信息、政府信息不存在、依法属于不予公开范围或者依法不属于被告公开的； （二）申请公开的政府信息已经向公众公开，被告已经告知申请人获取该政府信息的方式和途径的； （三）起诉被告逾期不予答复，理由不成立的； （四）以政府信息侵犯其商业秘密、个人隐私为由反对公开，理由不成立的； （五）要求被告更正与其自身相关的政府信息记录，理由不成立的； （六）不能合理说明申请获取政府信息系根据自身生产、生活、科研等特殊需要，且被告据此不予提供的； （七）无法按照申请人要求的形式提供政府信息，且被告已通过安排申请人查阅相关资料、提供复制件或者其他适当形式提供的； （八）其他应当判决驳回诉讼请求的情形。	**第十四条** 有下列情形之一的，人民法院判决驳回原告的诉讼请求： **（一）被告作出的公开、不予公开的决定或者无法提供、不予处理的告知合法的；** （二）申请公开的政府信息内容已经向公众公开，被告告知申请人获取该政府信息的方式、途径和**时间**的； **（三）被告收到同一申请人的不同申请或者不同申请人内容相同的申请后，在同一个政府信息公开答复中一并予以答复且答复内容合法的；** （四）原告起诉被告逾期不予答复理由不成立的； （五）原告以政府信息侵犯其商业秘密、个人隐私为由请求不公开，理由不成立的； （六）其他应当判决驳回诉讼请求的情形。
第十三条 最高人民法院以前所作的司法解释及规范性文件，凡与本规定不一致的，按本规定执行。	**第十五条 本解释自2025年6月1日起施行。** **本解释施行后，《最高人民法院关于审理政府信息公开行政案件若干问题的规定》（法释〔2011〕17号）同时废止。**最高人民法院以前发布的司法解释及规范性文件，与本解释不一致的，不再适用。

附录二

中华人民共和国行政诉讼法

（1989年4月4日第七届全国人民代表大会第二次会议通过　根据2014年11月1日第十二届全国人民代表大会常务委员会第十一次会议《关于修改〈中华人民共和国行政诉讼法〉的决定》第一次修正　根据2017年6月27日第十二届全国人民代表大会常务委员会第二十八次会议《关于修改〈中华人民共和国民事诉讼法〉和〈中华人民共和国行政诉讼法〉的决定》第二次修正）

第一章　总　　则

第一条　为保证人民法院公正、及时审理行政案件，解决行政争议，保护公民、法人和其他组织的合法权益，监督行政机关依法行使职权，根据宪法，制定本法。

第二条　公民、法人或者其他组织认为行政机关和行政机关工作人员的行政行为侵犯其合法权益，有权依照本法向人民法院提起诉讼。

前款所称行政行为，包括法律、法规、规章授权的组织作出的行政行为。

第三条　人民法院应当保障公民、法人和其他组织的起诉权利，对应当受理的行政案件依法受理。

行政机关及其工作人员不得干预、阻碍人民法院受理行政案件。

被诉行政机关负责人应当出庭应诉。不能出庭的，应当委托行政机关相应的工作人员出庭。

第四条　人民法院依法对行政案件独立行使审判权，不受行政机关、社会团体和个人的干涉。

人民法院设行政审判庭，审理行政案件。

第五条 人民法院审理行政案件，以事实为根据，以法律为准绳。

第六条 人民法院审理行政案件，对行政行为是否合法进行审查。

第七条 人民法院审理行政案件，依法实行合议、回避、公开审判和两审终审制度。

第八条 当事人在行政诉讼中的法律地位平等。

第九条 各民族公民都有用本民族语言、文字进行行政诉讼的权利。

在少数民族聚居或者多民族共同居住的地区，人民法院应当用当地民族通用的语言、文字进行审理和发布法律文书。

人民法院应当对不通晓当地民族通用的语言、文字的诉讼参与人提供翻译。

第十条 当事人在行政诉讼中有权进行辩论。

第十一条 人民检察院有权对行政诉讼实行法律监督。

第二章 受案范围

第十二条 人民法院受理公民、法人或者其他组织提起的下列诉讼：

（一）对行政拘留、暂扣或者吊销许可证和执照、责令停产停业、没收违法所得、没收非法财物、罚款、警告等行政处罚不服的；

（二）对限制人身自由或者对财产的查封、扣押、冻结等行政强制措施和行政强制执行不服的；

（三）申请行政许可，行政机关拒绝或者在法定期限内不予答复，或者对行政机关作出的有关行政许可的其他决定不服的；

（四）对行政机关作出的关于确认土地、矿藏、水流、森林、山岭、草原、荒地、滩涂、海域等自然资源的所有权或者使用权的决定不服的；

（五）对征收、征用决定及其补偿决定不服的；

（六）申请行政机关履行保护人身权、财产权等合法权益的法定职责，行政机关拒绝履行或者不予答复的；

（七）认为行政机关侵犯其经营自主权或者农村土地承包经营权、农村土地经营权的；

（八）认为行政机关滥用行政权力排除或者限制竞争的；

（九）认为行政机关违法集资、摊派费用或者违法要求履行其他义务的；

（十）认为行政机关没有依法支付抚恤金、最低生活保障待遇或者社会保险待遇的；

（十一）认为行政机关不依法履行、未按照约定履行或者违法变更、解除政府特许经营协议、土地房屋征收补偿协议等协议的；

（十二）认为行政机关侵犯其他人身权、财产权等合法权益的。

除前款规定外，人民法院受理法律、法规规定可以提起诉讼的其他行政案件。

第十三条 人民法院不受理公民、法人或者其他组织对下列事项提起的诉讼：

（一）国防、外交等国家行为；

（二）行政法规、规章或者行政机关制定、发布的具有普遍约束力的决定、命令；

（三）行政机关对行政机关工作人员的奖惩、任免等决定；

（四）法律规定由行政机关最终裁决的行政行为。

第三章 管 辖

第十四条 基层人民法院管辖第一审行政案件。

第十五条 中级人民法院管辖下列第一审行政案件：

（一）对国务院部门或者县级以上地方人民政府所作的行政行为提起诉讼的案件；

（二）海关处理的案件；

（三）本辖区内重大、复杂的案件；

（四）其他法律规定由中级人民法院管辖的案件。

第十六条 高级人民法院管辖本辖区内重大、复杂的第一审行政案件。

第十七条 最高人民法院管辖全国范围内重大、复杂的第一审行政案件。

第十八条 行政案件由最初作出行政行为的行政机关所在地人民法院管辖。经复议的案件，也可以由复议机关所在地人民法院管辖。

经最高人民法院批准，高级人民法院可以根据审判工作的实际情况，确定若干人民法院跨行政区域管辖行政案件。

第十九条 对限制人身自由的行政强制措施不服提起的诉讼，由被告所在地或者原告所在地人民法院管辖。

第二十条 因不动产提起的行政诉讼，由不动产所在地人民法院管辖。

第二十一条 两个以上人民法院都有管辖权的案件，原告可以选择其中一个人民法院提起诉讼。原告向两个以上有管辖权的人民法院提起诉讼的，由最先立案的人民法院管辖。

第二十二条 人民法院发现受理的案件不属于本院管辖的，应当移送有管辖权的人民法院，受移送的人民法院应当受理。受移送的人民法院认为受移送的案件按照规定不属于本院管辖的，应当报请上级人民法院指定管辖，不得再自行移送。

第二十三条 有管辖权的人民法院由于特殊原因不能行使管辖权的，由上级人民法院指定管辖。

人民法院对管辖权发生争议，由争议双方协商解决。协商不成的，报它们的共同上级人民法院指定管辖。

第二十四条 上级人民法院有权审理下级人民法院管辖的第一审行政案件。

下级人民法院对其管辖的第一审行政案件，认为需要由上级人民法院审理或者指定管辖的，可以报请上级人民法院决定。

第四章 诉讼参加人

第二十五条 行政行为的相对人以及其他与行政行为有利害关系的公民、法人或者其他组织，有权提起诉讼。

有权提起诉讼的公民死亡，其近亲属可以提起诉讼。

有权提起诉讼的法人或者其他组织终止，承受其权利的法人或者其他组织可以提起诉讼。

人民检察院在履行职责中发现生态环境和资源保护、食品药品安全、国有财产保护、国有土地使用权出让等领域负有监督管理职责的行政机关违法行使职权或者不作为，致使国家利益或者社会公共利益受到侵害的，应当向行政机关提出检察建议，督促其依法履行职责。行政机关不依法履行职责的，人民检察院依法向人民法院提起诉讼。

第二十六条 公民、法人或者其他组织直接向人民法院提起诉讼的，作出行政行为的行政机关是被告。

经复议的案件，复议机关决定维持原行政行为的，作出原行政行为的行政机关和复议机关是共同被告；复议机关改变原行政行为的，复议机关是被告。

复议机关在法定期限内未作出复议决定，公民、法人或者其他组织起诉原行政行为的，作出原行政行为的行政机关是被告；起诉复议机关不作为的，复议机关是被告。

两个以上行政机关作出同一行政行为的，共同作出行政行为的行政机关是共同被告。

行政机关委托的组织所作的行政行为，委托的行政机关是被告。

行政机关被撤销或者职权变更的，继续行使其职权的行政机关是被告。

第二十七条 当事人一方或者双方为二人以上，因同一行政行为发生的行政案件，或者因同类行政行为发生的行政案件、人民法院认为可以合并审理并经当事人同意的，为共同诉讼。

第二十八条 当事人一方人数众多的共同诉讼，可以由当事人推选代表人进行诉讼。代表人的诉讼行为对其所代表的当事人发生效力，但代表人变更、放弃诉讼请求或者承认对方当事人的诉讼请求，应当经被代表的当事人同意。

第二十九条 公民、法人或者其他组织同被诉行政行为有利害关系但没有提起诉讼，或者同案件处理结果有利害关系的，可以作为第三人申请参加诉讼，或者由人民法院通知参加诉讼。

人民法院判决第三人承担义务或者减损第三人权益的，第三人有权依法提起上诉。

第三十条 没有诉讼行为能力的公民，由其法定代理人代为诉讼。法定代理人互相推诿代理责任的，由人民法院指定其中一人代为诉讼。

第三十一条 当事人、法定代理人，可以委托一至二人作为诉讼代理人。

下列人员可以被委托为诉讼代理人：

（一）律师、基层法律服务工作者；

（二）当事人的近亲属或者工作人员；

（三）当事人所在社区、单位以及有关社会团体推荐的公民。

第三十二条 代理诉讼的律师，有权按照规定查阅、复制本案有关材料，有权向有关组织和公民调查，收集与本案有关的证据。对涉及国家秘密、商业秘密和个人隐私的材料，应当依照法律规定保密。

当事人和其他诉讼代理人有权按照规定查阅、复制本案庭审材料，但涉及国家秘密、商业秘密和个人隐私的内容除外。

第五章　证　　据

第三十三条 证据包括：

（一）书证；

（二）物证；

（三）视听资料；

（四）电子数据；

（五）证人证言；

（六）当事人的陈述；

（七）鉴定意见；

（八）勘验笔录、现场笔录。

以上证据经法庭审查属实，才能作为认定案件事实的根据。

第三十四条　被告对作出的行政行为负有举证责任，应当提供作出该行政行为的证据和所依据的规范性文件。

被告不提供或者无正当理由逾期提供证据，视为没有相应证据。但是，被诉行政行为涉及第三人合法权益，第三人提供证据的除外。

第三十五条　在诉讼过程中，被告及其诉讼代理人不得自行向原告、第三人和证人收集证据。

第三十六条　被告在作出行政行为时已经收集了证据，但因不可抗力等正当事由不能提供的，经人民法院准许，可以延期提供。

原告或者第三人提出了其在行政处理程序中没有提出的理由或者证据的，经人民法院准许，被告可以补充证据。

第三十七条　原告可以提供证明行政行为违法的证据。原告提供的证据不成立的，不免除被告的举证责任。

第三十八条　在起诉被告不履行法定职责的案件中，原告应当提供其向被告提出申请的证据。但有下列情形之一的除外：

（一）被告应当依职权主动履行法定职责的；

（二）原告因正当理由不能提供证据的。

在行政赔偿、补偿的案件中，原告应当对行政行为造成的损害提供证据。因被告的原因导致原告无法举证的，由被告承担举证责任。

第三十九条　人民法院有权要求当事人提供或者补充证据。

第四十条　人民法院有权向有关行政机关以及其他组织、公民调取证据。但是，不得为证明行政行为的合法性调取被告作出行政行为时未收集的证据。

第四十一条　与本案有关的下列证据，原告或者第三人不能自行收集的，可以申请人民法院调取：

（一）由国家机关保存而须由人民法院调取的证据；

（二）涉及国家秘密、商业秘密和个人隐私的证据；

（三）确因客观原因不能自行收集的其他证据。

第四十二条　在证据可能灭失或者以后难以取得的情况下，诉讼参加人可以向人民法院申请保全证据，人民法院也可以主动采取保全措施。

第四十三条　证据应当在法庭上出示，并由当事人互相质证。对涉及国家秘密、商业秘密和个人隐私的证据，不得在公开开庭时出示。

人民法院应当按照法定程序，全面、客观地审查核实证据。对未采纳的证据应当在裁判文书中说明理由。

以非法手段取得的证据，不得作为认定案件事实的根据。

第六章　起诉和受理

第四十四条　对属于人民法院受案范围的行政案件，公民、法人或者其他组织可以先向行政机关申请复议，对复议决定不服的，再向人民法院提起诉讼；也可以直接向人民法院提起诉讼。

法律、法规规定应当先向行政机关申请复议，对复议决定不服再向人民法院提起诉讼的，依照法律、法规的规定。

第四十五条　公民、法人或者其他组织不服复议决定的，可以在收到复议决定书之日起十五日内向人民法院提起诉讼。复议机关逾期不作决定的，申请人可以在复议期满之日起十五日内向人民法院提起诉讼。法律另有规定的除外。

第四十六条　公民、法人或者其他组织直接向人民法院提起诉讼的，应当自知道或者应当知道作出行政行为之日起六个月内提出。法律另有规定的除外。

因不动产提起诉讼的案件自行政行为作出之日起超过二十年，其他案件自行政行为作出之日起超过五年提起诉讼的，人民法院不予受理。

第四十七条 公民、法人或者其他组织申请行政机关履行保护其人身权、财产权等合法权益的法定职责，行政机关在接到申请之日起两个月内不履行的，公民、法人或者其他组织可以向人民法院提起诉讼。法律、法规对行政机关履行职责的期限另有规定的，从其规定。

公民、法人或者其他组织在紧急情况下请求行政机关履行保护其人身权、财产权等合法权益的法定职责，行政机关不履行的，提起诉讼不受前款规定期限的限制。

第四十八条 公民、法人或者其他组织因不可抗力或者其他不属于其自身的原因耽误起诉期限的，被耽误的时间不计算在起诉期限内。

公民、法人或者其他组织因前款规定以外的其他特殊情况耽误起诉期限的，在障碍消除后十日内，可以申请延长期限，是否准许由人民法院决定。

第四十九条 提起诉讼应当符合下列条件：

（一）原告是符合本法第二十五条规定的公民、法人或者其他组织；

（二）有明确的被告；

（三）有具体的诉讼请求和事实根据；

（四）属于人民法院受案范围和受诉人民法院管辖。

第五十条 起诉应当向人民法院递交起诉状，并按照被告人数提出副本。

书写起诉状确有困难的，可以口头起诉，由人民法院记入笔录，出具注明日期的书面凭证，并告知对方当事人。

第五十一条 人民法院在接到起诉状时对符合本法规定的起诉条件的，应当登记立案。

对当场不能判定是否符合本法规定的起诉条件的，应当接收起诉状，出具注明收到日期的书面凭证，并在七日内决定是否立案。不符合起诉条件的，作出不予立案的裁定。裁定书应当载明不予立案的理由。原告对裁定不服的，可以提起上诉。

起诉状内容欠缺或者有其他错误的，应当给予指导和释明，并一次性告知当事人需要补正的内容。不得未经指导和释明即以起诉不符合条件为由不接收起诉状。

对于不接收起诉状、接收起诉状后不出具书面凭证，以及不一次性告知当事人需要补正的起诉状内容的，当事人可以向上级人民法院投诉，上级人民法院应当责令改正，并对直接负责的主管人员和其他直接责任人员依法给予处分。

第五十二条 人民法院既不立案，又不作出不予立案裁定的，当事人可以向上一级人民法院起诉。上一级人民法院认为符合起诉条件的，应当立案、审理，也可以指定其他下级人民法院立案、审理。

第五十三条 公民、法人或者其他组织认为行政行为所依据的国务院部门和地方人民政府及其部门制定的规范性文件不合法，在对行政行为提起诉讼时，可以一并请求对该规范性文件进行审查。

前款规定的规范性文件不含规章。

第七章 审理和判决

第一节 一 般 规 定

第五十四条 人民法院公开审理行政案件，但涉及国家秘密、个人隐私和法律另有规定的除外。

涉及商业秘密的案件，当事人申请不公开审理的，可以不公开审理。

第五十五条 当事人认为审判人员与本案有利害关系或者有其他关系可能影响公正审判，有权申请审判人员回避。

审判人员认为自己与本案有利害关系或者有其他关系，应当申请回避。

前两款规定，适用于书记员、翻译人员、鉴定人、勘验人。

院长担任审判长时的回避，由审判委员会决定；审判人员的回避，由院长决定；

其他人员的回避，由审判长决定。当事人对决定不服的，可以申请复议一次。

第五十六条 诉讼期间，不停止行政行为的执行。但有下列情形之一的，裁定停止执行：

（一）被告认为需要停止执行的；

（二）原告或者利害关系人申请停止执行，人民法院认为该行政行为的执行会造成难以弥补的损失，并且停止执行不损害国家利益、社会公共利益的；

（三）人民法院认为该行政行为的执行会给国家利益、社会公共利益造成重大损害的；

（四）法律、法规规定停止执行的。

当事人对停止执行或者不停止执行的裁定不服的，可以申请复议一次。

第五十七条 人民法院对起诉行政机关没有依法支付抚恤金、最低生活保障金和工伤、医疗社会保险金的案件，权利义务关系明确、不先予执行将严重影响原告生活的，可以根据原告的申请，裁定先予执行。

当事人对先予执行裁定不服的，可以申请复议一次。复议期间不停止裁定的执行。

第五十八条 经人民法院传票传唤，原告无正当理由拒不到庭，或者未经法庭许可中途退庭的，可以按照撤诉处理；被告无正当理由拒不到庭，或者未经法庭许可中途退庭的，可以缺席判决。

第五十九条 诉讼参与人或者其他人有下列行为之一的，人民法院可以根据情节轻重，予以训诫、责令具结悔过或者处一万元以下的罚款、十五日以下的拘留；构成犯罪的，依法追究刑事责任：

（一）有义务协助调查、执行的人，对人民法院的协助调查决定、协助执行通知书，无故推拖、拒绝或者妨碍调查、执行的；

（二）伪造、隐藏、毁灭证据或者提供虚假证明材料，妨碍人民法院审理案件的；

（三）指使、贿买、胁迫他人作伪证或者威胁、阻止证人作证的；

（四）隐藏、转移、变卖、毁损已被查封、扣押、冻结的财产的；

（五）以欺骗、胁迫等非法手段使原告撤诉的；

（六）以暴力、威胁或者其他方法阻碍人民法院工作人员执行职务，或者以哄闹、冲击法庭等方法扰乱人民法院工作秩序的；

（七）对人民法院审判人员或者其他工作人员、诉讼参与人、协助调查和执行的人员恐吓、侮辱、诽谤、诬陷、殴打、围攻或者打击报复的。

人民法院对有前款规定的行为之一的单位，可以对其主要负责人或者直接责任人员依照前款规定予以罚款、拘留；构成犯罪的，依法追究刑事责任。

罚款、拘留须经人民法院院长批准。当事人不服的，可以向上一级人民法院申请复议一次。复议期间不停止执行。

第六十条 人民法院审理行政案件，不适用调解。但是，行政赔偿、补偿以及行政机关行使法律、法规规定的自由裁量权的案件可以调解。

调解应当遵循自愿、合法原则，不得损害国家利益、社会公共利益和他人合法权益。

第六十一条 在涉及行政许可、登记、征收、征用和行政机关对民事争议所作的裁决的行政诉讼中，当事人申请一并解决相关民事争议的，人民法院可以一并审理。

在行政诉讼中，人民法院认为行政案件的审理需以民事诉讼的裁判为依据的，可以裁定中止行政诉讼。

第六十二条 人民法院对行政案件宣告判决或者裁定前，原告申请撤诉的，或者被告改变其所作的行政行为，原告同意并申请撤诉的，是否准许，由人民法院裁定。

第六十三条 人民法院审理行政案件，以法律和行政法规、地方性法规为依据。地方性法规适用于本行政区域内发生的行政案件。

人民法院审理民族自治地方的行政案件，并以该民族自治地方的自治条例和单行条例为依据。

人民法院审理行政案件，参照规章。

第六十四条 人民法院在审理行政案件中，经审查认为本法第五十三条规定的规范性文件不合法的，不作为认定行政行为合法的依据，并向制定机关提出处理建议。

第六十五条 人民法院应当公开发生法律效力的判决书、裁定书，供公众查阅，但涉及国家秘密、商业秘密和个人隐私的内容除外。

第六十六条 人民法院在审理行政案件中，认为行政机关的主管人员、直接责任人员违法违纪的，应当将有关材料移送监察机关、该行政机关或者其上一级行政机关；认为有犯罪行为的，应当将有关材料移送公安、检察机关。

人民法院对被告经传票传唤无正当理由拒不到庭，或者未经法庭许可中途退庭的，可以将被告拒不到庭或者中途退庭的情况予以公告，并可以向监察机关或者被告的上一级行政机关提出依法给予其主要负责人或者直接责任人员处分的司法建议。

第二节 第一审普通程序

第六十七条 人民法院应当在立案之日起五日内，将起诉状副本发送被告。被告应当在收到起诉状副本之日起十五日内向人民法院提交作出行政行为的证据和所依据的规范性文件，并提出答辩状。人民法院应当在收到答辩状之日起五日内，将答辩状副本发送原告。

被告不提出答辩状的，不影响人民法院审理。

第六十八条 人民法院审理行政案件，由审判员组成合议庭，或者由审判员、陪审员组成合议庭。合议庭的成员，应当是三人以上的单数。

第六十九条 行政行为证据确凿，适用法律、法规正确，符合法定程序的，或者原告申请被告履行法定职责或者给付义务理由不成立的，人民法院判决驳回原告的诉讼请求。

第七十条 行政行为有下列情形之一的，人民法院判决撤销或者部分撤销，并可以判决被告重新作出行政行为：

（一）主要证据不足的；

（二）适用法律、法规错误的；

（三）违反法定程序的；

（四）超越职权的；

（五）滥用职权的；

（六）明显不当的。

第七十一条 人民法院判决被告重新作出行政行为的，被告不得以同一的事实和理由作出与原行政行为基本相同的行政行为。

第七十二条 人民法院经过审理，查明被告不履行法定职责的，判决被告在一定期限内履行。

第七十三条 人民法院经过审理，查明被告依法负有给付义务的，判决被告履行给付义务。

第七十四条 行政行为有下列情形之一的，人民法院判决确认违法，但不撤销行政行为：

（一）行政行为依法应当撤销，但撤销会给国家利益、社会公共利益造成重大损害的；

（二）行政行为程序轻微违法，但对原告权利不产生实际影响的。

行政行为有下列情形之一，不需要撤销或者判决履行的，人民法院判决确认违法：

（一）行政行为违法，但不具有可撤销内容的；

（二）被告改变原违法行政行为，原告仍要求确认原行政行为违法的；

（三）被告不履行或者拖延履行法定职责，判决履行没有意义的。

第七十五条 行政行为有实施主体不具有行政主体资格或者没有依据等重大且明显违法情形，原告申请确认行政行为无效的，人民法院判决确认无效。

第七十六条 人民法院判决确认违法或者无效的，可以同时判决责令被告采取补救措施；给原告造成损失的，依法判决被告承担赔偿责任。

第七十七条 行政处罚明显不当，或者其他行政行为涉及对款额的确定、认定确有错误的，人民法院可以判决变更。

人民法院判决变更，不得加重原告的义务或者减损原告的权益。但利害关系人同为原告，且诉讼请求相反的除外。

第七十八条 被告不依法履行、未按照约定履行或者违法变更、解除本法第十二条第一款第十一项规定的协议的，人民法院判决被告承担继续履行、采取补救措施或者赔偿损失等责任。

被告变更、解除本法第十二条第一款第十一项规定的协议合法，但未依法给予补偿的，人民法院判决给予补偿。

第七十九条 复议机关与作出原行政行为的行政机关为共同被告的案件，人民法院应当对复议决定和原行政行为一并作出裁判。

第八十条 人民法院对公开审理和不公开审理的案件，一律公开宣告判决。

当庭宣判的，应当在十日内发送判决书；定期宣判的，宣判后立即发给判决书。

宣告判决时，必须告知当事人上诉权利、上诉期限和上诉的人民法院。

第八十一条 人民法院应当在立案之日起六个月内作出第一审判决。有特殊情况需要延长的，由高级人民法院批准，高级人民法院审理第一审案件需要延长的，由最高人民法院批准。

第三节 简易程序

第八十二条 人民法院审理下列第一审行政案件，认为事实清楚、权利义务关系明确、争议不大的，可以适用简易程序：

（一）被诉行政行为是依法当场作出的；

（二）案件涉及款额二千元以下的；

（三）属于政府信息公开案件的。

除前款规定以外的第一审行政案件，当事人各方同意适用简易程序的，可以适用简易程序。

发回重审、按照审判监督程序再审的案件不适用简易程序。

第八十三条 适用简易程序审理的行政案件，由审判员一人独任审理，并应当在立案之日起四十五日内审结。

第八十四条 人民法院在审理过程中，发现案件不宜适用简易程序的，裁定转为普通程序。

第四节 第二审程序

第八十五条 当事人不服人民法院第一审判决的，有权在判决书送达之日起十五日内向上一级人民法院提起上诉。当事人不服人民法院第一审裁定的，有权在裁定书送达之日起十日内向上一级人民法院提起上诉。逾期不提起上诉的，人民法院的第一审判决或者裁定发生法律效力。

第八十六条 人民法院对上诉案件，应当组成合议庭，开庭审理。经过阅卷、调查和询问当事人，对没有提出新的事实、证据或者理由，合议庭认为不需要开庭审理的，也可以不开庭审理。

第八十七条 人民法院审理上诉案件，应当对原审人民法院的判决、裁定和被诉行政行为进行全面审查。

第八十八条 人民法院审理上诉案件，应当在收到上诉状之日起三个月内作出终审判决。有特殊情况需要延长的，由高级人民法院批准，高级人民法院审理上诉案件需要延长的，由最高人民法院批准。

第八十九条 人民法院审理上诉案件，按照下列情形，分别处理：

（一）原判决、裁定认定事实清楚，适用法律、法规正确的，判决或者裁定驳回上诉，维持原判决、裁定；

（二）原判决、裁定认定事实错误或者适用法律、法规错误的，依法改判、撤销或者变更；

（三）原判决认定基本事实不清、证据不足的，发回原审人民法院重审，或者查清事实后改判；

（四）原判决遗漏当事人或者违法缺席判决等严重违反法定程序的，裁定撤销原判决，发回原审人民法院重审。

原审人民法院对发回重审的案件作出判决后，当事人提起上诉的，第二审人民法院不得再次发回重审。

人民法院审理上诉案件，需要改变原审判决的，应当同时对被诉行政行为作出判决。

第五节　审判监督程序

第九十条 当事人对已经发生法律效力的判决、裁定，认为确有错误的，可以向上一级人民法院申请再审，但判决、裁定不停止执行。

第九十一条 当事人的申请符合下列情形之一的，人民法院应当再审：

（一）不予立案或者驳回起诉确有错误的；

（二）有新的证据，足以推翻原判决、裁定的；

（三）原判决、裁定认定事实的主要证据不足、未经质证或者系伪造的；

（四）原判决、裁定适用法律、法规确有错误的；

（五）违反法律规定的诉讼程序，可能影响公正审判的；

（六）原判决、裁定遗漏诉讼请求的；

（七）据以作出原判决、裁定的法律文书被撤销或者变更的；

（八）审判人员在审理该案件时有贪污受贿、徇私舞弊、枉法裁判行为的。

第九十二条 各级人民法院院长对本院已经发生法律效力的判决、裁定，发现有本法第九十一条规定情形之一，或者发现调解违反自愿原则或者调解书内容违法，认为需要再审的，应当提交审判委员会讨论决定。

最高人民法院对地方各级人民法院已经发生法律效力的判决、裁定，上级人民法院对下级人民法院已经发生法律效力的判决、裁定，发现有本法第九十一条规定情形之一，或者发现调解违反自愿原则或者调解书内容违法的，有权提审或者指令下级人民法院再审。

第九十三条 最高人民检察院对各级人民法院已经发生法律效力的判决、裁定，上级人民检察院对下级人民法院已经发生法律效力的判决、裁定，发现有本法第九十一条规定情形之一，或者发现调解书损害国家利益、社会公共利益的，应当提出抗诉。

地方各级人民检察院对同级人民法院已经发生法律效力的判决、裁定，发现有本法第九十一条规定情形之一，或者发现调解书损害国家利益、社会公共利益的，可以向同级人民法院提出检察建议，并报上级人民检察院备案；也可以提请上级人民检察院向同级人民法院提出抗诉。

各级人民检察院对审判监督程序以外的其他审判程序中审判人员的违法行为，有权向同级人民法院提出检察建议。

第八章　执　　行

第九十四条 当事人必须履行人民法院发生法律效力的判决、裁定、调解书。

第九十五条 公民、法人或者其他组织拒绝履行判决、裁定、调解书的，行政机关或者第三人可以向第一审人民法院申请强制执行，或者由行政机关依法强制执行。

第九十六条 行政机关拒绝履行判决、裁定、调解书的，第一审人民法院可以采取下列措施：

（一）对应当归还的罚款或者应当给付的款额，通知银行从该行政机关的账户内划拨；

（二）在规定期限内不履行的，从期满之日起，对该行政机关负责人按日处五十元至一百元的罚款；

（三）将行政机关拒绝履行的情况予以公告；

（四）向监察机关或者该行政机关的上一级行政机关提出司法建议。接受司法建议的机关，根据有关规定进行处理，并将处理情况告知人民法院；

（五）拒不履行判决、裁定、调解书，社会影响恶劣的，可以对该行政机关直接负责的主管人员和其他直接责任人员予以拘留；情节严重，构成犯罪的，依法追究刑事责任。

第九十七条 公民、法人或者其他组织对行政行为在法定期限内不提起诉讼又不履行的，行政机关可以申请人民法院强制执行，或者依法强制执行。

第九章 涉外行政诉讼

第九十八条 外国人、无国籍人、外国组织在中华人民共和国进行行政诉讼，适用本法。法律另有规定的除外。

第九十九条 外国人、无国籍人、外国组织在中华人民共和国进行行政诉讼，同中华人民共和国公民、组织有同等的诉讼权利和义务。

外国法院对中华人民共和国公民、组织的行政诉讼权利加以限制的，人民法院对该国公民、组织的行政诉讼权利，实行对等原则。

第一百条 外国人、无国籍人、外国组织在中华人民共和国进行行政诉讼，委托律师代理诉讼的，应当委托中华人民共和国律师机构的律师。

第十章 附 则

第一百零一条 人民法院审理行政案件，关于期间、送达、财产保全、开庭审理、调解、中止诉讼、终结诉讼、简易程序、执行等，以及人民检察院对行政案件受理、审理、裁判、执行的监督，本法没有规定的，适用《中华人民共和国民事诉讼法》的相关规定。

第一百零二条 人民法院审理行政案件，应当收取诉讼费用。诉讼费用由败诉方承担，双方都有责任的由双方分担。收取诉讼费用的具体办法另行规定。

第一百零三条 本法自1990年10月1日起施行。

中华人民共和国行政复议法

（1999年4月29日第九届全国人民代表大会常务委员会第九次会议通过 根据2009年8月27日第十一届全国人民代表大会常务委员会第十次会议《关于修改部分法律的决定》第一次修正 根据2017年9月1日第十二届全国人民代表大会常务委员会第二十九次会议《关于修改〈中华人民共和国法官法〉等八部法律的决定》第二次修正 2023年9月1日第十四届全国人民代表大会常务委员会第五次会议修订 2023年9月1日中华人民共和国主席令第9号公布 自2024年1月1日起施行）

第一章 总 则

第一条 为了防止和纠正违法的或者不当的行政行为，保护公民、法人和其他组织的合法权益，监督和保障行政机关依法行使职权，发挥行政复议化解行政争议的主渠道作用，推进法治政府建设，根据宪法，制定本法。

第二条 公民、法人或者其他组织认为行政机关的行政行为侵犯其合法权益，向行政复议机关提出行政复议申请，行政复议机关办理行政复议案件，适用本法。

前款所称行政行为，包括法律、法规、规章授权的组织的行政行为。

第三条 行政复议工作坚持中国共产党的领导。

行政复议机关履行行政复议职责，应当遵循合法、公正、公开、高效、便民、为民的原则，坚持有错必纠，保障法律、法规的正确实施。

第四条 县级以上各级人民政府以及其他依照本法履行行政复议职责的行政机关是行政复议机关。

行政复议机关办理行政复议事项的机构是行政复议机构。行政复议机构同时组织办理行政复议机关的行政应诉事项。

行政复议机关应当加强行政复议工作，支持和保障行政复议机构依法履行职责。上级行政复议机构对下级行政复议机构的行政复议工作进行指导、监督。

国务院行政复议机构可以发布行政复议指导性案例。

第五条 行政复议机关办理行政复议案件，可以进行调解。

调解应当遵循合法、自愿的原则，不得损害国家利益、社会公共利益和他人合法权益，不得违反法律、法规的强制性规定。

第六条 国家建立专业化、职业化行政复议人员队伍。

行政复议机构中初次从事行政复议工作的人员，应当通过国家统一法律职业资格考试取得法律职业资格，并参加统一职前培训。

国务院行政复议机构应当会同有关部门制定行政复议人员工作规范，加强对行政复议人员的业务考核和管理。

第七条 行政复议机关应当确保行政复议机构的人员配备与所承担的工作任务相适应，提高行政复议人员专业素质，根据工作需要保障办案场所、装备等设施。县级以上各级人民政府应当将行政复议工作经费列入本级预算。

第八条 行政复议机关应当加强信息化建设，运用现代信息技术，方便公民、法人或者其他组织申请、参加行政复议，提高工作质量和效率。

第九条 对在行政复议工作中做出显著成绩的单位和个人，按照国家有关规定给予表彰和奖励。

第十条 公民、法人或者其他组织对行政复议决定不服的，可以依照《中华人民共和国行政诉讼法》的规定向人民法院提起行政诉讼，但是法律规定行政复议决定为最终裁决的除外。

第二章 行政复议申请

第一节 行政复议范围

第十一条 有下列情形之一的，公民、法人或者其他组织可以依照本法申请行政复议：

（一）对行政机关作出的行政处罚决定不服；

（二）对行政机关作出的行政强制措施、行政强制执行决定不服；

（三）申请行政许可，行政机关拒绝或者在法定期限内不予答复，或者对行政机关作出的有关行政许可的其他决定不服；

（四）对行政机关作出的确认自然资源的所有权或者使用权的决定不服；

（五）对行政机关作出的征收征用决定及其补偿决定不服；

（六）对行政机关作出的赔偿决定或者不予赔偿决定不服；

（七）对行政机关作出的不予受理工伤认定申请的决定或者工伤认定结论不服；

（八）认为行政机关侵犯其经营自主权或者农村土地承包经营权、农村土地经营权；

（九）认为行政机关滥用行政权力排除或者限制竞争；

（十）认为行政机关违法集资、摊派费用或者违法要求履行其他义务；

（十一）申请行政机关履行保护人身权利、财产权利、受教育权利等合法权益的法定职责，行政机关拒绝履行、未依法履行或者不予答复；

（十二）申请行政机关依法给付抚恤金、社会保险待遇或者最低生活保障等社会保障，行政机关没有依法给付；

（十三）认为行政机关不依法订立、不依法履行、未按照约定履行或者违法变更、解除政府特许经营协议、土地房屋征收补偿协议等行政协议；

（十四）认为行政机关在政府信息公开工作中侵犯其合法权益；

（十五）认为行政机关的其他行政行为侵犯其合法权益。

第十二条 下列事项不属于行政复议范围：

（一）国防、外交等国家行为；

（二）行政法规、规章或者行政机关制定、发布的具有普遍约束力的决定、命令等规范性文件；

（三）行政机关对行政机关工作人员的奖惩、任免等决定；

（四）行政机关对民事纠纷作出的调解。

第十三条 公民、法人或者其他组织认为行政机关的行政行为所依据的下列规范性文件不合法，在对行政行为申请行政复议时，可以一并向行政复议机关提出对该规范性文件的附带审查申请：

（一）国务院部门的规范性文件；

（二）县级以上地方各级人民政府及其工作部门的规范性文件；

（三）乡、镇人民政府的规范性文件；

（四）法律、法规、规章授权的组织的规范性文件。

前款所列规范性文件不含规章。规章的审查依照法律、行政法规办理。

第二节 行政复议参加人

第十四条 依照本法申请行政复议的公民、法人或者其他组织是申请人。

有权申请行政复议的公民死亡的，其近亲属可以申请行政复议。有权申请行政复议的法人或者其他组织终止的，其权利义务承受人可以申请行政复议。

有权申请行政复议的公民为无民事行为能力人或者限制民事行为能力人的，

其法定代理人可以代为申请行政复议。

第十五条 同一行政复议案件申请人人数众多的，可以由申请人推选代表人参加行政复议。

代表人参加行政复议的行为对其所代表的申请人发生效力，但是代表人变更行政复议请求、撤回行政复议申请、承认第三人请求的，应当经被代表的申请人同意。

第十六条 申请人以外的同被申请行政复议的行政行为或者行政复议案件处理结果有利害关系的公民、法人或者其他组织，可以作为第三人申请参加行政复议，或者由行政复议机构通知其作为第三人参加行政复议。

第三人不参加行政复议，不影响行政复议案件的审理。

第十七条 申请人、第三人可以委托一至二名律师、基层法律服务工作者或者其他代理人代为参加行政复议。

申请人、第三人委托代理人的，应当向行政复议机构提交授权委托书、委托人及被委托人的身份证明文件。授权委托书应当载明委托事项、权限和期限。申请人、第三人变更或者解除代理人权限的，应当书面告知行政复议机构。

第十八条 符合法律援助条件的行政复议申请人申请法律援助的，法律援助机构应当依法为其提供法律援助。

第十九条 公民、法人或者其他组织对行政行为不服申请行政复议的，作出行政行为的行政机关或者法律、法规、规章授权的组织是被申请人。

两个以上行政机关以共同的名义作出同一行政行为的，共同作出行政行为的行政机关是被申请人。

行政机关委托的组织作出行政行为的，委托的行政机关是被申请人。

作出行政行为的行政机关被撤销或者职权变更的，继续行使其职权的行政机关是被申请人。

第三节　申请的提出

第二十条　公民、法人或者其他组织认为行政行为侵犯其合法权益的，可以自知道或者应当知道该行政行为之日起六十日内提出行政复议申请；但是法律规定的申请期限超过六十日的除外。

因不可抗力或者其他正当理由耽误法定申请期限的，申请期限自障碍消除之日起继续计算。

行政机关作出行政行为时，未告知公民、法人或者其他组织申请行政复议的权利、行政复议机关和申请期限的，申请期限自公民、法人或者其他组织知道或者应当知道申请行政复议的权利、行政复议机关和申请期限之日起计算，但是自知道或者应当知道行政行为内容之日起最长不得超过一年。

第二十一条　因不动产提出的行政复议申请自行政行为作出之日起超过二十年，其他行政复议申请自行政行为作出之日起超过五年的，行政复议机关不予受理。

第二十二条　申请人申请行政复议，可以书面申请；书面申请有困难的，也可以口头申请。

书面申请的，可以通过邮寄或者行政复议机关指定的互联网渠道等方式提交行政复议申请书，也可以当面提交行政复议申请书。行政机关通过互联网渠道送达行政行为决定书的，应当同时提供提交行政复议申请书的互联网渠道。

口头申请的，行政复议机关应当当场记录申请人的基本情况、行政复议请求、申请行政复议的主要事实、理由和时间。

申请人对两个以上行政行为不服的，应当分别申请行政复议。

第二十三条　有下列情形之一的，申请人应当先向行政复议机关申请行政复议，对行政复议决定不服的，可以再依法向人民法院提起行政诉讼：

（一）对当场作出的行政处罚决定不服；

（二）对行政机关作出的侵犯其已经依法取得的自然资源的所有权或者使用

权的决定不服；

（三）认为行政机关存在本法第十一条规定的未履行法定职责情形；

（四）申请政府信息公开，行政机关不予公开；

（五）法律、行政法规规定应当先向行政复议机关申请行政复议的其他情形。

对前款规定的情形，行政机关在作出行政行为时应当告知公民、法人或者其他组织先向行政复议机关申请行政复议。

第四节 行政复议管辖

第二十四条 县级以上地方各级人民政府管辖下列行政复议案件：

（一）对本级人民政府工作部门作出的行政行为不服的；

（二）对下一级人民政府作出的行政行为不服的；

（三）对本级人民政府依法设立的派出机关作出的行政行为不服的；

（四）对本级人民政府或者其工作部门管理的法律、法规、规章授权的组织作出的行政行为不服的。

除前款规定外，省、自治区、直辖市人民政府同时管辖对本机关作出的行政行为不服的行政复议案件。

省、自治区人民政府依法设立的派出机关参照设区的市级人民政府的职责权限，管辖相关行政复议案件。

对县级以上地方各级人民政府工作部门依法设立的派出机构依照法律、法规、规章规定，以派出机构的名义作出的行政行为不服的行政复议案件，由本级人民政府管辖；其中，对直辖市、设区的市人民政府工作部门按照行政区划设立的派出机构作出的行政行为不服的，也可以由其所在地的人民政府管辖。

第二十五条 国务院部门管辖下列行政复议案件：

（一）对本部门作出的行政行为不服的；

（二）对本部门依法设立的派出机构依照法律、行政法规、部门规章规定，以派出机构的名义作出的行政行为不服的；

（三）对本部门管理的法律、行政法规、部门规章授权的组织作出的行政行为不服的。

第二十六条 对省、自治区、直辖市人民政府依照本法第二十四条第二款的规定、国务院部门依照本法第二十五条第一项的规定作出的行政复议决定不服的，可以向人民法院提起行政诉讼；也可以向国务院申请裁决，国务院依照本法的规定作出最终裁决。

第二十七条 对海关、金融、外汇管理等实行垂直领导的行政机关、税务和国家安全机关的行政行为不服的，向上一级主管部门申请行政复议。

第二十八条 对履行行政复议机构职责的地方人民政府司法行政部门的行政行为不服的，可以向本级人民政府申请行政复议，也可以向上一级司法行政部门申请行政复议。

第二十九条 公民、法人或者其他组织申请行政复议，行政复议机关已经依法受理的，在行政复议期间不得向人民法院提起行政诉讼。

公民、法人或者其他组织向人民法院提起行政诉讼，人民法院已经依法受理的，不得申请行政复议。

第三章　行政复议受理

第三十条 行政复议机关收到行政复议申请后，应当在五日内进行审查。对符合下列规定的，行政复议机关应当予以受理：

（一）有明确的申请人和符合本法规定的被申请人；

（二）申请人与被申请行政复议的行政行为有利害关系；

（三）有具体的行政复议请求和理由；

（四）在法定申请期限内提出；

（五）属于本法规定的行政复议范围；

（六）属于本机关的管辖范围；

（七）行政复议机关未受理过该申请人就同一行政行为提出的行政复议申请，并且人民法院未受理过该申请人就同一行政行为提起的行政诉讼。

对不符合前款规定的行政复议申请，行政复议机关应当在审查期限内决定不予受理并说明理由；不属于本机关管辖的，还应当在不予受理决定中告知申请人有管辖权的行政复议机关。

行政复议申请的审查期限届满，行政复议机关未作出不予受理决定的，审查期限届满之日起视为受理。

第三十一条　行政复议申请材料不齐全或者表述不清楚，无法判断行政复议申请是否符合本法第三十条第一款规定的，行政复议机关应当自收到申请之日起五日内书面通知申请人补正。补正通知应当一次性载明需要补正的事项。

申请人应当自收到补正通知之日起十日内提交补正材料。有正当理由不能按期补正的，行政复议机关可以延长合理的补正期限。无正当理由逾期不补正的，视为申请人放弃行政复议申请，并记录在案。

行政复议机关收到补正材料后，依照本法第三十条的规定处理。

第三十二条　对当场作出或者依据电子技术监控设备记录的违法事实作出的行政处罚决定不服申请行政复议的，可以通过作出行政处罚决定的行政机关提交行政复议申请。

行政机关收到行政复议申请后，应当及时处理；认为需要维持行政处罚决定的，应当自收到行政复议申请之日起五日内转送行政复议机关。

第三十三条　行政复议机关受理行政复议申请后，发现该行政复议申请不符合本法第三十条第一款规定的，应当决定驳回申请并说明理由。

第三十四条　法律、行政法规规定应当先向行政复议机关申请行政复议、对行政复议决定不服再向人民法院提起行政诉讼的，行政复议机关决定不予受理、驳回申请或者受理后超过行政复议期限不作答复的，公民、法人或者其他组织可以自收到决定书之日起或者行政复议期限届满之日起十五日内，依法向人民法院提起行政诉讼。

第三十五条 公民、法人或者其他组织依法提出行政复议申请，行政复议机关无正当理由不予受理、驳回申请或者受理后超过行政复议期限不作答复的，申请人有权向上级行政机关反映，上级行政机关应当责令其纠正；必要时，上级行政复议机关可以直接受理。

第四章 行政复议审理

第一节 一 般 规 定

第三十六条 行政复议机关受理行政复议申请后，依照本法适用普通程序或者简易程序进行审理。行政复议机构应当指定行政复议人员负责办理行政复议案件。

行政复议人员对办理行政复议案件过程中知悉的国家秘密、商业秘密和个人隐私，应当予以保密。

第三十七条 行政复议机关依照法律、法规、规章审理行政复议案件。

行政复议机关审理民族自治地方的行政复议案件，同时依照该民族自治地方的自治条例和单行条例。

第三十八条 上级行政复议机关根据需要，可以审理下级行政复议机关管辖的行政复议案件。

下级行政复议机关对其管辖的行政复议案件，认为需要由上级行政复议机关审理的，可以报请上级行政复议机关决定。

第三十九条 行政复议期间有下列情形之一的，行政复议中止：

（一）作为申请人的公民死亡，其近亲属尚未确定是否参加行政复议；

（二）作为申请人的公民丧失参加行政复议的行为能力，尚未确定法定代理人参加行政复议；

（三）作为申请人的公民下落不明；

（四）作为申请人的法人或者其他组织终止，尚未确定权利义务承受人；

（五）申请人、被申请人因不可抗力或者其他正当理由，不能参加行政复议；

（六）依照本法规定进行调解、和解，申请人和被申请人同意中止；

（七）行政复议案件涉及的法律适用问题需要有权机关作出解释或者确认；

（八）行政复议案件审理需要以其他案件的审理结果为依据，而其他案件尚未审结；

（九）有本法第五十六条或者第五十七条规定的情形；

（十）需要中止行政复议的其他情形。

行政复议中止的原因消除后，应当及时恢复行政复议案件的审理。

行政复议机关中止、恢复行政复议案件的审理，应当书面告知当事人。

第四十条 行政复议期间，行政复议机关无正当理由中止行政复议的，上级行政机关应当责令其恢复审理。

第四十一条 行政复议期间有下列情形之一的，行政复议机关决定终止行政复议：

（一）申请人撤回行政复议申请，行政复议机构准予撤回；

（二）作为申请人的公民死亡，没有近亲属或者其近亲属放弃行政复议权利；

（三）作为申请人的法人或者其他组织终止，没有权利义务承受人或者其权利义务承受人放弃行政复议权利；

（四）申请人对行政拘留或者限制人身自由的行政强制措施不服申请行政复议后，因同一违法行为涉嫌犯罪，被采取刑事强制措施；

（五）依照本法第三十九条第一款第一项、第二项、第四项的规定中止行政复议满六十日，行政复议中止的原因仍未消除。

第四十二条 行政复议期间行政行为不停止执行；但是有下列情形之一的，

应当停止执行：

（一）被申请人认为需要停止执行；

（二）行政复议机关认为需要停止执行；

（三）申请人、第三人申请停止执行，行政复议机关认为其要求合理，决定停止执行；

（四）法律、法规、规章规定停止执行的其他情形。

第二节　行政复议证据

第四十三条　行政复议证据包括：

（一）书证；

（二）物证；

（三）视听资料；

（四）电子数据；

（五）证人证言；

（六）当事人的陈述；

（七）鉴定意见；

（八）勘验笔录、现场笔录。

以上证据经行政复议机构审查属实，才能作为认定行政复议案件事实的根据。

第四十四条　被申请人对其作出的行政行为的合法性、适当性负有举证责任。

有下列情形之一的，申请人应当提供证据：

（一）认为被申请人不履行法定职责的，提供曾经要求被申请人履行法定职责的证据，但是被申请人应当依职权主动履行法定职责或者申请人因正当理由不能提供的除外；

（二）提出行政赔偿请求的，提供受行政行为侵害而造成损害的证据，但是因被申请人原因导致申请人无法举证的，由被申请人承担举证责任；

（三）法律、法规规定需要申请人提供证据的其他情形。

第四十五条 行政复议机关有权向有关单位和个人调查取证，查阅、复制、调取有关文件和资料，向有关人员进行询问。

调查取证时，行政复议人员不得少于两人，并应当出示行政复议工作证件。

被调查取证的单位和个人应当积极配合行政复议人员的工作，不得拒绝或者阻挠。

第四十六条 行政复议期间，被申请人不得自行向申请人和其他有关单位或者个人收集证据；自行收集的证据不作为认定行政行为合法性、适当性的依据。

行政复议期间，申请人或者第三人提出被申请行政复议的行政行为作出时没有提出的理由或者证据的，经行政复议机构同意，被申请人可以补充证据。

第四十七条 行政复议期间，申请人、第三人及其委托代理人可以按照规定查阅、复制被申请人提出的书面答复、作出行政行为的证据、依据和其他有关材料，除涉及国家秘密、商业秘密、个人隐私或者可能危及国家安全、公共安全、社会稳定的情形外，行政复议机构应当同意。

第三节　普 通 程 序

第四十八条 行政复议机构应当自行政复议申请受理之日起七日内，将行政复议申请书副本或者行政复议申请笔录复印件发送被申请人。被申请人应当自收到行政复议申请书副本或者行政复议申请笔录复印件之日起十日内，提出书面答复，并提交作出行政行为的证据、依据和其他有关材料。

第四十九条 适用普通程序审理的行政复议案件，行政复议机构应当当面或者通过互联网、电话等方式听取当事人的意见，并将听取的意见记录在案。因当事人原因不能听取意见的，可以书面审理。

第五十条 审理重大、疑难、复杂的行政复议案件，行政复议机构应当组织听证。

行政复议机构认为有必要听证，或者申请人请求听证的，行政复议机构可以组织听证。

听证由一名行政复议人员任主持人，两名以上行政复议人员任听证员，一名记录员制作听证笔录。

第五十一条 行政复议机构组织听证的，应当于举行听证的五日前将听证的时间、地点和拟听证事项书面通知当事人。

申请人无正当理由拒不参加听证的，视为放弃听证权利。

被申请人的负责人应当参加听证。不能参加的，应当说明理由并委托相应的工作人员参加听证。

第五十二条 县级以上各级人民政府应当建立相关政府部门、专家、学者等参与的行政复议委员会，为办理行政复议案件提供咨询意见，并就行政复议工作中的重大事项和共性问题研究提出意见。行政复议委员会的组成和开展工作的具体办法，由国务院行政复议机构制定。

审理行政复议案件涉及下列情形之一的，行政复议机构应当提请行政复议委员会提出咨询意见：

（一）案情重大、疑难、复杂；

（二）专业性、技术性较强；

（三）本法第二十四条第二款规定的行政复议案件；

（四）行政复议机构认为有必要。

行政复议机构应当记录行政复议委员会的咨询意见。

第四节 简易程序

第五十三条 行政复议机关审理下列行政复议案件，认为事实清楚、权利义务关系明确、争议不大的，可以适用简易程序：

（一）被申请行政复议的行政行为是当场作出；

（二）被申请行政复议的行政行为是警告或者通报批评；

（三）案件涉及款额三千元以下；

（四）属于政府信息公开案件。

除前款规定以外的行政复议案件，当事人各方同意适用简易程序的，可以适用简易程序。

第五十四条 适用简易程序审理的行政复议案件，行政复议机构应当自受理行政复议申请之日起三日内，将行政复议申请书副本或者行政复议申请笔录复印件发送被申请人。被申请人应当自收到行政复议申请书副本或者行政复议申请笔录复印件之日起五日内，提出书面答复，并提交作出行政行为的证据、依据和其他有关材料。

适用简易程序审理的行政复议案件，可以书面审理。

第五十五条 适用简易程序审理的行政复议案件，行政复议机构认为不宜适用简易程序的，经行政复议机构的负责人批准，可以转为普通程序审理。

第五节 行政复议附带审查

第五十六条 申请人依照本法第十三条的规定提出对有关规范性文件的附带审查申请，行政复议机关有权处理的，应当在三十日内依法处理；无权处理的，应当在七日内转送有权处理的行政机关依法处理。

第五十七条 行政复议机关在对被申请人作出的行政行为进行审查时，认为其依据不合法，本机关有权处理的，应当在三十日内依法处理；无权处理的，应当在七日内转送有权处理的国家机关依法处理。

第五十八条 行政复议机关依照本法第五十六条、第五十七条的规定有权处理有关规范性文件或者依据的，行政复议机构应当自行政复议中止之日起三日内，书面通知规范性文件或者依据的制定机关就相关条款的合法性提出书面答复。制定机关应当自收到书面通知之日起十日内提交书面答复及相关材料。

行政复议机构认为必要时，可以要求规范性文件或者依据的制定机关当面说明理由，制定机关应当配合。

第五十九条 行政复议机关依照本法第五十六条、第五十七条的规定有权处理有关规范性文件或者依据，认为相关条款合法的，在行政复议决定书中一并告知；认为相关条款超越权限或者违反上位法的，决定停止该条款的执行，并责令制定机关予以纠正。

第六十条 依照本法第五十六条、第五十七条的规定接受转送的行政机关、国家机关应当自收到转送之日起六十日内，将处理意见回复转送的行政复议机关。

第五章 行政复议决定

第六十一条 行政复议机关依照本法审理行政复议案件，由行政复议机构对行政行为进行审查，提出意见，经行政复议机关的负责人同意或者集体讨论通过后，以行政复议机关的名义作出行政复议决定。

经过听证的行政复议案件，行政复议机关应当根据听证笔录、审查认定的事实和证据，依照本法作出行政复议决定。

提请行政复议委员会提出咨询意见的行政复议案件，行政复议机关应当将咨询意见作为作出行政复议决定的重要参考依据。

第六十二条 适用普通程序审理的行政复议案件，行政复议机关应当自受理申请之日起六十日内作出行政复议决定；但是法律规定的行政复议期限少于六十日的除外。情况复杂，不能在规定期限内作出行政复议决定的，经行政复议机构的负责人批准，可以适当延长，并书面告知当事人；但是延长期限最多不得超过三十日。

适用简易程序审理的行政复议案件，行政复议机关应当自受理申请之日起三十日内作出行政复议决定。

第六十三条 行政行为有下列情形之一的，行政复议机关决定变更该行政行为：

（一）事实清楚，证据确凿，适用依据正确，程序合法，但是内容不适当；

（二）事实清楚，证据确凿，程序合法，但是未正确适用依据；

（三）事实不清、证据不足，经行政复议机关查清事实和证据。

行政复议机关不得作出对申请人更为不利的变更决定，但是第三人提出相反请求的除外。

第六十四条　行政行为有下列情形之一的，行政复议机关决定撤销或者部分撤销该行政行为，并可以责令被申请人在一定期限内重新作出行政行为：

（一）主要事实不清、证据不足；

（二）违反法定程序；

（三）适用的依据不合法；

（四）超越职权或者滥用职权。

行政复议机关责令被申请人重新作出行政行为的，被申请人不得以同一事实和理由作出与被申请行政复议的行政行为相同或者基本相同的行政行为，但是行政复议机关以违反法定程序为由决定撤销或者部分撤销的除外。

第六十五条　行政行为有下列情形之一的，行政复议机关不撤销该行政行为，但是确认该行政行为违法：

（一）依法应予撤销，但是撤销会给国家利益、社会公共利益造成重大损害；

（二）程序轻微违法，但是对申请人权利不产生实际影响。

行政行为有下列情形之一，不需要撤销或者责令履行的，行政复议机关确认该行政行为违法：

（一）行政行为违法，但是不具有可撤销内容；

（二）被申请人改变原违法行政行为，申请人仍要求撤销或者确认该行政行为违法；

（三）被申请人不履行或者拖延履行法定职责，责令履行没有意义。

第六十六条　被申请人不履行法定职责的，行政复议机关决定被申请人在一定期限内履行。

第六十七条 行政行为有实施主体不具有行政主体资格或者没有依据等重大且明显违法情形，申请人申请确认行政行为无效的，行政复议机关确认该行政行为无效。

第六十八条 行政行为认定事实清楚，证据确凿，适用依据正确，程序合法，内容适当的，行政复议机关决定维持该行政行为。

第六十九条 行政复议机关受理申请人认为被申请人不履行法定职责的行政复议申请后，发现被申请人没有相应法定职责或者在受理前已经履行法定职责的，决定驳回申请人的行政复议请求。

第七十条 被申请人不按照本法第四十八条、第五十四条的规定提出书面答复、提交作出行政行为的证据、依据和其他有关材料的，视为该行政行为没有证据、依据，行政复议机关决定撤销、部分撤销该行政行为，确认该行政行为违法、无效或者决定被申请人在一定期限内履行，但是行政行为涉及第三人合法权益，第三人提供证据的除外。

第七十一条 被申请人不依法订立、不依法履行、未按照约定履行或者违法变更、解除行政协议的，行政复议机关决定被申请人承担依法订立、继续履行、采取补救措施或者赔偿损失等责任。

被申请人变更、解除行政协议合法，但是未依法给予补偿或者补偿不合理的，行政复议机关决定被申请人依法给予合理补偿。

第七十二条 申请人在申请行政复议时一并提出行政赔偿请求，行政复议机关对依照《中华人民共和国国家赔偿法》的有关规定应当不予赔偿的，在作出行政复议决定时，应当同时决定驳回行政赔偿请求；对符合《中华人民共和国国家赔偿法》的有关规定应当给予赔偿的，在决定撤销或者部分撤销、变更行政行为或者确认行政行为违法、无效时，应当同时决定被申请人依法给予赔偿；确认行政行为违法的，还可以同时责令被申请人采取补救措施。

申请人在申请行政复议时没有提出行政赔偿请求的，行政复议机关在依法决定撤销或者部分撤销、变更罚款，撤销或者部分撤销违法集资、没收财物、征收征用、摊派费用以及对财产的查封、扣押、冻结等行政行为时，应当同时责令被申请人返还财产，解除对财产的查封、扣押、冻结措施，或者赔偿相应的价款。

第七十三条 当事人经调解达成协议的，行政复议机关应当制作行政复议调解书，经各方当事人签字或者签章，并加盖行政复议机关印章，即具有法律效力。

调解未达成协议或者调解书生效前一方反悔的，行政复议机关应当依法审查或者及时作出行政复议决定。

第七十四条 当事人在行政复议决定作出前可以自愿达成和解，和解内容不得损害国家利益、社会公共利益和他人合法权益，不得违反法律、法规的强制性规定。

当事人达成和解后，由申请人向行政复议机构撤回行政复议申请。行政复议机构准予撤回行政复议申请、行政复议机关决定终止行政复议的，申请人不得再以同一事实和理由提出行政复议申请。但是，申请人能够证明撤回行政复议申请违背其真实意愿的除外。

第七十五条 行政复议机关作出行政复议决定，应当制作行政复议决定书，并加盖行政复议机关印章。

行政复议决定书一经送达，即发生法律效力。

第七十六条 行政复议机关在办理行政复议案件过程中，发现被申请人或者其他下级行政机关的有关行政行为违法或者不当的，可以向其制发行政复议意见书。有关机关应当自收到行政复议意见书之日起六十日内，将纠正相关违法或者不当行政行为的情况报送行政复议机关。

第七十七条 被申请人应当履行行政复议决定书、调解书、意见书。

被申请人不履行或者无正当理由拖延履行行政复议决定书、调解书、意见书的，行政复议机关或者有关上级行政机关应当责令其限期履行，并可以约谈被申请人的有关负责人或者予以通报批评。

第七十八条 申请人、第三人逾期不起诉又不履行行政复议决定书、调解书的，或者不履行最终裁决的行政复议决定的，按照下列规定分别处理:

（一）维持行政行为的行政复议决定书，由作出行政行为的行政机关依法强制执行，或者申请人民法院强制执行；

（二）变更行政行为的行政复议决定书，由行政复议机关依法强制执行，或者申请人民法院强制执行；

（三）行政复议调解书，由行政复议机关依法强制执行，或者申请人民法院强制执行。

第七十九条 行政复议机关根据被申请行政复议的行政行为的公开情况，按照国家有关规定将行政复议决定书向社会公开。

县级以上地方各级人民政府办理以本级人民政府工作部门为被申请人的行政复议案件，应当将发生法律效力的行政复议决定书、意见书同时抄告被申请人的上一级主管部门。

第六章 法 律 责 任

第八十条 行政复议机关不依照本法规定履行行政复议职责，对负有责任的领导人员和直接责任人员依法给予警告、记过、记大过的处分；经有权监督的机关督促仍不改正或者造成严重后果的，依法给予降级、撤职、开除的处分。

第八十一条 行政复议机关工作人员在行政复议活动中，徇私舞弊或者有其他渎职、失职行为的，依法给予警告、记过、记大过的处分；情节严重的，依法给予降级、撤职、开除的处分；构成犯罪的，依法追究刑事责任。

第八十二条 被申请人违反本法规定，不提出书面答复或者不提交作出行政行为的证据、依据和其他有关材料，或者阻挠、变相阻挠公民、法人或者其他组织依法申请行政复议的，对负有责任的领导人员和直接责任人员依法给予警告、记过、记大过的处分；进行报复陷害的，依法给予降级、撤职、开除的处分；构成犯罪的，依法追究刑事责任。

第八十三条 被申请人不履行或者无正当理由拖延履行行政复议决定书、调解书、意见书的，对负有责任的领导人员和直接责任人员依法给予警告、记过、记大过的处分；经责令履行仍拒不履行的，依法给予降级、撤职、开除的处分。

第八十四条 拒绝、阻挠行政复议人员调查取证，故意扰乱行政复议工作秩序的，依法给予处分、治安管理处罚；构成犯罪的，依法追究刑事责任。

第八十五条 行政机关及其工作人员违反本法规定的，行政复议机关可以向监察机关或者公职人员任免机关、单位移送有关人员违法的事实材料，接受移送的监察机关或者公职人员任免机关、单位应当依法处理。

第八十六条 行政复议机关在办理行政复议案件过程中，发现公职人员涉嫌贪污贿赂、失职渎职等职务违法或者职务犯罪的问题线索，应当依照有关规定移送监察机关，由监察机关依法调查处置。

第七章 附 则

第八十七条 行政复议机关受理行政复议申请，不得向申请人收取任何费用。

第八十八条 行政复议期间的计算和行政复议文书的送达，本法没有规定的，依照《中华人民共和国民事诉讼法》关于期间、送达的规定执行。

本法关于行政复议期间有关“三日”、“五日”、“七日”、“十日”的规定是指工作日，不含法定休假日。

第八十九条 外国人、无国籍人、外国组织在中华人民共和国境内申请行政复议，适用本法。

第九十条 本法自 2024 年 1 月 1 日起施行。

最高人民法院关于适用《中华人民共和国行政诉讼法》的解释

（2017 年 11 月 13 日最高人民法院审判委员会第 1726 次会议通过　2018 年 2 月 6 日最高人民法院公告公布　自 2018 年 2 月 8 日起施行　法释〔2018〕1 号）

为正确适用《中华人民共和国行政诉讼法》（以下简称行政诉讼法），结合人民法院行政审判工作实际，制定本解释。

一、受 案 范 围

第一条　公民、法人或者其他组织对行政机关及其工作人员的行政行为不服，依法提起诉讼的，属于人民法院行政诉讼的受案范围。

下列行为不属于人民法院行政诉讼的受案范围：

（一）公安、国家安全等机关依照刑事诉讼法的明确授权实施的行为；

（二）调解行为以及法律规定的仲裁行为；

（三）行政指导行为；

（四）驳回当事人对行政行为提起申诉的重复处理行为；

（五）行政机关作出的不产生外部法律效力的行为；

（六）行政机关为作出行政行为而实施的准备、论证、研究、层报、咨询等过程性行为；

（七）行政机关根据人民法院的生效裁判、协助执行通知书作出的执行行为，但行政机关扩大执行范围或者采取违法方式实施的除外；

（八）上级行政机关基于内部层级监督关系对下级行政机关作出的听取报告、执法检查、督促履责等行为；

（九）行政机关针对信访事项作出的登记、受理、交办、转送、复查、复核意见等行为；

（十）对公民、法人或者其他组织权利义务不产生实际影响的行为。

第二条 行政诉讼法第十三条第一项规定的“国家行为”，是指国务院、中央军事委员会、国防部、外交部等根据宪法和法律的授权，以国家的名义实施的有关国防和外交事务的行为，以及经宪法和法律授权的国家机关宣布紧急状态等行为。

行政诉讼法第十三条第二项规定的“具有普遍约束力的决定、命令”，是指行政机关针对不特定对象发布的能反复适用的规范性文件。

行政诉讼法第十三条第三项规定的“对行政机关工作人员的奖惩、任免等决定”，是指行政机关作出的涉及行政机关工作人员公务员权利义务的决定。

行政诉讼法第十三条第四项规定的“法律规定由行政机关最终裁决的行政行为”中的“法律”，是指全国人民代表大会及其常务委员会制定、通过的规范性文件。

二、管　　辖

第三条 各级人民法院行政审判庭审理行政案件和审查行政机关申请执行其行政行为的案件。

专门人民法院、人民法庭不审理行政案件，也不审查和执行行政机关申请执行其行政行为的案件。铁路运输法院等专门人民法院审理行政案件，应当执行行政诉讼法第十八条第二款的规定。

第四条 立案后，受诉人民法院的管辖权不受当事人住所地改变、追加被告等事实和法律状态变更的影响。

第五条 有下列情形之一的，属于行政诉讼法第十五条第三项规定的“本辖区内重大、复杂的案件”：

（一）社会影响重大的共同诉讼案件；

（二）涉外或者涉及香港特别行政区、澳门特别行政区、台湾地区的案件；

（三）其他重大、复杂案件。

第六条 当事人以案件重大复杂为由，认为有管辖权的基层人民法院不宜行使管辖权或者根据行政诉讼法第五十二条的规定，向中级人民法院起诉，中级人民法院应当根据不同情况在七日内分别作出以下处理：

（一）决定自行审理；

（二）指定本辖区其他基层人民法院管辖；

（三）书面告知当事人向有管辖权的基层人民法院起诉。

第七条 基层人民法院对其管辖的第一审行政案件，认为需要由中级人民法院审理或者指定管辖的，可以报请中级人民法院决定。中级人民法院应当根据不同情况在七日内分别作出以下处理：

（一）决定自行审理；

（二）指定本辖区其他基层人民法院管辖；

（三）决定由报请的人民法院审理。

第八条 行政诉讼法第十九条规定的“原告所在地”，包括原告的户籍所在地、经常居住地和被限制人身自由地。

对行政机关基于同一事实，既采取限制公民人身自由的行政强制措施，又采取其他行政强制措施或者行政处罚不服的，由被告所在地或者原告所在地的人民法院管辖。

第九条 行政诉讼法第二十条规定的“因不动产提起的行政诉讼”是指因行政行为导致不动产物权变动而提起的诉讼。

不动产已登记的，以不动产登记簿记载的所在地为不动产所在地；不动产未登记的，以不动产实际所在地为不动产所在地。

第十条 人民法院受理案件后，被告提出管辖异议的，应当在收到起诉状副本之日起十五日内提出。

对当事人提出的管辖异议，人民法院应当进行审查。异议成立的，裁定将案件移送有管辖权的人民法院；异议不成立的，裁定驳回。

人民法院对管辖异议审查后确定有管辖权的，不因当事人增加或者变更诉讼请求等改变管辖，但违反级别管辖、专属管辖规定的除外。

第十一条 有下列情形之一的，人民法院不予审查：

（一）人民法院发回重审或者按第一审程序再审的案件，当事人提出管辖异议的；

（二）当事人在第一审程序中未按照法律规定的期限和形式提出管辖异议，在第二审程序中提出的。

三、诉讼参加人

第十二条 有下列情形之一的，属于行政诉讼法第二十五条第一款规定的“与行政行为有利害关系”：

（一）被诉的行政行为涉及其相邻权或者公平竞争权的；

（二）在行政复议等行政程序中被追加为第三人的；

（三）要求行政机关依法追究加害人法律责任的；

（四）撤销或者变更行政行为涉及其合法权益的；

（五）为维护自身合法权益向行政机关投诉，具有处理投诉职责的行政机关作出或者未作出处理的；

（六）其他与行政行为有利害关系的情形。

第十三条 债权人以行政机关对债务人所作的行政行为损害债权实现为由提起行政诉讼的，人民法院应当告知其就民事争议提起民事诉讼，但行政机关作出行政行为时依法应予保护或者应予考虑的除外。

第十四条 行政诉讼法第二十五条第二款规定的“近亲属”，包括配偶、父母、子女、兄弟姐妹、祖父母、外祖父母、孙子女、外孙子女和其他具有扶养、赡养关系的亲属。

公民因被限制人身自由而不能提起诉讼的，其近亲属可以依其口头或者书面委托以该公民的名义提起诉讼。近亲属起诉时无法与被限制人身自由的公民取得联系，近亲属可以先行起诉，并在诉讼中补充提交委托证明。

第十五条 合伙企业向人民法院提起诉讼的，应当以核准登记的字号为原告。未依法登记领取营业执照的个人合伙的全体合伙人为共同原告；全体合伙人可以推选代表人，被推选的代表人，应当由全体合伙人出具推选书。

个体工商户向人民法院提起诉讼的，以营业执照上登记的经营者为原告。有字号的，以营业执照上登记的字号为原告，并应当注明该字号经营者的基本信息。

第十六条 股份制企业的股东大会、股东会、董事会等认为行政机关作出的行政行为侵犯企业经营自主权的，可以企业名义提起诉讼。

联营企业、中外合资或者合作企业的联营、合资、合作各方，认为联营、合资、合作企业权益或者自己一方合法权益受行政行为侵害的，可以自己的名义提起诉讼。

非国有企业被行政机关注销、撤销、合并、强令兼并、出售、分立或者改变企业隶属关系的，该企业或者其法定代表人可以提起诉讼。

第十七条 事业单位、社会团体、基金会、社会服务机构等非营利法人的出资人、设立人认为行政行为损害法人合法权益的，可以自己的名义提起诉讼。

第十八条 业主委员会对于行政机关作出的涉及业主共有利益的行政行为，可以自己的名义提起诉讼。

业主委员会不起诉的，专有部分占建筑物总面积过半数或者占总户数过半数的业主可以提起诉讼。

第十九条 当事人不服经上级行政机关批准的行政行为，向人民法院提起诉讼的，以在对外发生法律效力的文书上署名的机关为被告。

第二十条 行政机关组建并赋予行政管理职能但不具有独立承担法律责任能力的机构，以自己的名义作出行政行为，当事人不服提起诉讼的，应当以组建该机构的行政机关为被告。

法律、法规或者规章授权行使行政职权的行政机关内设机构、派出机构或者其他组织，超出法定授权范围实施行政行为，当事人不服提起诉讼的，应当以实施该行为的机构或者组织为被告。

没有法律、法规或者规章规定，行政机关授权其内设机构、派出机构或者其他组织行使行政职权的，属于行政诉讼法第二十六条规定的委托。当事人不服提起诉讼的，应当以该行政机关为被告。

第二十一条 当事人对由国务院、省级人民政府批准设立的开发区管理机构作出的行政行为不服提起诉讼的，以该开发区管理机构为被告；对由国务院、省级人民政府批准设立的开发区管理机构所属职能部门作出的行政行为不服提起诉讼的，以其职能部门为被告；对其他开发区管理机构所属职能部门作出的行政行为不服提起诉讼的，以开发区管理机构为被告；开发区管理机构没有行政主体资格的，以设立该机构的地方人民政府为被告。

第二十二条 行政诉讼法第二十六条第二款规定的“复议机关改变原行政行为”，是指复议机关改变原行政行为的处理结果。复议机关改变原行政行为所认定的主要事实和证据、改变原行政行为所适用的规范依据，但未改变原行政行为处理结果的，视为复议机关维持原行政行为。

复议机关确认原行政行为无效，属于改变原行政行为。

复议机关确认原行政行为违法，属于改变原行政行为，但复议机关以违反法定程序为由确认原行政行为违法的除外。

第二十三条 行政机关被撤销或者职权变更，没有继续行使其职权的行政机关的，以其所属的人民政府为被告；实行垂直领导的，以垂直领导的上一级行政机关为被告。

第二十四条 当事人对村民委员会或者居民委员会依据法律、法规、规章的授权履行行政管理职责的行为不服提起诉讼的，以村民委员会或者居民委员会为被告。

当事人对村民委员会、居民委员会受行政机关委托作出的行为不服提起诉讼的，以委托的行政机关为被告。

当事人对高等学校等事业单位以及律师协会、注册会计师协会等行业协会依据法律、法规、规章的授权实施的行政行为不服提起诉讼的，以该事业单位、行业协会为被告。

当事人对高等学校等事业单位以及律师协会、注册会计师协会等行业协会受行政机关委托作出的行为不服提起诉讼的，以委托的行政机关为被告。

第二十五条 市、县级人民政府确定的房屋征收部门组织实施房屋征收与补偿工作过程中作出行政行为，被征收人不服提起诉讼的，以房屋征收部门为被告。

征收实施单位受房屋征收部门委托，在委托范围内从事的行为，被征收人不服提起诉讼的，应当以房屋征收部门为被告。

第二十六条 原告所起诉的被告不适格，人民法院应当告知原告变更被告；原告不同意变更的，裁定驳回起诉。

应当追加被告而原告不同意追加的，人民法院应当通知其以第三人的身份参加诉讼，但行政复议机关作共同被告的除外。

第二十七条 必须共同进行诉讼的当事人没有参加诉讼的，人民法院应当依法通知其参加；当事人也可以向人民法院申请参加。

人民法院应当对当事人提出的申请进行审查，申请理由不成立的，裁定驳回；申请理由成立的，书面通知其参加诉讼。

前款所称的必须共同进行诉讼，是指按照行政诉讼法第二十七条的规定，当事人一方或者双方为两人以上，因同一行政行为发生行政争议，人民法院必须合并审理的诉讼。

第二十八条 人民法院追加共同诉讼的当事人时，应当通知其他当事人。应当追加的原告，已明确表示放弃实体权利的，可不予追加；既不愿意参加诉讼，又不放弃实体权利的，应追加为第三人，其不参加诉讼，不能阻碍人民法院对案件的审理和裁判。

第二十九条 行政诉讼法第二十八条规定的“人数众多”，一般指十人以上。

根据行政诉讼法第二十八条的规定，当事人一方人数众多的，由当事人推选代表人。当事人推选不出的，可以由人民法院在起诉的当事人中指定代表人。

行政诉讼法第二十八条规定的代表人为二至五人。代表人可以委托一至二人作为诉讼代理人。

第三十条 行政机关的同一行政行为涉及两个以上利害关系人，其中一部分利害关系人对行政行为不服提起诉讼，人民法院应当通知没有起诉的其他利害关系人作为第三人参加诉讼。

与行政案件处理结果有利害关系的第三人，可以申请参加诉讼，或者由人民法院通知其参加诉讼。人民法院判决其承担义务或者减损其权益的第三人，有权提出上诉或者申请再审。

行政诉讼法第二十九条规定的第三人，因不能归责于本人的事由未参加诉讼，但有证据证明发生法律效力的判决、裁定、调解书损害其合法权益的，可以依照行政诉讼法第九十条的规定，自知道或者应当知道其合法权益受到损害之日起六个月内，向上一级人民法院申请再审。

第三十一条 当事人委托诉讼代理人，应当向人民法院提交由委托人签名或者盖章的授权委托书。委托书应当载明委托事项和具体权限。公民在特殊情况下无法书面委托的，也可以由他人代书，并由自己捺印等方式确认，人民法院应当核实并记录在卷；被诉行政机关或者其他有义务协助的机关拒绝人民法院向被限制人身自由的公民核实的，视为委托成立。当事人解除或者变更委托的，应当书面报告人民法院。

第三十二条 依照行政诉讼法第三十一条第二款第二项规定，与当事人有合法劳动人事关系的职工，可以当事人工作人员的名义作为诉讼代理人。以当事人的工作人员身份参加诉讼活动，应当提交以下证据之一加以证明：

（一）缴纳社会保险记录凭证；

（二）领取工资凭证；

（三）其他能够证明其为当事人工作人员身份的证据。

第三十三条 根据行政诉讼法第三十一条第二款第三项规定，有关社会团体推荐公民担任诉讼代理人的，应当符合下列条件：

（一）社会团体属于依法登记设立或者依法免予登记设立的非营利性法人组织；

（二）被代理人属于该社会团体的成员，或者当事人一方住所地位于该社会团体的活动地域；

（三）代理事务属于该社会团体章程载明的业务范围；

（四）被推荐的公民是该社会团体的负责人或者与该社会团体有合法劳动人事关系的工作人员。

专利代理人经中华全国专利代理人协会推荐，可以在专利行政案件中担任诉讼代理人。

四、证　　据

第三十四条 根据行政诉讼法第三十六条第一款的规定，被告申请延期提供证据的，应当在收到起诉状副本之日起十五日内以书面方式向人民法院提出。人民法院准许延期提供的，被告应当在正当事由消除后十五日内提供证据。逾期提供的，视为被诉行政行为没有相应的证据。

第三十五条 原告或者第三人应当在开庭审理前或者人民法院指定的交换证

据清单之日提供证据。因正当事由申请延期提供证据的，经人民法院准许，可以在法庭调查中提供。逾期提供证据的，人民法院应当责令其说明理由；拒不说明理由或者理由不成立的，视为放弃举证权利。

原告或者第三人在第一审程序中无正当事由未提供而在第二审程序中提供的证据，人民法院不予接纳。

第三十六条 当事人申请延长举证期限，应当在举证期限届满前向人民法院提出书面申请。

申请理由成立的，人民法院应当准许，适当延长举证期限，并通知其他当事人。申请理由不成立的，人民法院不予准许，并通知申请人。

第三十七条 根据行政诉讼法第三十九条的规定，对当事人无争议，但涉及国家利益、公共利益或者他人合法权益的事实，人民法院可以责令当事人提供或者补充有关证据。

第三十八条 对于案情比较复杂或者证据数量较多的案件，人民法院可以组织当事人在开庭前向对方出示或者交换证据，并将交换证据清单的情况记录在卷。

当事人在庭前证据交换过程中没有争议并记录在卷的证据，经审判人员在庭审中说明后，可以作为认定案件事实的依据。

第三十九条 当事人申请调查收集证据，但该证据与待证事实无关联、对证明待证事实无意义或者其他无调查收集必要的，人民法院不予准许。

第四十条 人民法院在证人出庭作证前应当告知其如实作证的义务以及作伪证的法律后果。

证人因履行出庭作证义务而支出的交通、住宿、就餐等必要费用以及误工损失，由败诉一方当事人承担。

第四十一条 有下列情形之一，原告或者第三人要求相关行政执法人员出庭说明的，人民法院可以准许：

（一）对现场笔录的合法性或者真实性有异议的；

（二）对扣押财产的品种或者数量有异议的；

（三）对检验的物品取样或者保管有异议的；

（四）对行政执法人员身份的合法性有异议的；

（五）需要出庭说明的其他情形。

第四十二条 能够反映案件真实情况、与待证事实相关联、来源和形式符合法律规定的证据，应当作为认定案件事实的根据。

第四十三条 有下列情形之一的，属于行政诉讼法第四十三条第三款规定的“以非法手段取得的证据”：

（一）严重违反法定程序收集的证据材料；

（二）以违反法律强制性规定的手段获取且侵害他人合法权益的证据材料；

（三）以利诱、欺诈、胁迫、暴力等手段获取的证据材料。

第四十四条 人民法院认为有必要的，可以要求当事人本人或者行政机关执法人员到庭，就案件有关事实接受询问。在询问之前，可以要求其签署保证书。

保证书应当载明据实陈述、如有虚假陈述愿意接受处罚等内容。当事人或者行政机关执法人员应当在保证书上签名或者捺印。

负有举证责任的当事人拒绝到庭、拒绝接受询问或者拒绝签署保证书，待证事实又欠缺其他证据加以佐证的，人民法院对其主张的事实不予认定。

第四十五条 被告有证据证明其在行政程序中依照法定程序要求原告或者第三人提供证据，原告或者第三人依法应当提供而没有提供，在诉讼程序中提供的证据，人民法院一般不予采纳。

第四十六条 原告或者第三人确有证据证明被告持有的证据对原告或者第三人有利的，可以在开庭审理前书面申请人民法院责令行政机关提交。

申请理由成立的，人民法院应当责令行政机关提交，因提交证据所产生的费用，由申请人预付。行政机关无正当理由拒不提交的，人民法院可以推定原告或者第三人基于该证据主张的事实成立。

持有证据的当事人以妨碍对方当事人使用为目的，毁灭有关证据或者实施其他致使证据不能使用行为的，人民法院可以推定对方当事人基于该证据主张的事实成立，并可依照行政诉讼法第五十九条规定处理。

第四十七条 根据行政诉讼法第三十八条第二款的规定，在行政赔偿、补偿案件中，因被告的原因导致原告无法就损害情况举证的，应当由被告就该损害情况承担举证责任。

对于各方主张损失的价值无法认定的，应当由负有举证责任的一方当事人申请鉴定，但法律、法规、规章规定行政机关在作出行政行为时依法应当评估或者鉴定的除外；负有举证责任的当事人拒绝申请鉴定的，由其承担不利的法律后果。

当事人的损失因客观原因无法鉴定的，人民法院应当结合当事人的主张和在案证据，遵循法官职业道德，运用逻辑推理和生活经验、生活常识等，酌情确定赔偿数额。

五、期间、送达

第四十八条 期间包括法定期间和人民法院指定的期间。

期间以时、日、月、年计算。期间开始的时和日，不计算在期间内。

期间届满的最后一日是节假日的，以节假日后的第一日为期间届满的日期。

期间不包括在途时间，诉讼文书在期满前交邮的，视为在期限内发送。

第四十九条 行政诉讼法第五十一条第二款规定的立案期限，因起诉状内容欠缺或者有其他错误通知原告限期补正的，从补正后递交人民法院的次日起算。由上级人民法院转交下级人民法院立案的案件，从受诉人民法院收到起诉状的次日起算。

第五十条 行政诉讼法第八十一条、第八十三条、第八十八条规定的审理期限，是指从立案之日起至裁判宣告、调解书送达之日止的期间，但公告期间、鉴定期间、调解期间、中止诉讼期间、审理当事人提出的管辖异议以及处理人民法院之间的管辖争议期间不应计算在内。

再审案件按照第一审程序或者第二审程序审理的，适用行政诉讼法第八十一条、第八十八条规定的审理期限。审理期限自再审立案的次日起算。

基层人民法院申请延长审理期限，应当直接报请高级人民法院批准，同时报中级人民法院备案。

第五十一条 人民法院可以要求当事人签署送达地址确认书，当事人确认的送达地址为人民法院法律文书的送达地址。

当事人同意电子送达的，应当提供并确认传真号、电子信箱等电子送达地址。

当事人送达地址发生变更的，应当及时书面告知受理案件的人民法院；未及时告知的，人民法院按原地址送达，视为依法送达。

人民法院可以通过国家邮政机构以法院专递方式进行送达。

第五十二条 人民法院可以在当事人住所地以外向当事人直接送达诉讼文书。当事人拒绝签署送达回证的，采用拍照、录像等方式记录送达过程即视为送达。审判人员、书记员应当在送达回证上注明送达情况并签名。

六、起诉与受理

第五十三条 人民法院对符合起诉条件的案件应当立案，依法保障当事人行使诉讼权利。

对当事人依法提起的诉讼，人民法院应当根据行政诉讼法第五十一条的规定接收起诉状。能够判断符合起诉条件的，应当当场登记立案；当场不能判断是否符合起诉条件的，应当在接收起诉状后七日内决定是否立案；七日内仍不能作出判断的，应当先予立案。

第五十四条 依照行政诉讼法第四十九条的规定，公民、法人或者其他组织提起诉讼时应当提交以下起诉材料：

（一）原告的身份证明材料以及有效联系方式；

（二）被诉行政行为或者不作为存在的材料；

（三）原告与被诉行政行为具有利害关系的材料；

（四）人民法院认为需要提交的其他材料。

由法定代理人或者委托代理人代为起诉的，还应当在起诉状中写明或者在口头起诉时向人民法院说明法定代理人或者委托代理人的基本情况，并提交法定代理人或者委托代理人的身份证明和代理权限证明等材料。

第五十五条　依照行政诉讼法第五十一条的规定，人民法院应当就起诉状内容和材料是否完备以及是否符合行政诉讼法规定的起诉条件进行审查。

起诉状内容或者材料欠缺的，人民法院应当给予指导和释明，并一次性全面告知当事人需要补正的内容、补充的材料及期限。在指定期限内补正并符合起诉条件的，应当登记立案。当事人拒绝补正或者经补正仍不符合起诉条件的，退回诉状并记录在册；坚持起诉的，裁定不予立案，并载明不予立案的理由。

第五十六条　法律、法规规定应当先申请复议，公民、法人或者其他组织未申请复议直接提起诉讼的，人民法院裁定不予立案。

依照行政诉讼法第四十五条的规定，复议机关不受理复议申请或者在法定期限内不作出复议决定，公民、法人或者其他组织不服，依法向人民法院提起诉讼的，人民法院应当依法立案。

第五十七条　法律、法规未规定行政复议为提起行政诉讼必经程序，公民、法人或者其他组织既提起诉讼又申请行政复议的，由先立案的机关管辖；同时立案的，由公民、法人或者其他组织选择。公民、法人或者其他组织已经申请行政复议，在法定复议期间内又向人民法院提起诉讼的，人民法院裁定不予立案。

第五十八条　法律、法规未规定行政复议为提起行政诉讼必经程序，公民、法人或者其他组织向复议机关申请行政复议后，又经复议机关同意撤回复议申请，在法定起诉期限内对原行政行为提起诉讼的，人民法院应当依法立案。

第五十九条　公民、法人或者其他组织向复议机关申请行政复议后，复议机关作出维持决定的，应当以复议机关和原行为机关为共同被告，并以复议决定送达时间确定起诉期限。

第六十条 人民法院裁定准许原告撤诉后，原告以同一事实和理由重新起诉的，人民法院不予立案。

准予撤诉的裁定确有错误，原告申请再审的，人民法院应当通过审判监督程序撤销原准予撤诉的裁定，重新对案件进行审理。

第六十一条 原告或者上诉人未按规定的期限预交案件受理费，又不提出缓交、减交、免交申请，或者提出申请未获批准的，按自动撤诉处理。在按撤诉处理后，原告或者上诉人在法定期限内再次起诉或者上诉，并依法解决诉讼费预交问题的，人民法院应予立案。

第六十二条 人民法院判决撤销行政机关的行政行为后，公民、法人或者其他组织对行政机关重新作出的行政行为不服向人民法院起诉的，人民法院应当依法立案。

第六十三条 行政机关作出行政行为时，没有制作或者没有送达法律文书，公民、法人或者其他组织只要能证明行政行为存在，并在法定期限内起诉的，人民法院应当依法立案。

第六十四条 行政机关作出行政行为时，未告知公民、法人或者其他组织起诉期限的，起诉期限从公民、法人或者其他组织知道或者应当知道起诉期限之日起计算，但从知道或者应当知道行政行为内容之日起最长不得超过一年。

复议决定未告知公民、法人或者其他组织起诉期限的，适用前款规定。

第六十五条 公民、法人或者其他组织不知道行政机关作出的行政行为内容的，其起诉期限从知道或者应当知道该行政行为内容之日起计算，但最长不得超过行政诉讼法第四十六条第二款规定的起诉期限。

第六十六条 公民、法人或者其他组织依照行政诉讼法第四十七条第一款的规定，对行政机关不履行法定职责提起诉讼的，应当在行政机关履行法定职责期限届满之日起六个月内提出。

第六十七条 原告提供被告的名称等信息足以使被告与其他行政机关相区别的，可以认定为行政诉讼法第四十九条第二项规定的“有明确的被告”。

起诉状列写被告信息不足以认定明确的被告的，人民法院可以告知原告补正；原告补正后仍不能确定明确的被告的，人民法院裁定不予立案。

第六十八条 行政诉讼法第四十九条第三项规定的“有具体的诉讼请求”是指：

（一）请求判决撤销或者变更行政行为；

（二）请求判决行政机关履行特定法定职责或者给付义务；

（三）请求判决确认行政行为违法；

（四）请求判决确认行政行为无效；

（五）请求判决行政机关予以赔偿或者补偿；

（六）请求解决行政协议争议；

（七）请求一并审查规章以下规范性文件；

（八）请求一并解决相关民事争议；

（九）其他诉讼请求。

当事人单独或者一并提起行政赔偿、补偿诉讼的，应当有具体的赔偿、补偿事项以及数额；请求一并审查规章以下规范性文件的，应当提供明确的文件名称或者审查对象；请求一并解决相关民事争议的，应当有具体的民事诉讼请求。

当事人未能正确表达诉讼请求的，人民法院应当要求其明确诉讼请求。

第六十九条 有下列情形之一，已经立案的，应当裁定驳回起诉：

（一）不符合行政诉讼法第四十九条规定的；

（二）超过法定起诉期限且无行政诉讼法第四十八条规定情形的；

（三）错列被告且拒绝变更的；

（四）未按照法律规定由法定代理人、指定代理人、代表人为诉讼行为的；

（五）未按照法律、法规规定先向行政机关申请复议的；

（六）重复起诉的；

（七）撤回起诉后无正当理由再行起诉的；

（八）行政行为对其合法权益明显不产生实际影响的；

（九）诉讼标的已为生效裁判或者调解书所羁束的；

（十）其他不符合法定起诉条件的情形。

前款所列情形可以补正或者更正的，人民法院应当指定期间责令补正或者更正；在指定期间已经补正或者更正的，应当依法审理。

人民法院经过阅卷、调查或者询问当事人，认为不需要开庭审理的，可以迳行裁定驳回起诉。

第七十条 起诉状副本送达被告后，原告提出新的诉讼请求的，人民法院不予准许，但有正当理由的除外。

七、审理与判决

第七十一条 人民法院适用普通程序审理案件，应当在开庭三日前用传票传唤当事人。对证人、鉴定人、勘验人、翻译人员，应当用通知书通知其到庭。当事人或者其他诉讼参与人在外地的，应当留有必要的在途时间。

第七十二条 有下列情形之一的，可以延期开庭审理：

（一）应当到庭的当事人和其他诉讼参与人有正当理由没有到庭的；

（二）当事人临时提出回避申请且无法及时作出决定的；

（三）需要通知新的证人到庭，调取新的证据，重新鉴定、勘验，或者需要补充调查的；

（四）其他应当延期的情形。

第七十三条 根据行政诉讼法第二十七条的规定，有下列情形之一的，人民法院可以决定合并审理：

（一）两个以上行政机关分别对同一事实作出行政行为，公民、法人或者其他组织不服向同一人民法院起诉的；

（二）行政机关就同一事实对若干公民、法人或者其他组织分别作出行政行为，公民、法人或者其他组织不服分别向同一人民法院起诉的；

（三）在诉讼过程中，被告对原告作出新的行政行为，原告不服向同一人民法院起诉的；

（四）人民法院认为可以合并审理的其他情形。

第七十四条 当事人申请回避，应当说明理由，在案件开始审理时提出；回避事由在案件开始审理后知道的，应当在法庭辩论终结前提出。

被申请回避的人员，在人民法院作出是否回避的决定前，应当暂停参与本案的工作，但案件需要采取紧急措施的除外。

对当事人提出的回避申请，人民法院应当在三日内以口头或者书面形式作出决定。对当事人提出的明显不属于法定回避事由的申请，法庭可以依法当庭驳回。

申请人对驳回回避申请决定不服的，可以向作出决定的人民法院申请复议一次。复议期间，被申请回避的人员不停止参与本案的工作。对申请人的复议申请，人民法院应当在三日内作出复议决定，并通知复议申请人。

第七十五条 在一个审判程序中参与过本案审判工作的审判人员，不得再参与该案其他程序的审判。

发回重审的案件，在一审法院作出裁判后又进入第二审程序的，原第二审程序中合议庭组成人员不受前款规定的限制。

第七十六条 人民法院对于因一方当事人的行为或者其他原因，可能使行政行为或者人民法院生效裁判不能或者难以执行的案件，根据对方当事人的申请，可以裁定对其财产进行保全、责令其作出一定行为或者禁止其作出一定行为；当事人没有提出申请的，人民法院在必要时也可以裁定采取上述保全措施。

人民法院采取保全措施，可以责令申请人提供担保；申请人不提供担保的，裁定驳回申请。

人民法院接受申请后，对情况紧急的，必须在四十八小时内作出裁定；裁定采取保全措施的，应当立即开始执行。

当事人对保全的裁定不服的，可以申请复议；复议期间不停止裁定的执行。

第七十七条　利害关系人因情况紧急，不立即申请保全将会使其合法权益受到难以弥补的损害的，可以在提起诉讼前向被保全财产所在地、被申请人住所地或者对案件有管辖权的人民法院申请采取保全措施。申请人应当提供担保，不提供担保的，裁定驳回申请。

人民法院接受申请后，必须在四十八小时内作出裁定；裁定采取保全措施的，应当立即开始执行。

申请人在人民法院采取保全措施后三十日内不依法提起诉讼的，人民法院应当解除保全。

当事人对保全的裁定不服的，可以申请复议；复议期间不停止裁定的执行。

第七十八条　保全限于请求的范围，或者与本案有关的财物。

财产保全采取查封、扣押、冻结或者法律规定的其他方法。人民法院保全财产后，应当立即通知被保全人。

财产已被查封、冻结的，不得重复查封、冻结。

涉及财产的案件，被申请人提供担保的，人民法院应当裁定解除保全。

申请有错误的，申请人应当赔偿被申请人因保全所遭受的损失。

第七十九条　原告或者上诉人申请撤诉，人民法院裁定不予准许的，原告或者上诉人经传票传唤无正当理由拒不到庭，或者未经法庭许可中途退庭的，人民法院可以缺席判决。

第三人经传票传唤无正当理由拒不到庭，或者未经法庭许可中途退庭的，不发生阻止案件审理的效果。

根据行政诉讼法第五十八条的规定，被告经传票传唤无正当理由拒不到庭，或者未经法庭许可中途退庭的，人民法院可以按期开庭或者继续开庭审理，对到庭的当事人诉讼请求、双方的诉辩理由以及已经提交的证据及其他诉讼材料进行审理后，依法缺席判决。

第八十条 原告或者上诉人在庭审中明确拒绝陈述或者以其他方式拒绝陈述，导致庭审无法进行，经法庭释明法律后果后仍不陈述意见的，视为放弃陈述权利，由其承担不利的法律后果。

当事人申请撤诉或者依法可以按撤诉处理的案件，当事人有违反法律的行为需要依法处理的，人民法院可以不准许撤诉或者不按撤诉处理。

法庭辩论终结后原告申请撤诉，人民法院可以准许，但涉及到国家利益和社会公共利益的除外。

第八十一条 被告在一审期间改变被诉行政行为的，应当书面告知人民法院。

原告或者第三人对改变后的行政行为不服提起诉讼的，人民法院应当就改变后的行政行为进行审理。

被告改变原违法行政行为，原告仍要求确认原行政行为违法的，人民法院应当依法作出确认判决。

原告起诉被告不作为，在诉讼中被告作出行政行为，原告不撤诉的，人民法院应当就不作为依法作出确认判决。

第八十二条 当事人之间恶意串通，企图通过诉讼等方式侵害国家利益、社会公共利益或者他人合法权益的，人民法院应当裁定驳回起诉或者判决驳回其请求，并根据情节轻重予以罚款、拘留；构成犯罪的，依法追究刑事责任。

第八十三条 行政诉讼法第五十九条规定的罚款、拘留可以单独适用，也可以合并适用。

对同一妨害行政诉讼行为的罚款、拘留不得连续适用。发生新的妨害行政诉讼行为的，人民法院可以重新予以罚款、拘留。

第八十四条 人民法院审理行政诉讼法第六十条第一款规定的行政案件，认为法律关系明确、事实清楚，在征得当事人双方同意后，可以迳行调解。

第八十五条 调解达成协议，人民法院应当制作调解书。调解书应当写明诉讼请求、案件的事实和调解结果。

调解书由审判人员、书记员署名，加盖人民法院印章，送达双方当事人。

调解书经双方当事人签收后，即具有法律效力。调解书生效日期根据最后收到调解书的当事人签收的日期确定。

第八十六条 人民法院审理行政案件，调解过程不公开，但当事人同意公开的除外。

经人民法院准许，第三人可以参加调解。人民法院认为有必要的，可以通知第三人参加调解。

调解协议内容不公开，但为保护国家利益、社会公共利益、他人合法权益，人民法院认为确有必要公开的除外。

当事人一方或者双方不愿调解、调解未达成协议的，人民法院应当及时判决。

当事人自行和解或者调解达成协议后，请求人民法院按照和解协议或者调解协议的内容制作判决书的，人民法院不予准许。

第八十七条 在诉讼过程中，有下列情形之一的，中止诉讼：

（一）原告死亡，须等待其近亲属表明是否参加诉讼的；

（二）原告丧失诉讼行为能力，尚未确定法定代理人的；

（三）作为一方当事人的行政机关、法人或者其他组织终止，尚未确定权利义务承受人的；

（四）一方当事人因不可抗力的事由不能参加诉讼的；

（五）案件涉及法律适用问题，需要送请有权机关作出解释或者确认的；

（六）案件的审判须以相关民事、刑事或者其他行政案件的审理结果为依据，而相关案件尚未审结的；

（七）其他应当中止诉讼的情形。

中止诉讼的原因消除后，恢复诉讼。

第八十八条 在诉讼过程中，有下列情形之一的，终结诉讼：

（一）原告死亡，没有近亲属或者近亲属放弃诉讼权利的；

（二）作为原告的法人或者其他组织终止后，其权利义务的承受人放弃诉讼权利的。

因本解释第八十七条第一款第一、二、三项原因中止诉讼满九十日仍无人继续诉讼的，裁定终结诉讼，但有特殊情况的除外。

第八十九条 复议决定改变原行政行为错误，人民法院判决撤销复议决定时，可以一并责令复议机关重新作出复议决定或者判决恢复原行政行为的法律效力。

第九十条 人民法院判决被告重新作出行政行为，被告重新作出的行政行为与原行政行为的结果相同，但主要事实或者主要理由有改变的，不属于行政诉讼法第七十一条规定的情形。

人民法院以违反法定程序为由，判决撤销被诉行政行为的，行政机关重新作出行政行为不受行政诉讼法第七十一条规定的限制。

行政机关以同一事实和理由重新作出与原行政行为基本相同的行政行为，人民法院应当根据行政诉讼法第七十条、第七十一条的规定判决撤销或者部分撤销，并根据行政诉讼法第九十六条的规定处理。

第九十一条 原告请求被告履行法定职责的理由成立，被告违法拒绝履行或者无正当理由逾期不予答复的，人民法院可以根据行政诉讼法第七十二条的规定，判决被告在一定期限内依法履行原告请求的法定职责；尚需被告调查或者裁量的，应当判决被告针对原告的请求重新作出处理。

第九十二条 原告申请被告依法履行支付抚恤金、最低生活保障待遇或者社会保险待遇等给付义务的理由成立，被告依法负有给付义务而拒绝或者拖延履行义务的，人民法院可以根据行政诉讼法第七十三条的规定，判决被告在一定期限内履行相应的给付义务。

第九十三条　原告请求被告履行法定职责或者依法履行支付抚恤金、最低生活保障待遇或者社会保险待遇等给付义务，原告未先向行政机关提出申请的，人民法院裁定驳回起诉。

人民法院经审理认为原告所请求履行的法定职责或者给付义务明显不属于行政机关权限范围的，可以裁定驳回起诉。

第九十四条　公民、法人或者其他组织起诉请求撤销行政行为，人民法院经审查认为行政行为无效的，应当作出确认无效的判决。

公民、法人或者其他组织起诉请求确认行政行为无效，人民法院审查认为行政行为不属于无效情形，经释明，原告请求撤销行政行为的，应当继续审理并依法作出相应判决；原告请求撤销行政行为但超过法定起诉期限的，裁定驳回起诉；原告拒绝变更诉讼请求的，判决驳回其诉讼请求。

第九十五条　人民法院经审理认为被诉行政行为违法或者无效，可能给原告造成损失，经释明，原告请求一并解决行政赔偿争议的，人民法院可以就赔偿事项进行调解；调解不成的，应当一并判决。人民法院也可以告知其就赔偿事项另行提起诉讼。

第九十六条　有下列情形之一，且对原告依法享有的听证、陈述、申辩等重要程序性权利不产生实质损害的，属于行政诉讼法第七十四条第一款第二项规定的“程序轻微违法”：

（一）处理期限轻微违法；

（二）通知、送达等程序轻微违法；

（三）其他程序轻微违法的情形。

第九十七条　原告或者第三人的损失系由其自身过错和行政机关的违法行政行为共同造成的，人民法院应当依据各方行为与损害结果之间有无因果关系以及在损害发生和结果中作用力的大小，确定行政机关相应的赔偿责任。

第九十八条　因行政机关不履行、拖延履行法定职责，致使公民、法人或者其他组织的合法权益遭受损害的，人民法院应当判决行政机关承担行政赔偿责任。在确定赔偿数额时，应当考虑该不履行、拖延履行法定职责的行为在损害发生过程和结果中所起的作用等因素。

第九十九条 有下列情形之一的，属于行政诉讼法第七十五条规定的“重大且明显违法”：

（一）行政行为实施主体不具有行政主体资格；

（二）减损权利或者增加义务的行政行为没有法律规范依据；

（三）行政行为的内容客观上不可能实施；

（四）其他重大且明显违法的情形。

第一百条 人民法院审理行政案件，适用最高人民法院司法解释的，应当在裁判文书中援引。

人民法院审理行政案件，可以在裁判文书中引用合法有效的规章及其他规范性文件。

第一百零一条 裁定适用于下列范围：

（一）不予立案；

（二）驳回起诉；

（三）管辖异议；

（四）终结诉讼；

（五）中止诉讼；

（六）移送或者指定管辖；

（七）诉讼期间停止行政行为的执行或者驳回停止执行的申请；

（八）财产保全；

（九）先予执行；

（十）准许或者不准许撤诉；

（十一）补正裁判文书中的笔误；

（十二）中止或者终结执行；

（十三）提审、指令再审或者发回重审；

（十四）准许或者不准许执行行政机关的行政行为；

（十五）其他需要裁定的事项。

对第一、二、三项裁定，当事人可以上诉。

裁定书应当写明裁定结果和作出该裁定的理由。裁定书由审判人员、书记员署名，加盖人民法院印章。口头裁定的，记入笔录。

第一百零二条 行政诉讼法第八十二条规定的行政案件中的“事实清楚”，是指当事人对争议的事实陈述基本一致，并能提供相应的证据，无须人民法院调查收集证据即可查明事实；“权利义务关系明确”，是指行政法律关系中权利和义务能够明确区分；“争议不大”，是指当事人对行政行为的合法性、责任承担等没有实质分歧。

第一百零三条 适用简易程序审理的行政案件，人民法院可以用口头通知、电话、短信、传真、电子邮件等简便方式传唤当事人、通知证人、送达裁判文书以外的诉讼文书。

以简便方式送达的开庭通知，未经当事人确认或者没有其他证据证明当事人已经收到的，人民法院不得缺席判决。

第一百零四条 适用简易程序案件的举证期限由人民法院确定，也可以由当事人协商一致并经人民法院准许，但不得超过十五日。被告要求书面答辩的，人民法院可以确定合理的答辩期间。

人民法院应当将举证期限和开庭日期告知双方当事人，并向当事人说明逾期举证以及拒不到庭的法律后果，由双方当事人在笔录和开庭传票的送达回证上签名或者捺印。

当事人双方均表示同意立即开庭或者缩短举证期限、答辩期间的，人民法院可以立即开庭审理或者确定近期开庭。

第一百零五条 人民法院发现案情复杂，需要转为普通程序审理的，应当在审理期限届满前作出裁定并将合议庭组成人员及相关事项书面通知双方当事人。

案件转为普通程序审理的，审理期限自人民法院立案之日起计算。

第一百零六条 当事人就已经提起诉讼的事项在诉讼过程中或者裁判生效后再次起诉，同时具有下列情形的，构成重复起诉：

（一）后诉与前诉的当事人相同；

（二）后诉与前诉的诉讼标的相同；

（三）后诉与前诉的诉讼请求相同，或者后诉的诉讼请求被前诉裁判所包含。

第一百零七条 第一审人民法院作出判决和裁定后，当事人均提起上诉的，上诉各方均为上诉人。

诉讼当事人中的一部分人提出上诉，没有提出上诉的对方当事人为被上诉人，其他当事人依原审诉讼地位列明。

第一百零八条 当事人提出上诉，应当按照其他当事人或者诉讼代表人的人数提出上诉状副本。

原审人民法院收到上诉状，应当在五日内将上诉状副本发送其他当事人，对方当事人应当在收到上诉状副本之日起十五日内提出答辩状。

原审人民法院应当在收到答辩状之日起五日内将副本发送上诉人。对方当事人不提出答辩状的，不影响人民法院审理。

原审人民法院收到上诉状、答辩状，应当在五日内连同全部案卷和证据，报送第二审人民法院；已经预收的诉讼费用，一并报送。

第一百零九条 第二审人民法院经审理认为原审人民法院不予立案或者驳回起诉的裁定确有错误且当事人的起诉符合起诉条件的，应当裁定撤销原审人民法院的裁定，指令原审人民法院依法立案或者继续审理。

第二审人民法院裁定发回原审人民法院重新审理的行政案件，原审人民法院应当另行组成合议庭进行审理。

原审判决遗漏了必须参加诉讼的当事人或者诉讼请求的，第二审人民法院应当裁定撤销原审判决，发回重审。

原审判决遗漏行政赔偿请求，第二审人民法院经审查认为依法不应当予以赔偿的，应当判决驳回行政赔偿请求。

原审判决遗漏行政赔偿请求，第二审人民法院经审理认为依法应当予以赔偿的，在确认被诉行政行为违法的同时，可以就行政赔偿问题进行调解；调解不成的，应当就行政赔偿部分发回重审。

当事人在第二审期间提出行政赔偿请求的，第二审人民法院可以进行调解；调解不成的，应当告知当事人另行起诉。

第一百一十条 当事人向上一级人民法院申请再审，应当在判决、裁定或者调解书发生法律效力后六个月内提出。有下列情形之一的，自知道或者应当知道之日起六个月内提出：

（一）有新的证据，足以推翻原判决、裁定的；

（二）原判决、裁定认定事实的主要证据是伪造的；

（三）据以作出原判决、裁定的法律文书被撤销或者变更的；

（四）审判人员审理该案件时有贪污受贿、徇私舞弊、枉法裁判行为的。

第一百一十一条 当事人申请再审的，应当提交再审申请书等材料。人民法院认为有必要的，可以自收到再审申请书之日起五日内将再审申请书副本发送对方当事人。对方当事人应当自收到再审申请书副本之日起十五日内提交书面意见。人民法院可以要求申请人和对方当事人补充有关材料，询问有关事项。

第一百一十二条 人民法院应当自再审申请案件立案之日起六个月内审查，有特殊情况需要延长的，由本院院长批准。

第一百一十三条 人民法院根据审查再审申请案件的需要决定是否询问当事人；新的证据可能推翻原判决、裁定的，人民法院应当询问当事人。

第一百一十四条 审查再审申请期间，被申请人及原审其他当事人依法提出再审申请的，人民法院应当将其列为再审申请人，对其再审事由一并审查，审查期限重新计算。经审查，其中一方再审申请人主张的再审事由成立的，应当裁定再审。各方再审申请人主张的再审事由均不成立的，一并裁定驳回再审申请。

第一百一十五条 审查再审申请期间，再审申请人申请人民法院委托鉴定、勘验的，人民法院不予准许。

审查再审申请期间，再审申请人撤回再审申请的，是否准许，由人民法院裁定。

再审申请人经传票传唤，无正当理由拒不接受询问的，按撤回再审申请处理。

人民法院准许撤回再审申请或者按撤回再审申请处理后，再审申请人再次申请再审的，不予立案，但有行政诉讼法第九十一条第二项、第三项、第七项、第八项规定情形，自知道或者应当知道之日起六个月内提出的除外。

第一百一十六条 当事人主张的再审事由成立，且符合行政诉讼法和本解释规定的申请再审条件的，人民法院应当裁定再审。

当事人主张的再审事由不成立，或者当事人申请再审超过法定申请再审期限、超出法定再审事由范围等不符合行政诉讼法和本解释规定的申请再审条件的，人民法院应当裁定驳回再审申请。

第一百一十七条 有下列情形之一的，当事人可以向人民检察院申请抗诉或者检察建议：

（一）人民法院驳回再审申请的；

（二）人民法院逾期未对再审申请作出裁定的；

（三）再审判决、裁定有明显错误的。

人民法院基于抗诉或者检察建议作出再审判决、裁定后，当事人申请再审的，人民法院不予立案。

第一百一十八条 按照审判监督程序决定再审的案件，裁定中止原判决、裁定、调解书的执行，但支付抚恤金、最低生活保障费或者社会保险待遇的案件，可以不中止执行。

上级人民法院决定提审或者指令下级人民法院再审的，应当作出裁定，裁定应当写明中止原判决的执行；情况紧急的，可以将中止执行的裁定口头通知负责执行的人民法院或者作出生效判决、裁定的人民法院，但应当在口头通知后十日内发出裁定书。

第一百一十九条 人民法院按照审判监督程序再审的案件，发生法律效力的判决、裁定是由第一审法院作出的，按照第一审程序审理，所作的判决、裁定，当事人可以上诉；发生法律效力的判决、裁定是由第二审法院作出的，按照第二审程序审理，所作的判决、裁定，是发生法律效力的判决、裁定；上级人民法院按照审判监督程序提审的，按照第二审程序审理，所作的判决、裁定是发生法律效力的判决、裁定。

人民法院审理再审案件，应当另行组成合议庭。

第一百二十条 人民法院审理再审案件应当围绕再审请求和被诉行政行为合法性进行。当事人的再审请求超出原审诉讼请求，符合另案诉讼条件的，告知当事人可以另行起诉。

被申请人及原审其他当事人在庭审辩论结束前提出的再审请求，符合本解释规定的申请期限的，人民法院应当一并审理。

人民法院经再审，发现已经发生法律效力的判决、裁定损害国家利益、社会公共利益、他人合法权益的，应当一并审理。

第一百二十一条 再审审理期间，有下列情形之一的，裁定终结再审程序：

（一）再审申请人在再审期间撤回再审请求，人民法院准许的；

（二）再审申请人经传票传唤，无正当理由拒不到庭的，或者未经法庭许可中途退庭，按撤回再审请求处理的；

（三）人民检察院撤回抗诉的；

（四）其他应当终结再审程序的情形。

因人民检察院提出抗诉裁定再审的案件，申请抗诉的当事人有前款规定的情形，且不损害国家利益、社会公共利益或者他人合法权益的，人民法院裁定终结再审程序。

再审程序终结后，人民法院裁定中止执行的原生效判决自动恢复执行。

第一百二十二条 人民法院审理再审案件，认为原生效判决、裁定确有错误，在撤销原生效判决或者裁定的同时，可以对生效判决、裁定的内容作出相应裁判，也可以裁定撤销生效判决或者裁定，发回作出生效判决、裁定的人民法院重新审理。

第一百二十三条 人民法院审理二审案件和再审案件，对原审法院立案、不予立案或者驳回起诉错误的，应当分别情况作如下处理：

（一）第一审人民法院作出实体判决后，第二审人民法院认为不应当立案的，在撤销第一审人民法院判决的同时，可以迳行驳回起诉；

（二）第二审人民法院维持第一审人民法院不予立案裁定错误的，再审法院应当撤销第一审、第二审人民法院裁定，指令第一审人民法院受理；

（三）第二审人民法院维持第一审人民法院驳回起诉裁定错误的，再审法院应当撤销第一审、第二审人民法院裁定，指令第一审人民法院审理。

第一百二十四条 人民检察院提出抗诉的案件，接受抗诉的人民法院应当自收到抗诉书之日起三十日内作出再审的裁定；有行政诉讼法第九十一条第二、三项规定情形之一的，可以指令下一级人民法院再审，但经该下一级人民法院再审过的除外。

人民法院在审查抗诉材料期间，当事人之间已经达成和解协议的，人民法院可以建议人民检察院撤回抗诉。

第一百二十五条 人民检察院提出抗诉的案件，人民法院再审开庭时，应当在开庭三日前通知人民检察院派员出庭。

第一百二十六条 人民法院收到再审检察建议后，应当组成合议庭，在三个月内进行审查，发现原判决、裁定、调解书确有错误，需要再审的，依照行政诉讼法第九十二条规定裁定再审，并通知当事人；经审查，决定不予再审的，应当书面回复人民检察院。

第一百二十七条 人民法院审理因人民检察院抗诉或者检察建议裁定再审的案件，不受此前已经作出的驳回当事人再审申请裁定的限制。

八、行政机关负责人出庭应诉

第一百二十八条 行政诉讼法第三条第三款规定的行政机关负责人，包括行政机关的正职、副职负责人以及其他参与分管的负责人。

行政机关负责人出庭应诉的，可以另行委托一至二名诉讼代理人。行政机关负责人不能出庭的，应当委托行政机关相应的工作人员出庭，不得仅委托律师出庭。

第一百二十九条 涉及重大公共利益、社会高度关注或者可能引发群体性事件等案件以及人民法院书面建议行政机关负责人出庭的案件，被诉行政机关负责人应当出庭。

被诉行政机关负责人出庭应诉的，应当在当事人及其诉讼代理人基本情况、案件由来部分予以列明。

行政机关负责人有正当理由不能出庭应诉的，应当向人民法院提交情况说明，并加盖行政机关印章或者由该机关主要负责人签字认可。

行政机关拒绝说明理由的，不发生阻止案件审理的效果，人民法院可以向监察机关、上一级行政机关提出司法建议。

第一百三十条 行政诉讼法第三条第三款规定的“行政机关相应的工作人员”，包括该行政机关具有国家行政编制身份的工作人员以及其他依法履行公职的人员。

被诉行政行为是地方人民政府作出的，地方人民政府法制工作机构的工作人员，以及被诉行政行为具体承办机关工作人员，可以视为被诉人民政府相应的工作人员。

第一百三十一条 行政机关负责人出庭应诉的，应当向人民法院提交能够证明该行政机关负责人职务的材料。

行政机关委托相应的工作人员出庭应诉的，应当向人民法院提交加盖行政机关印章的授权委托书，并载明工作人员的姓名、职务和代理权限。

第一百三十二条 行政机关负责人和行政机关相应的工作人员均不出庭，仅委托律师出庭的或者人民法院书面建议行政机关负责人出庭应诉，行政机关负责人不出庭应诉的，人民法院应当记录在案和在裁判文书中载明，并可以建议有关机关依法作出处理。

九、复议机关作共同被告

第一百三十三条 行政诉讼法第二十六条第二款规定的“复议机关决定维持原行政行为”，包括复议机关驳回复议申请或者复议请求的情形，但以复议申请不符合受理条件为由驳回的除外。

第一百三十四条 复议机关决定维持原行政行为的，作出原行政行为的行政机关和复议机关是共同被告。原告只起诉作出原行政行为的行政机关或者复议机关的，人民法院应当告知原告追加被告。原告不同意追加的，人民法院应当将另一机关列为共同被告。

行政复议决定既有维持原行政行为内容，又有改变原行政行为内容或者不予受理申请内容的，作出原行政行为的行政机关和复议机关为共同被告。

复议机关作共同被告的案件，以作出原行政行为的行政机关确定案件的级别管辖。

第一百三十五条 复议机关决定维持原行政行为的，人民法院应当在审查原行政行为合法性的同时，一并审查复议决定的合法性。

作出原行政行为的行政机关和复议机关对原行政行为合法性共同承担举证责任，可以由其中一个机关实施举证行为。复议机关对复议决定的合法性承担举证责任。

复议机关作共同被告的案件，复议机关在复议程序中依法收集和补充的证据，可以作为人民法院认定复议决定和原行政行为合法的依据。

第一百三十六条 人民法院对原行政行为作出判决的同时，应当对复议决定一并作出相应判决。

人民法院依职权追加作出原行政行为的行政机关或者复议机关为共同被告的，对原行政行为或者复议决定可以作出相应判决。

人民法院判决撤销原行政行为和复议决定的，可以判决作出原行政行为的行政机关重新作出行政行为。

人民法院判决作出原行政行为的行政机关履行法定职责或者给付义务的，应当同时判决撤销复议决定。

原行政行为合法、复议决定违法的，人民法院可以判决撤销复议决定或者确认复议决定违法，同时判决驳回原告针对原行政行为的诉讼请求。

原行政行为被撤销、确认违法或者无效，给原告造成损失的，应当由作出原行政行为的行政机关承担赔偿责任；因复议决定加重损害的，由复议机关对加重部分承担赔偿责任。

原行政行为不符合复议或者诉讼受案范围等受理条件，复议机关作出维持决定的，人民法院应当裁定一并驳回对原行政行为和复议决定的起诉。

十、相关民事争议的一并审理

第一百三十七条 公民、法人或者其他组织请求一并审理行政诉讼法第六十一条规定的相关民事争议，应当在第一审开庭审理前提出；有正当理由的，也可以在法庭调查中提出。

第一百三十八条 人民法院决定在行政诉讼中一并审理相关民事争议，或者案件当事人一致同意相关民事争议在行政诉讼中一并解决，人民法院准许的，由受理行政案件的人民法院管辖。

公民、法人或者其他组织请求一并审理相关民事争议，人民法院经审查发现行政案件已经超过起诉期限，民事案件尚未立案的，告知当事人另行提起民事诉讼；民事案件已经立案的，由原审判组织继续审理。

人民法院在审理行政案件中发现民事争议为解决行政争议的基础，当事人没有请求人民法院一并审理相关民事争议的，人民法院应当告知当事人依法申请一并解决民事争议。当事人就民事争议另行提起民事诉讼并已立案的，人民法院应当中止行政诉讼的审理。民事争议处理期间不计算在行政诉讼审理期限内。

第一百三十九条 有下列情形之一的，人民法院应当作出不予准许一并审理民事争议的决定，并告知当事人可以依法通过其他渠道主张权利：

（一）法律规定应当由行政机关先行处理的；

（二）违反民事诉讼法专属管辖规定或者协议管辖约定的；

（三）约定仲裁或者已经提起民事诉讼的；

（四）其他不宜一并审理民事争议的情形。

对不予准许的决定可以申请复议一次。

第一百四十条 人民法院在行政诉讼中一并审理相关民事争议的，民事争议应当单独立案，由同一审判组织审理。

人民法院审理行政机关对民事争议所作裁决的案件，一并审理民事争议的，不另行立案。

第一百四十一条 人民法院一并审理相关民事争议，适用民事法律规范的相关规定，法律另有规定的除外。

当事人在调解中对民事权益的处分，不能作为审查被诉行政行为合法性的根据。

第一百四十二条 对行政争议和民事争议应当分别裁判。

当事人仅对行政裁判或者民事裁判提出上诉的，未上诉的裁判在上诉期满后即发生法律效力。第一审人民法院应当将全部案卷一并移送第二审人民法院，由行政审判庭审理。第二审人民法院发现未上诉的生效裁判确有错误的，应当按照审判监督程序再审。

第一百四十三条 行政诉讼原告在宣判前申请撤诉的，是否准许由人民法院裁定。人民法院裁定准许行政诉讼原告撤诉，但其对已经提起的一并审理相关民事争议不撤诉的，人民法院应当继续审理。

第一百四十四条 人民法院一并审理相关民事争议，应当按行政案件、民事案件的标准分别收取诉讼费用。

十一、规范性文件的一并审查

第一百四十五条 公民、法人或者其他组织在对行政行为提起诉讼时一并请求对所依据的规范性文件审查的，由行政行为案件管辖法院一并审查。

第一百四十六条 公民、法人或者其他组织请求人民法院一并审查行政诉讼法第五十三条规定的规范性文件，应当在第一审开庭审理前提出；有正当理由的，也可以在法庭调查中提出。

第一百四十七条 人民法院在对规范性文件审查过程中，发现规范性文件可能不合法的，应当听取规范性文件制定机关的意见。

制定机关申请出庭陈述意见的，人民法院应当准许。

行政机关未陈述意见或者未提供相关证明材料的，不能阻止人民法院对规范性文件进行审查。

第一百四十八条 人民法院对规范性文件进行一并审查时，可以从规范性文件制定机关是否超越权限或者违反法定程序、作出行政行为所依据的条款以及相关条款等方面进行。

有下列情形之一的，属于行政诉讼法第六十四条规定的“规范性文件不合法”：

（一）超越制定机关的法定职权或者超越法律、法规、规章的授权范围的；

（二）与法律、法规、规章等上位法的规定相抵触的；

（三）没有法律、法规、规章依据，违法增加公民、法人和其他组织义务或者减损公民、法人和其他组织合法权益的；

（四）未履行法定批准程序、公开发布程序，严重违反制定程序的；

（五）其他违反法律、法规以及规章规定的情形。

第一百四十九条 人民法院经审查认为行政行为所依据的规范性文件合法的，应当作为认定行政行为合法的依据；经审查认为规范性文件不合法的，不作为人民法院认定行政行为合法的依据，并在裁判理由中予以阐明。作出生效裁判的人民法院应当向规范性文件的制定机关提出处理建议，并可以抄送制定机关的同级人民政府、上一级行政机关、监察机关以及规范性文件的备案机关。

规范性文件不合法的，人民法院可以在裁判生效之日起三个月内，向规范性文件制定机关提出修改或者废止该规范性文件的司法建议。

规范性文件由多个部门联合制定的，人民法院可以向该规范性文件的主办机关或者共同上一级行政机关发送司法建议。

接收司法建议的行政机关应当在收到司法建议之日起六十日内予以书面答复。情况紧急的，人民法院可以建议制定机关或者其上一级行政机关立即停止执行该规范性文件。

第一百五十条 人民法院认为规范性文件不合法的，应当在裁判生效后报送上一级人民法院进行备案。涉及国务院部门、省级行政机关制定的规范性文件，司法建议还应当分别层报最高人民法院、高级人民法院备案。

第一百五十一条 各级人民法院院长对本院已经发生法律效力的判决、裁定，发现规范性文件合法性认定错误，认为需要再审的，应当提交审判委员会讨论。

最高人民法院对地方各级人民法院已经发生法律效力的判决、裁定，上级人民法院对下级人民法院已经发生法律效力的判决、裁定，发现规范性文件合法性认定错误的，有权提审或者指令下级人民法院再审。

十二、执　　行

第一百五十二条　对发生法律效力的行政判决书、行政裁定书、行政赔偿判决书和行政调解书，负有义务的一方当事人拒绝履行的，对方当事人可以依法申请人民法院强制执行。

人民法院判决行政机关履行行政赔偿、行政补偿或者其他行政给付义务，行政机关拒不履行的，对方当事人可以依法向法院申请强制执行。

第一百五十三条　申请执行的期限为二年。申请执行时效的中止、中断，适用法律有关规定。

申请执行的期限从法律文书规定的履行期间最后一日起计算；法律文书规定分期履行的，从规定的每次履行期间的最后一日起计算；法律文书中没有规定履行期限的，从该法律文书送达当事人之日起计算。

逾期申请的，除有正当理由外，人民法院不予受理。

第一百五十四条　发生法律效力的行政判决书、行政裁定书、行政赔偿判决书和行政调解书，由第一审人民法院执行。

第一审人民法院认为情况特殊，需要由第二审人民法院执行的，可以报请第二审人民法院执行；第二审人民法院可以决定由其执行，也可以决定由第一审人民法院执行。

第一百五十五条　行政机关根据行政诉讼法第九十七条的规定申请执行其行政行为，应当具备以下条件：

（一）行政行为依法可以由人民法院执行；

（二）行政行为已经生效并具有可执行内容；

（三）申请人是作出该行政行为的行政机关或者法律、法规、规章授权的组织；

（四）被申请人是该行政行为所确定的义务人；

（五）被申请人在行政行为确定的期限内或者行政机关催告期限内未履行

义务；

（六）申请人在法定期限内提出申请；

（七）被申请执行的行政案件属于受理执行申请的人民法院管辖。

行政机关申请人民法院执行，应当提交行政强制法第五十五条规定的相关材料。

人民法院对符合条件的申请，应当在五日内立案受理，并通知申请人；对不符合条件的申请，应当裁定不予受理。行政机关对不予受理裁定有异议，在十五日内向上一级人民法院申请复议的，上一级人民法院应当在收到复议申请之日起十五日内作出裁定。

第一百五十六条 没有强制执行权的行政机关申请人民法院强制执行其行政行为，应当自被执行人的法定起诉期限届满之日起三个月内提出。逾期申请的，除有正当理由外，人民法院不予受理。

第一百五十七条 行政机关申请人民法院强制执行其行政行为的，由申请人所在地的基层人民法院受理；执行对象为不动产的，由不动产所在地的基层人民法院受理。

基层人民法院认为执行确有困难的，可以报请上级人民法院执行；上级人民法院可以决定由其执行，也可以决定由下级人民法院执行。

第一百五十八条 行政机关根据法律的授权对平等主体之间民事争议作出裁决后，当事人在法定期限内不起诉又不履行，作出裁决的行政机关在申请执行的期限内未申请人民法院强制执行的，生效行政裁决确定的权利人或者其继承人、权利承受人在六个月内可以申请人民法院强制执行。

享有权利的公民、法人或者其他组织申请人民法院强制执行生效行政裁决，参照行政机关申请人民法院强制执行行政行为的规定。

第一百五十九条 行政机关或者行政行为确定的权利人申请人民法院强制执行前，有充分理由认为被执行人可能逃避执行的，可以申请人民法院采取财产保全措施。后者申请强制执行的，应当提供相应的财产担保。

第一百六十条 人民法院受理行政机关申请执行其行政行为的案件后，应当在七日内由行政审判庭对行政行为的合法性进行审查，并作出是否准予执行的裁定。

人民法院在作出裁定前发现行政行为明显违法并损害被执行人合法权益的，应当听取被执行人和行政机关的意见，并自受理之日起三十日内作出是否准予执行的裁定。

需要采取强制执行措施的，由本院负责强制执行非诉行政行为的机构执行。

第一百六十一条 被申请执行的行政行为有下列情形之一的，人民法院应当裁定不准予执行：

（一）实施主体不具有行政主体资格的；

（二）明显缺乏事实根据的；

（三）明显缺乏法律、法规依据的；

（四）其他明显违法并损害被执行人合法权益的情形。

行政机关对不准予执行的裁定有异议，在十五日内向上一级人民法院申请复议的，上一级人民法院应当在收到复议申请之日起三十日内作出裁定。

十三、附　　则

第一百六十二条 公民、法人或者其他组织对 2015 年 5 月 1 日之前作出的行政行为提起诉讼，请求确认行政行为无效的，人民法院不予立案。

第一百六十三条 本解释自 2018 年 2 月 8 日起施行。

本解释施行后，《最高人民法院关于执行〈中华人民共和国行政诉讼法〉若干问题的解释》（法释〔2000〕8 号）、《最高人民法院关于适用〈中华人民共和国行政诉讼法〉若干问题的解释》（法释〔2015〕9 号）同时废止。最高人民法院以前发布的司法解释与本解释不一致的，不再适用。

中华人民共和国政府信息公开条例

（2007年4月5日中华人民共和国国务院令第492号公布
2019年4月3日中华人民共和国国务院令第711号修订）

第一章 总 则

第一条 为了保障公民、法人和其他组织依法获取政府信息，提高政府工作的透明度，建设法治政府，充分发挥政府信息对人民群众生产、生活和经济社会活动的服务作用，制定本条例。

第二条 本条例所称政府信息，是指行政机关在履行行政管理职能过程中制作或者获取的，以一定形式记录、保存的信息。

第三条 各级人民政府应当加强对政府信息公开工作的组织领导。

国务院办公厅是全国政府信息公开工作的主管部门，负责推进、指导、协调、监督全国的政府信息公开工作。

县级以上地方人民政府办公厅（室）是本行政区域的政府信息公开工作主管部门，负责推进、指导、协调、监督本行政区域的政府信息公开工作。

实行垂直领导的部门的办公厅（室）主管本系统的政府信息公开工作。

第四条 各级人民政府及县级以上人民政府部门应当建立健全本行政机关的政府信息公开工作制度，并指定机构（以下统称政府信息公开工作机构）负责本行政机关政府信息公开的日常工作。

政府信息公开工作机构的具体职能是：

（一）办理本行政机关的政府信息公开事宜；

（二）维护和更新本行政机关公开的政府信息；

（三）组织编制本行政机关的政府信息公开指南、政府信息公开目录和政府信息公开工作年度报告；

（四）组织开展对拟公开政府信息的审查；

（五）本行政机关规定的与政府信息公开有关的其他职能。

第五条 行政机关公开政府信息，应当坚持以公开为常态、不公开为例外，遵循公正、公平、合法、便民的原则。

第六条 行政机关应当及时、准确地公开政府信息。

行政机关发现影响或者可能影响社会稳定、扰乱社会和经济管理秩序的虚假或者不完整信息的，应当发布准确的政府信息予以澄清。

第七条 各级人民政府应当积极推进政府信息公开工作，逐步增加政府信息公开的内容。

第八条 各级人民政府应当加强政府信息资源的规范化、标准化、信息化管理，加强互联网政府信息公开平台建设，推进政府信息公开平台与政务服务平台融合，提高政府信息公开在线办理水平。

第九条 公民、法人和其他组织有权对行政机关的政府信息公开工作进行监督，并提出批评和建议。

第二章 公开的主体和范围

第十条 行政机关制作的政府信息，由制作该政府信息的行政机关负责公开。行政机关从公民、法人和其他组织获取的政府信息，由保存该政府信息的行政机关负责公开；行政机关获取的其他行政机关的政府信息，由制作或者最初获取该政府信息的行政机关负责公开。法律、法规对政府信息公开的权限另有规定的，从其规定。

行政机关设立的派出机构、内设机构依照法律、法规对外以自己名义履行行政管理职能的，可以由该派出机构、内设机构负责与所履行行政管理职能有关的政府信息公开工作。

两个以上行政机关共同制作的政府信息，由牵头制作的行政机关负责公开。

第十一条 行政机关应当建立健全政府信息公开协调机制。行政机关公开政府信息涉及其他机关的，应当与有关机关协商、确认，保证行政机关公开的政府信息准确一致。

行政机关公开政府信息依照法律、行政法规和国家有关规定需要批准的，经批准予以公开。

第十二条 行政机关编制、公布的政府信息公开指南和政府信息公开目录应当及时更新。

政府信息公开指南包括政府信息的分类、编排体系、获取方式和政府信息公开工作机构的名称、办公地址、办公时间、联系电话、传真号码、互联网联系方式等内容。

政府信息公开目录包括政府信息的索引、名称、内容概述、生成日期等内容。

第十三条 除本条例第十四条、第十五条、第十六条规定的政府信息外，政府信息应当公开。

行政机关公开政府信息，采取主动公开和依申请公开的方式。

第十四条 依法确定为国家秘密的政府信息，法律、行政法规禁止公开的政府信息，以及公开后可能危及国家安全、公共安全、经济安全、社会稳定的政府信息，不予公开。

第十五条 涉及商业秘密、个人隐私等公开会对第三方合法权益造成损害的政府信息，行政机关不得公开。但是，第三方同意公开或者行政机关认为不公开会对公共利益造成重大影响的，予以公开。

第十六条 行政机关的内部事务信息，包括人事管理、后勤管理、内部工作流程等方面的信息，可以不予公开。

行政机关在履行行政管理职能过程中形成的讨论记录、过程稿、磋商信函、请示报告等过程性信息以及行政执法案卷信息，可以不予公开。法律、法规、规章规定上述信息应当公开的，从其规定。

第十七条 行政机关应当建立健全政府信息公开审查机制，明确审查的程序和责任。

行政机关应当依照《中华人民共和国保守国家秘密法》以及其他法律、法规和国家有关规定对拟公开的政府信息进行审查。

行政机关不能确定政府信息是否可以公开的，应当依照法律、法规和国家有关规定报有关主管部门或者保密行政管理部门确定。

第十八条 行政机关应当建立健全政府信息管理动态调整机制，对本行政机关不予公开的政府信息进行定期评估审查，对因情势变化可以公开的政府信息应当公开。

第三章 主动公开

第十九条 对涉及公众利益调整、需要公众广泛知晓或者需要公众参与决策的政府信息，行政机关应当主动公开。

第二十条 行政机关应当依照本条例第十九条的规定，主动公开本行政机关的下列政府信息：

（一）行政法规、规章和规范性文件；

（二）机关职能、机构设置、办公地址、办公时间、联系方式、负责人姓名；

（三）国民经济和社会发展规划、专项规划、区域规划及相关政策；

（四）国民经济和社会发展统计信息；

（五）办理行政许可和其他对外管理服务事项的依据、条件、程序以及办理结果；

（六）实施行政处罚、行政强制的依据、条件、程序以及本行政机关认为具有一定社会影响的行政处罚决定；

（七）财政预算、决算信息；

（八）行政事业性收费项目及其依据、标准；

（九）政府集中采购项目的目录、标准及实施情况；

（十）重大建设项目的批准和实施情况；

（十一）扶贫、教育、医疗、社会保障、促进就业等方面的政策、措施及其实施情况；

（十二）突发公共事件的应急预案、预警信息及应对情况；

（十三）环境保护、公共卫生、安全生产、食品药品、产品质量的监督检查情况；

（十四）公务员招考的职位、名额、报考条件等事项以及录用结果；

（十五）法律、法规、规章和国家有关规定规定应当主动公开的其他政府信息。

第二十一条 除本条例第二十条规定的政府信息外，设区的市级、县级人民政府及其部门还应当根据本地方的具体情况，主动公开涉及市政建设、公共服务、公益事业、土地征收、房屋征收、治安管理、社会救助等方面的政府信息；乡（镇）人民政府还应当根据本地方的具体情况，主动公开贯彻落实农业农村政策、农田水利工程建设运营、农村土地承包经营权流转、宅基地使用情况审核、土地征收、房屋征收、筹资筹劳、社会救助等方面的政府信息。

第二十二条 行政机关应当依照本条例第二十条、第二十一条的规定，确定主动公开政府信息的具体内容，并按照上级行政机关的部署，不断增加主动公开的内容。

第二十三条 行政机关应当建立健全政府信息发布机制，将主动公开的政府信息通过政府公报、政府网站或者其他互联网政务媒体、新闻发布会以及报刊、广播、电视等途径予以公开。

第二十四条 各级人民政府应当加强依托政府门户网站公开政府信息的工作，利用统一的政府信息公开平台集中发布主动公开的政府信息。政府信息公开平台应当具备信息检索、查阅、下载等功能。

第二十五条　各级人民政府应当在国家档案馆、公共图书馆、政务服务场所设置政府信息查阅场所，并配备相应的设施、设备，为公民、法人和其他组织获取政府信息提供便利。

行政机关可以根据需要设立公共查阅室、资料索取点、信息公告栏、电子信息屏等场所、设施，公开政府信息。

行政机关应当及时向国家档案馆、公共图书馆提供主动公开的政府信息。

第二十六条　属于主动公开范围的政府信息，应当自该政府信息形成或者变更之日起 20 个工作日内及时公开。法律、法规对政府信息公开的期限另有规定的，从其规定。

第四章　依申请公开

第二十七条　除行政机关主动公开的政府信息外，公民、法人或者其他组织可以向地方各级人民政府、对外以自己名义履行行政管理职能的县级以上人民政府部门（含本条例第十条第二款规定的派出机构、内设机构）申请获取相关政府信息。

第二十八条　本条例第二十七条规定的行政机关应当建立完善政府信息公开申请渠道，为申请人依法申请获取政府信息提供便利。

第二十九条　公民、法人或者其他组织申请获取政府信息的，应当向行政机关的政府信息公开工作机构提出，并采用包括信件、数据电文在内的书面形式；采用书面形式确有困难的，申请人可以口头提出，由受理该申请的政府信息公开工作机构代为填写政府信息公开申请。

政府信息公开申请应当包括下列内容：

（一）申请人的姓名或者名称、身份证明、联系方式；

（二）申请公开的政府信息的名称、文号或者便于行政机关查询的其他特征性描述；

（三）申请公开的政府信息的形式要求，包括获取信息的方式、途径。

第三十条 政府信息公开申请内容不明确的，行政机关应当给予指导和释明，并自收到申请之日起 7 个工作日内一次性告知申请人作出补正，说明需要补正的事项和合理的补正期限。答复期限自行政机关收到补正的申请之日起计算。申请人无正当理由逾期不补正的，视为放弃申请，行政机关不再处理该政府信息公开申请。

第三十一条 行政机关收到政府信息公开申请的时间，按照下列规定确定：

（一）申请人当面提交政府信息公开申请的，以提交之日为收到申请之日；

（二）申请人以邮寄方式提交政府信息公开申请的，以行政机关签收之日为收到申请之日；以平常信函等无需签收的邮寄方式提交政府信息公开申请的，政府信息公开工作机构应当于收到申请的当日与申请人确认，确认之日为收到申请之日；

（三）申请人通过互联网渠道或者政府信息公开工作机构的传真提交政府信息公开申请的，以双方确认之日为收到申请之日。

第三十二条 依申请公开的政府信息公开会损害第三方合法权益的，行政机关应当书面征求第三方的意见。第三方应当自收到征求意见书之日起 15 个工作日内提出意见。第三方逾期未提出意见的，由行政机关依照本条例的规定决定是否公开。第三方不同意公开且有合理理由的，行政机关不予公开。行政机关认为不公开可能对公共利益造成重大影响的，可以决定予以公开，并将决定公开的政府信息内容和理由书面告知第三方。

第三十三条 行政机关收到政府信息公开申请，能够当场答复的，应当当场予以答复。

行政机关不能当场答复的，应当自收到申请之日起 20 个工作日内予以答复；需要延长答复期限的，应当经政府信息公开工作机构负责人同意并告知申请人，延长的期限最长不得超过 20 个工作日。

行政机关征求第三方和其他机关意见所需时间不计算在前款规定的期限内。

第三十四条 申请公开的政府信息由两个以上行政机关共同制作的，牵头制作的行政机关收到政府信息公开申请后可以征求相关行政机关的意见，被征求意见机关应当自收到征求意见书之日起 15 个工作日内提出意见，逾期未提出意见的视为同意公开。

第三十五条 申请人申请公开政府信息的数量、频次明显超过合理范围，行政机关可以要求申请人说明理由。行政机关认为申请理由不合理的，告知申请人不予处理；行政机关认为申请理由合理，但是无法在本条例第三十三条规定的期限内答复申请人的，可以确定延迟答复的合理期限并告知申请人。

第三十六条 对政府信息公开申请，行政机关根据下列情况分别作出答复：

（一）所申请公开信息已经主动公开的，告知申请人获取该政府信息的方式、途径；

（二）所申请公开信息可以公开的，向申请人提供该政府信息，或者告知申请人获取该政府信息的方式、途径和时间；

（三）行政机关依据本条例的规定决定不予公开的，告知申请人不予公开并说明理由；

（四）经检索没有所申请公开信息的，告知申请人该政府信息不存在；

（五）所申请公开信息不属于本行政机关负责公开的，告知申请人并说明理由；能够确定负责公开该政府信息的行政机关的，告知申请人该行政机关的名称、联系方式；

（六）行政机关已就申请人提出的政府信息公开申请作出答复、申请人重复申请公开相同政府信息的，告知申请人不予重复处理；

（七）所申请公开信息属于工商、不动产登记资料等信息，有关法律、行政法规对信息的获取有特别规定的，告知申请人依照有关法律、行政法规的规定办理。

第三十七条 申请公开的信息中含有不应当公开或者不属于政府信息的内

容，但是能够作区分处理的，行政机关应当向申请人提供可以公开的政府信息内容，并对不予公开的内容说明理由。

第三十八条 行政机关向申请人提供的信息，应当是已制作或者获取的政府信息。除依照本条例第三十七条的规定能够作区分处理的外，需要行政机关对现有政府信息进行加工、分析的，行政机关可以不予提供。

第三十九条 申请人以政府信息公开申请的形式进行信访、投诉、举报等活动，行政机关应当告知申请人不作为政府信息公开申请处理并可以告知通过相应渠道提出。

申请人提出的申请内容为要求行政机关提供政府公报、报刊、书籍等公开出版物的，行政机关可以告知获取的途径。

第四十条 行政机关依申请公开政府信息，应当根据申请人的要求及行政机关保存政府信息的实际情况，确定提供政府信息的具体形式；按照申请人要求的形式提供政府信息，可能危及政府信息载体安全或者公开成本过高的，可以通过电子数据以及其他适当形式提供，或者安排申请人查阅、抄录相关政府信息。

第四十一条 公民、法人或者其他组织有证据证明行政机关提供的与其自身相关的政府信息记录不准确的，可以要求行政机关更正。有权更正的行政机关审核属实的，应当予以更正并告知申请人；不属于本行政机关职能范围的，行政机关可以转送有权更正的行政机关处理并告知申请人，或者告知申请人向有权更正的行政机关提出。

第四十二条 行政机关依申请提供政府信息，不收取费用。但是，申请人申请公开政府信息的数量、频次明显超过合理范围的，行政机关可以收取信息处理费。

行政机关收取信息处理费的具体办法由国务院价格主管部门会同国务院财政部门、全国政府信息公开工作主管部门制定。

第四十三条 申请公开政府信息的公民存在阅读困难或者视听障碍的，行政机关应当为其提供必要的帮助。

第四十四条　多个申请人就相同政府信息向同一行政机关提出公开申请，且该政府信息属于可以公开的，行政机关可以纳入主动公开的范围。

对行政机关依申请公开的政府信息，申请人认为涉及公众利益调整、需要公众广泛知晓或者需要公众参与决策的，可以建议行政机关将该信息纳入主动公开的范围。行政机关经审核认为属于主动公开范围的，应当及时主动公开。

第四十五条　行政机关应当建立健全政府信息公开申请登记、审核、办理、答复、归档的工作制度，加强工作规范。

第五章　监督和保障

第四十六条　各级人民政府应当建立健全政府信息公开工作考核制度、社会评议制度和责任追究制度，定期对政府信息公开工作进行考核、评议。

第四十七条　政府信息公开工作主管部门应当加强对政府信息公开工作的日常指导和监督检查，对行政机关未按照要求开展政府信息公开工作的，予以督促整改或者通报批评；需要对负有责任的领导人员和直接责任人员追究责任的，依法向有权机关提出处理建议。

公民、法人或者其他组织认为行政机关未按照要求主动公开政府信息或者对政府信息公开申请不依法答复处理的，可以向政府信息公开工作主管部门提出。政府信息公开工作主管部门查证属实的，应当予以督促整改或者通报批评。

第四十八条　政府信息公开工作主管部门应当对行政机关的政府信息公开工作人员定期进行培训。

第四十九条　县级以上人民政府部门应当在每年 1 月 31 日前向本级政府信息公开工作主管部门提交本行政机关上一年度政府信息公开工作年度报告并向社会公布。

县级以上地方人民政府的政府信息公开工作主管部门应当在每年 3 月 31 日前向社会公布本级政府上一年度政府信息公开工作年度报告。

第五十条　政府信息公开工作年度报告应当包括下列内容：

（一）行政机关主动公开政府信息的情况；

（二）行政机关收到和处理政府信息公开申请的情况；

（三）因政府信息公开工作被申请行政复议、提起行政诉讼的情况；

（四）政府信息公开工作存在的主要问题及改进情况，各级人民政府的政府信息公开工作年度报告还应当包括工作考核、社会评议和责任追究结果情况；

（五）其他需要报告的事项。

全国政府信息公开工作主管部门应当公布政府信息公开工作年度报告统一格式，并适时更新。

第五十一条　公民、法人或者其他组织认为行政机关在政府信息公开工作中侵犯其合法权益的，可以向上一级行政机关或者政府信息公开工作主管部门投诉、举报，也可以依法申请行政复议或者提起行政诉讼。

第五十二条　行政机关违反本条例的规定，未建立健全政府信息公开有关制度、机制的，由上一级行政机关责令改正；情节严重的，对负有责任的领导人员和直接责任人员依法给予处分。

第五十三条　行政机关违反本条例的规定，有下列情形之一的，由上一级行政机关责令改正；情节严重的，对负有责任的领导人员和直接责任人员依法给予处分；构成犯罪的，依法追究刑事责任：

（一）不依法履行政府信息公开职能；

（二）不及时更新公开的政府信息内容、政府信息公开指南和政府信息公开目录；

（三）违反本条例规定的其他情形。

第六章　附　　则

第五十四条　法律、法规授权的具有管理公共事务职能的组织公开政府信息的活动，适用本条例。

第五十五条 教育、卫生健康、供水、供电、供气、供热、环境保护、公共交通等与人民群众利益密切相关的公共企事业单位，公开在提供社会公共服务过程中制作、获取的信息，依照相关法律、法规和国务院有关主管部门或者机构的规定执行。全国政府信息公开工作主管部门根据实际需要可以制定专门的规定。

前款规定的公共企事业单位未依照相关法律、法规和国务院有关主管部门或者机构的规定公开在提供社会公共服务过程中制作、获取的信息，公民、法人或者其他组织可以向有关主管部门或者机构申诉，接受申诉的部门或者机构应当及时调查处理并将处理结果告知申诉人。

第五十六条 本条例自2019年5月15日起施行。

国务院办公厅转发司法部关于审理政府信息公开行政复议案件若干问题指导意见的通知

（2021年12月22日 国办函〔2021〕132号）

各省、自治区、直辖市人民政府，国务院各部委、各直属机构：

司法部《关于审理政府信息公开行政复议案件若干问题的指导意见》已经国务院同意，现转发给你们，请认真贯彻落实。

关于审理政府信息公开行政复议案件若干问题的指导意见

司法部

第一条 为进一步规范政府信息公开行政复议案件审理工作，根据《中华人民共和国行政复议法》、《中华人民共和国行政复议法实施条例》、《中华人民共和国政府信息公开条例》、《政府信息公开信息处理费管理办法》，结合工作实际，制定本指导意见。

第二条 公民、法人或者其他组织认为政府信息公开行为侵犯其合法权益，有下列情形之一的，可以依法向行政复议机关提出行政复议申请：

（一）向行政机关申请获取政府信息，行政机关答复不予公开（含部分不予公开，下同）、无法提供、不予处理或者逾期未作出处理的；

（二）认为行政机关提供的政府信息不属于其申请公开的内容的；

（三）认为行政机关告知获取政府信息的方式、途径或者时间错误的；

（四）认为行政机关主动公开或者依申请公开的政府信息侵犯其商业秘密、个人隐私的；

（五）认为行政机关的其他政府信息公开行为侵犯其合法权益的。

第三条 公民、法人或者其他组织对政府信息公开行为不服提出行政复议申请，有下列情形之一的，行政复议机关不予受理：

（一）单独就行政机关作出的补正、延期等程序性处理行为提出行政复议申请的；

（二）认为行政机关提供的政府信息不符合其关于纸张、印章等具体形式要求的，或者未按照其要求的特定渠道提供政府信息的；

（三）在缴费期内对行政机关收费决定提出异议的；

（四）其他不符合行政复议受理条件的情形。

第四条 公民、法人或者其他组织认为行政机关未依法履行主动公开政府信息义务提出行政复议申请的，行政复议机关不予受理，并可以告知其先向行政机关申请获取相关政府信息。

第五条 公民、法人或者其他组织对行政机关或者行政机关设立的依照法律、法规对外以自己名义履行行政管理职能的派出机构（以下简称派出机构）作出的依申请公开政府信息行为不服提出行政复议申请的，以作出该政府信息公开行为的行政机关或者派出机构为被申请人；因逾期未作出政府信息公开行为提出行政复议申请的，以收到政府信息公开申请的行政机关或者派出机构为被申请人。

公民、法人或者其他组织认为行政机关主动公开政府信息行为侵犯其合法权益提出行政复议申请的，以公开该政府信息的行政机关或者派出机构为被申请人。

公民、法人或者其他组织对法律、法规授权的具有管理公共事务职能的组织作出的政府信息公开行为不服提出行政复议申请的，以该组织为被申请人。

第六条 申请人认为被申请人逾期未处理其政府信息公开申请的，行政复议机关应当重点审查下列事项：

（一）被申请人是否具有执行《中华人民共和国政府信息公开条例》的法定职责；

（二）被申请人是否收到申请人提出的政府信息公开申请；

（三）申请人提出政府信息公开申请的方式是否符合被申请人政府信息公开指南的要求；

（四）是否存在《中华人民共和国政府信息公开条例》第三十条规定的无正当理由逾期不补正的情形；

（五）是否存在《政府信息公开信息处理费管理办法》第六条规定的逾期未缴纳信息处理费的情形。

第七条 被申请人答复政府信息予以公开的，行政复议机关应当重点审查下列事项：

（一）被申请人向申请人告知获取政府信息的方式、途径和时间是否正确；

（二）被申请人向申请人提供的政府信息是否完整、准确。

第八条 被申请人答复政府信息不予公开的，行政复议机关应当重点审查下列事项：

（一）申请公开的政府信息是否属于依照法定定密程序确定的国家秘密；

（二）申请公开的政府信息是否属于法律、行政法规禁止公开的政府信息；

（三）申请公开的政府信息是否属于公开后可能危及国家安全、公共安全、经济安全、社会稳定的政府信息；

（四）申请公开的政府信息是否属于涉及商业秘密、个人隐私等公开后可能会对第三方合法权益造成损害的政府信息；

（五）申请公开的政府信息是否属于被申请人的人事管理、后勤管理、内部工作流程三类内部事务信息；

（六）申请公开的政府信息是否属于被申请人在履行行政管理职能过程中形成的讨论记录、过程稿、磋商信函、请示报告四类过程性信息；

（七）申请公开的政府信息是否属于行政执法案卷信息；

（八）申请公开的政府信息是否属于《中华人民共和国政府信息公开条例》第三十六条第七项规定的信息。

第九条 被申请人答复政府信息无法提供的，行政复议机关应当重点审查下列事项：

（一）是否属于被申请人不掌握申请公开的政府信息的情形；

（二）是否属于申请公开的政府信息需要被申请人对现有政府信息进行加工、分析的情形；

（三）是否属于经补正后政府信息公开申请内容仍然不明确的情形。

第十条 被申请人答复对政府信息公开申请不予处理的，行政复议机关应当重点审查下列事项：

（一）申请人提出的政府信息公开申请是否属于以政府信息公开申请的形式进行信访、投诉、举报等活动，或者申请国家赔偿、行政复议等情形；

（二）申请人提出的政府信息公开申请是否属于重复申请的情形；

（三）申请人提出的政府信息公开申请是否属于要求被申请人提供政府公报、报刊、书籍等公开出版物的情形；

（四）申请人提出的政府信息公开申请是否属于申请公开政府信息的数量、频次明显超过合理范围，且其说明的理由不合理的情形；

（五）申请人提出的政府信息公开申请是否属于要求被申请人确认或者重新出具其已经获取的政府信息的情形。

第十一条 申请人要求被申请人更正政府信息而被申请人未予以更正的，申请人应当提供其曾向被申请人提出更正申请的证明材料。

第十二条 有下列情形之一的，行政复议机关应当决定维持政府信息公开行为：

（一）申请公开的政府信息已经主动公开的，被申请人告知获取该政府信息的方式、途径正确；

（二）申请公开的政府信息可以公开的，被申请人完整、准确地提供了该政府信息，或者告知获取该政府信息的方式、途径和时间正确；

（三）申请公开的政府信息不予公开符合《中华人民共和国政府信息公开条例》第十四条、第十五条、第十六条、第三十六条第七项的规定；

（四）申请公开的政府信息无法提供或者对政府信息公开申请不予处理的，属于本指导意见第九条、第十条关于无法提供或者对政府信息公开申请不予处理的情形；

（五）其他依法应当维持政府信息公开行为的情形。

属于前款所列情形，政府信息公开行为认定事实清楚、适用依据正确、答复内容适当但程序违法的，行政复议机关应当决定确认该政府信息公开行为程序违法。

第十三条 有下列情形之一的，行政复议机关应当决定驳回行政复议申请：

（一）申请人认为被申请人未履行政府信息公开职责，行政复议机关受理后发现被申请人没有相应法定职责或者在受理前已经履行政府信息公开职责的；

（二）受理行政复议申请后，发现该行政复议申请属于本指导意见第三条规定情形之一的；

（三）被申请人未对申请人提出的政府信息公开申请作出处理符合《中华人民共和国政府信息公开条例》第三十条、《政府信息公开信息处理费管理办法》第六条规定的；

（四）其他依法应当决定驳回行政复议申请的情形。

第十四条 被申请人未在法定期限内对政府信息公开申请作出处理的，行政复议机关应当决定被申请人在一定期限内作出处理。

第十五条 有下列情形之一的，行政复议机关应当决定变更政府信息公开行为：

（一）政府信息公开行为认定事实清楚、适用依据正确、程序合法但答复内容不适当的；

（二）政府信息公开行为认定事实清楚、答复内容适当、程序合法但未正确适用依据的。

第十六条 有下列情形之一的，行政复议机关应当决定撤销或者部分撤销政府信息公开行为，并可以责令被申请人在一定期限内对申请人提出的政府信息公开申请重新作出处理，或者决定被申请人对申请公开的政府信息予以公开：

（一）被申请人答复政府信息予以公开，但是告知获取政府信息的方式、途径、时间错误，或者提供的政府信息不完整、不准确的；

（二）被申请人答复政府信息不予公开、无法提供或者对政府信息公开申请不予处理，认定事实不清、适用依据明显错误或者答复内容明显不当的；

（三）其他依法应当撤销或者部分撤销政府信息公开行为的情形。

属于前款所列情形，申请人提出行政复议申请前，或者行政复议机关作出行政复议决定前，申请人已经获取相关政府信息的，行政复议机关应当决定确认该政府信息公开行为违法。

第十七条 行政复议机关在案件审理过程中，发现被申请人不依法履行政府信息公开职责，或者因政府信息公开工作制度不规范造成不良后果的，可以制作行政复议意见书并抄送相关政府信息公开工作主管部门；情节严重的，可以提出追究责任的意见建议。

上级行政复议机关应当加强对下级行政复议机关政府信息公开案件审理工作的指导监督。

第十八条 本指导意见自印发之日起施行。

最高人民法院关于审理政府信息公开行政案件适用法律若干问题的解释

（2024 年 12 月 24 日最高人民法院审判委员会第 1939 次会议通过 2025 年 5 月 19 日最高人民法院公告公布 自 2025 年 6 月 1 日起施行 法释〔2025〕8 号）

为正确审理政府信息公开行政案件，根据《中华人民共和国行政诉讼法》（以下简称行政诉讼法）、《中华人民共和国政府信息公开条例》（以下简称政府信息公开条例）等法律、行政法规的规定，结合行政审判工作实际，制定本解释。

第一条 公民、法人或者其他组织认为下列涉政府信息公开行为侵犯其合法权益，依法提起行政诉讼的，人民法院应当受理：

（一）向行政机关申请获取政府信息，行政机关告知政府信息无法提供或者不予处理的；

（二）行政复议机关对政府信息公开条例第十四条、第十五条、第十六条规定的不予公开行为作出行政复议决定的；

（三）认为行政机关提供的政府信息不符合其申请内容的；

（四）认为行政机关主动公开或者依他人申请公开政府信息侵犯其商业秘密、个人隐私等合法权益的；

（五）认为行政机关在政府信息公开工作中的其他行为侵犯其合法权益的。

第二条 公民、法人或者其他组织认为行政机关不依法履行主动公开政府信息职责，直接向人民法院提起诉讼的，应当告知其先向行政机关申请获取政府信息。

对行政机关的答复、逾期不予答复等行为不服的，可以依法申请行政复议或者提起行政诉讼。

第三条 认为行政机关作出的政府信息公开、不予公开等行为侵害其合法权益提起诉讼的公民、法人或者其他组织，属于行政诉讼法第二十五条第一款规定的“有利害关系的公民、法人或者其他组织”。

第四条 公民、法人或者其他组织对主动公开政府信息行为不服提起诉讼的，以公开该政府信息的行政机关为被告。

公民、法人或者其他组织对依申请公开政府信息行为不服提起诉讼的，以作出答复的行政机关为被告；逾期未作答复的，以收到申请的行政机关为被告。

根据政府信息公开条例第四条的规定，县级以上地方人民政府指定政府信息公开工作机构负责本机关政府信息公开日常工作，公民、法人或者其他组织对该机构以自己名义所作的政府信息公开行为不服提起诉讼的，以该机构为被告。

第五条 被告对其作出的政府信息公开、不予公开等行为的合法性承担举证责任。

有下列情形之一的，被告应当承担相应的举证责任：

（一）被告主张政府信息已经公开的，应当就公开的事实举证，并向人民法院提交其已告知申请人获取该政府信息方式、途径等证据；

（二）被告主张因公共利益决定公开涉及商业秘密、个人隐私的政府信息的，应当就认定公共利益的理由以及不公开可能对公共利益造成重大影响举证；

（三）被告主张原告申请公开的信息属于内部事务信息不予公开的，应当就该信息属于人事管理、后勤管理或者内部工作流程信息等举证；

（四）被告主张原告申请公开的信息属于过程性信息不予公开的，应当就该信息系行政机关作出行政处理决定之前形成的内部讨论记录、过程稿、磋商信函、请示报告等举证；

（五）被告主张原告申请公开的信息属于行政执法案卷信息不予公开的，应当就该信息系行政执法过程中形成并记录于执法案卷的当事人信息、调查笔录、询问笔录等举证；

（六）被告主张政府信息不存在的，应当就其已尽合理检索义务等事实举证或者作出合理说明。

第六条 被告主张原告申请公开的信息系国家秘密不予公开，并提供密级标识、保密期限或者其他证明材料的，人民法院应予支持。

被告主张原告申请公开的政府信息公开后可能危及国家安全、公共安全、社会稳定，并提供该信息公开后可能产生不利影响的证据或者作出合理说明的，人民法院应予支持。

人民法院经审理认为政府信息公开后可能危及国家安全、公共安全、社会稳定的，有权要求当事人提供或者补充证据。

第七条 原告应当就下列事项承担举证责任：

（一）起诉要求被告公开政府信息的，应当就其曾向行政机关提出政府信息公开申请举证；

（二）起诉要求被告不得公开政府信息的，应当就政府信息涉及其商业秘密、个人隐私举证；

（三）就行政机关公开或者不予公开等行为可能损害其合法权益举证。

第八条 人民法院审理第一审政府信息公开案件，可以适用简易程序。

人民法院审理政府信息公开案件，应当视情采取适当的审理方式，避免泄露涉及国家秘密、商业秘密、个人隐私或者法律、法规和国家有关规定中要求应当保密的政府信息。

第九条 政府信息由被告的档案机构或者档案工作人员保管的，适用政府信息公开条例的相关规定。

涉及政府信息公开事项的档案已经移交各级国家档案馆的，依照有关档案管理的法律、法规和国家有关规定执行。

第十条 公民、法人或者其他组织提起的涉政府信息公开诉讼明显不符合行政诉讼法规定的起诉条件的，人民法院不予登记立案。

有下列情形之一的，人民法院裁定不予立案；已经立案的，裁定驳回起诉：

（一）按照《中华人民共和国行政复议法》第二十三条第一款第四项的规定，应当先向行政复议机关申请行政复议而未申请的；

（二）行政机关作出延长答复期限或者要求申请人补正等程序性告知行为的；

（三）单独起诉行政机关收取信息处理费决定的；

（四）申请人重复申请公开已经予以公开的政府信息，行政机关作出不予重复处理答复的；

（五）申请行政机关公开的信息属于工商、不动产登记等资料，行政机关告知其按照法律、行政法规规定查询的；

（六）要求行政机关为其制作、加工、分析政府信息，行政机关未予提供的；

（七）申请人以政府信息公开申请的形式进行信访、投诉、举报等活动的；

（八）要求行政机关提供政府公报、报刊、书籍等公开出版物的；

（九）认为公共企事业单位未公开在提供社会公共服务过程中制作、获取的信息的；

（十）其他对公民、法人或者其他组织权利义务不产生实际影响的情形。

第十一条 有下列情形之一的，人民法院判决被告履行政府信息公开职责：

（一）被告对依法应当公开的政府信息拒绝或者部分拒绝公开的，人民法院判决撤销或者部分撤销被诉不予公开决定，并判决被告在二十个工作日内公开；

（二）被告对原告要求公开的申请无正当理由逾期不予答复，原告请求判决被告公开理由成立的，人民法院判决被告在二十个工作日内公开；

（三）被告不予公开的政府信息内容能够作区分处理的，人民法院判决被告在二十个工作日内公开能够公开的内容；

（四）被告以政府信息公开会损害第三方合法权益为由不予公开，但第三方在诉讼程序中同意公开且人民法院经审理认为可以公开的，判决被告在二十个工作日内公开。

第十二条 有下列情形之一的，人民法院判决确认违法：

（一）被告公开政府信息行为违法，但不具有可撤销内容的；

（二）被告在诉讼程序中公开政府信息，原告仍然要求确认原不予公开或者逾期不予答复行为违法的；

（三）被告不予公开或者不予答复行为违法，但判决公开没有意义的。

第十三条 政府信息尚未公开前，原告起诉要求被告不得公开政府信息的，人民法院经审理认为政府信息涉及原告商业秘密、个人隐私且不存在不公开会对公共利益造成重大影响的，应当判决被告不得公开政府信息。

诉讼期间，原告申请停止公开涉及其商业秘密、个人隐私的政府信息，人民法院经审理认为符合行政诉讼法第五十六条规定的，裁定暂时停止公开。

第十四条 有下列情形之一的，人民法院判决驳回原告的诉讼请求：

（一）被告作出的公开、不予公开的决定或者无法提供、不予处理的告知合法的；

（二）申请公开的政府信息内容已经向公众公开，被告告知申请人获取该政府信息的方式、途径和时间的；

（三）被告收到同一申请人的不同申请或者不同申请人内容相同的申请后，在同一个政府信息公开答复中一并予以答复且答复内容合法的；

（四）原告起诉被告逾期不予答复理由不成立的；

（五）原告以政府信息侵犯其商业秘密、个人隐私为由请求不公开，理由不成立的；

（六）其他应当判决驳回诉讼请求的情形。

第十五条 本解释自 2025 年 6 月 1 日起施行。

本解释施行后，《最高人民法院关于审理政府信息公开行政案件若干问题的规定》（法释〔2011〕17 号）同时废止。最高人民法院以前发布的司法解释及规范性文件，与本解释不一致的，不再适用。